원균 그리고 이순신

다옴

원균 그리고 이순신

초판 1쇄 인쇄 | 2009년 10월 17일
초판 1쇄 발행 | 2009년 10월 23일
초판 2쇄 발행 | 2010년 1월 9일
초판 3쇄 발행 | 2012년 2월 15일
초판 4쇄 발행 | 2013년 6월 7일
초판 5쇄 발행 | 2014년 7월 2일
초판 6쇄 발행 | 2015년 4월 11일

지은이 | 이은식
펴낸이 | 최수자

기획 · 편집 · 제작 | 고수형
마케팅 | 신명선
표지 · 본문 디자인 | 디자인 곤지
인쇄 · 제본 | 우성아트피아

ISBN 978-89-94125-00-8 03900

펴낸 곳 | 도서출판 타오름
주소 | 서울시 은평구 연서로 327 2층 (122-851)
전화 | 02)383-4929
팩스 | 02)356-6600
전자우편 | taoreum@naver.com
http://blog.naver.com/taoreum

원균 그리고 이순신

이은식 지음

타오름

차 례

작가의 말

진실이 아니면
역사가 아니다

역사는 진실되어야 하고 진실된 역사는 하나여야 한다는 것은 동서 고금의 진리이다. 그럼에도 불구하고 임금도 손댈 수 없었던 왕조 실록이라는 정사正史를 훗날 한 세도가가 마음에 안 든다하여 일방적으로 수정해 오도되고 와전시켰으며, 이렇게 왜곡된 역사의 기록으로 인하여 오늘을 사는 우리 후세인들에게 잘못 알려져 있는 인물이 여기에 있다. 후세인들에게 추앙되어야 할 역사적 인물이었으나 오히려 오명을 쓴 채 역사의 뒤안길로 사라져 가고 있는 원균 장군이 바로 이 안타까운 현실의 주인공이다. 조선 역사의 기록인 왕조 실록은 한 치의 거짓도 허용하지 않음을 원칙으로 하였기에 왕을 비롯한 그 누구도 볼 수 없었던 극비의 기록서였다. 그러나 그 실록을 무시하고 힘 있는 자들에 의해 왜곡되어 내려오는 경우가 있었는데, 대표적인 예로는 세조가 왕위 찬탈을 했을 당시 단종 복위 과정에서 있었던 일이 있다. 나라에서 정한 사관의 기록은 그 누구도 볼 수 없었기에 개인의 정확하지 못한 문집, 비문, 치제문, 구전 등을 모아 추강 남효온이 기록하고 남긴 사육신 문제가 바로 그것이다.

이와 마찬가지로 임진왜란 7년의 내력이 정확하게 기록된 『선조실록』이 있었음에도 45년이 지난 1643년(인조 21)에 대제학 택당 이식이 상소하여 다시 기록한 실록을 『선조수정실록』이라고 하였는데, 이 과정에서 많은 허점들이 나타났으며 이러한 잘못된 기록들로 인해 원균이라는 위대한 장군의 명예가 실추되었다.

잘못된 역사 기록만을 믿고 존경받아야 할 인물이 악평을 받고 있다면 그 책임은 후세인 우리 모두에게 있을 것이다. 지금이라도 잘못된 기록을 합리적으로 연구하고 밝혀내어 역사를 올바른 제 위치에 돌려놓는 것이 후세인 우리들이 반드시 해야 할 몫이다.

필자는 각종 연구 자료를 바탕으로 원균 장군의 행적과 당시의 상황, 각종 문건 등을 발췌하고 정리하여 한 권의 책으로 정리해 보았다. 아무쪼록 이 책이 다음 세대를 이끌어 갈 젊은이들에게 역사의 소용돌이 속에서도 정사를 지키는데 귀감이 되기를 바라는 마음 간절하다.

2009년 10월 13일
신선이 노닐던 동네 삼선동에서

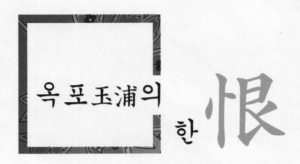

옥포玉浦의 한恨

신대봉申大奉 전 옥포성역화사업 추진위원장

뱃길의 등대처럼 우뚝 솟아 거제도巨濟島를 상징하는 아주산이 바다로 흘러내린 자락 속에 호수처럼 잔잔한 옥포만! 이 옥포만이 지금으로부터 4백여 년 전 잔학한 일본의 침략으로 누란累卵의 위기에 처한 국운을 회생시키는 계기를 마련한 곳이다.

부인할 수 없는 역사적인 엄연한 기록을 지닌 인물이, 시류에 편승한 문필가나 사가史家들의 편협한 곡필로 인하여 정당한 평가를 받지 못하고, 오늘날 온 국민으로부터 매도되어 왔다면, 그 사람을 위해서도 그리고 민족의 정기를 위해서도 불행한 일이 아닐 수 없다.

나는 여기에 4백여 년 동안이나 억울한 오명을 쓴 채 그 영혼마저도 편안하지 못한 우리 겨레의 한 은인을 소개하여, 그분의 부자父子가 목숨을 걸고 지켜 싸웠던 이 옥포만을 바라보며 그 분의 애국충정의 한을 달래고자 이 글을 올린다.

흔히 말하기를 거제를 충, 효, 예의 고장이라 일컫는다. 옛날에 거제에는 조정의 충정 인사들이 많이 귀양 왔었고, 또한 지조의 선비들이 찾아와 많이 정착하였다. 오늘날까지도 그 후손들이 면면히 그 전통을 지켜 살아왔기에 그러한 명예가 이름 지워진 것이 아니었을까!

그러한 고장에서 민족의 존망을 가늠하는 누란의 싸움의 선두에서 몸을 던져 싸워 큰 전과를 올리고 국가 전체에 승리의 길을 터놓은 원균 장군의 발자취가 전무하다는 것은 정말 놀랍고 애석한 일이 아닐 수 없으며, 그 때 그 분의 관할 구역에 오늘날 살고 있는 우리들이 배은의 죄를 범하고 있는 것 같아 송구스럽기 짝이 없다.

역사를 바르게 인식한다는 것은 오늘을 살아가는 우리의 거울이기 때문에 우리는 왜곡된 역사를 바로잡아 이를 후손들에게 물려줄 의무를 갖고 있다. 이런 관점에서도 겁장怯將, 졸장拙將으로 매도되고 있는 그 분의 역사적인 조명은 정당하게 이루어져야 할 것이다.

원균 장군은 임진왜란이 일어난 1592년(선조 25)부터 왜란의 뒤처리가 종결된 1602년까지 '함께 한 때의 명장(구이일시 명장俱以一時 名將)으로 일컬어졌다.

공은 경남 우수영이 설치된 거제도 까막개 가배성加背城에서 1592년(임진년) 3월 초부터 1595년(을미년) 말에 충청 병사忠淸兵使로 전임할 때까지 약 3년간 무려 15차례의 크고 작은 해전을 치루었으며, 특히 자신의 관할구역인 거제의 해역을 지키기 위하여 당시 조정으로부터 '원 수사는 미쳤다'는 말을 들을 정도로 동분서주로 고군분투하였다.

공이 임지에 부임한 것은 임진왜란이 일어나기 불과 한 달 반 정도 전이었으니 공이 관장하는 관하 각 포구의 초도 순시는 물론 병선과 병기의 점검과 병력의 수도 제대로 파악할 수 없는 짧은 시간이었다. 더욱이 조정은 오랜 태평성세로 문약文弱하였고, 무인을 천시하는 시대적 풍조가 만연하여 있었다.

이러한 상황 아래에서 미루어 생각하건대 북방에서 용맹을 떨친 장군이라 하더라도 다가올 전쟁에 대비하여 병선兵船을 건조하고 수병水兵을 조련할 시간적 여유가 없었을 것이다.

그러나 전쟁에 임하여는 오직 승전만이 모든 것을 말한다. 공이 이 강직한 무장 기질로 항상 앞장서서 독전을 하니 때로는 무리한 행동이 없었다고는 할 수 없었을 것이다.

임진년 4월 13일, 부산에 상륙한 일본군이 경상도와 충청도를 차례로 휩쓸면서 부산에 상륙한지 불과 18일 만인 5월 1일 서울을 점령하니 그 기세는 파죽지세였다.

이러한 중에서도 4백여 척의 병선과 7천여 명의 훈련된 병사를 가진 일본의 수군이 전라도 방면으로 서진西進을 못하고 부산포에 발이 묶여 있었던 것은 '미쳤다'라고 할 정도로 용전분투한 공의 힘이 컸던 것으로 볼 수 있다.

그해 5월 8일 전라 좌수사 이순신李舜臣 장군, 전라 우수사 이억기李億祺 장군의 원군이 와서 연합함대를 이루고 옥포에서 대첩을 하기

전에 공은 수하의 10여 척의 병선으로 수차례에 걸쳐 일본의 수군과 접전하여 적선 10여 척을 불사르고 노획하니, 비로서 군성軍聲이 떨치고 백성들이 안심하고 생업에 종사하여 동요하지 않았다고 의병장 조경남趙慶男은 그의 『난중잡록亂中雜錄』에서 기록하였고 이는 『선조실록』에도 기록되어 있다.

여기에서 우리가 간과해서는 안 될 것은 공의 휘하인 경상우수영은 병선과 병사의 수는 비록 빈약하였지만 수차례의 승전으로 사기는 드높았고 적을 두려워하지 않는 용맹을 가짐으로써 옥포의 해전에서 경상 우수영의 장졸들이 항상 적의 중심부를 격파하는 선봉에 서는 계기가 되었고, 임진왜란에서 우리 수군이 연전연승하는 기틀을 만들어 놓은 것이라 할 수 있다는 것이다.

선등先登, 돌격突擊, 당파撞破란 말은 임진왜란 초기의 전란사에 자주 나오는 말이다. 공이 원군과 연합함대를 이루기 전 단독 해전에서 구사했던 정신이요 전법으로, 공의 용맹성을 잘 나타낸 말이라 하겠다.

선등과 돌격으로 적과 부딪쳐 깨뜨리는 당파의 작전은 다소 무리한 것이라고 할 수 있으나, 수적으로 열세였던 우리 수군으로서는 죽음을 각오한 전법이 아니면 적을 제어할 수 없었다. 그러므로 공은 죽음을 각오한 전법과 작전으로 싸움에 임했던 것을 알 수 있다.

"나를 따르라."

이 말은 지금도 군의 지휘관들이 군무에서 신조처럼 여기는 말이다. 예나 지금이나 군이라는 특수한 사회에서는 지휘관의 자신감과

솔선수범 없이는 군사의 사기 진작이나 전투에 임해서 이긴다는 것을 기대할 수는 없다.

공은 수적으로 아주 열세인 수군을 이끌어 수적으로 아주 우세한 적과 대적하기 위해 군율을 엄하게 해야 했고 또한 진두에서 돌진해야만 했다. 그럼으로써 공의 수군은 무적이요 연전연승할 수 있었던 것이다.

임진왜란 때 5월 8일의 옥포해전을 시작으로 공은 합포, 적진포, 사천, 당포, 제1차 당항포, 율포, 한산도, 안골포, 부산포, 웅천, 제2차 당항포, 제1차 장문포, 영등포, 제2차 장문포 해전 등 충청 병사로 부임할 때까지 전라 좌우 수사의 도움을 받아 자신의 관할 해역의 주장으로서 15차례의 해전을 승리로 이끌었다.

비록 도와주러 온 구원병보다 병선이나 병력은 적었으나 자신의 휘하 장령인 우후 우응신禹應辰, 옥포玉浦 만호 이운룡李雲龍, 남해南海 현감 기효근奇孝謹 등으로 선봉장을 삼아 적의 중앙을 깨뜨려 찌르니 우리 수군의 기세는 하늘을 찌를 듯 했다.

1월 20일 1597년(선조 30년) 공이 다시 경상 우수사 겸 경상도 수군 통제사로 부임하여 칠천량漆川梁 해전에서 패배할 때까지 우리의 남해안을 지키기 위해 용전분투하였으며, 하나뿐인 아들 원사웅元士雄도 같은 해 7월에 전사함으로써 부자가 오직 나라와 민족을 지키려다 이 해역에서 폐문閉門의 비운을 당한 것이었다.

공이 칠천량에서 패전하여 전사하자 선조는 칠천량 패전의 책임을 공에게 묻지 않고, 오히려 해전의 특수성과 왜적의 포진 상황을 외면한 채 출전을 강요하여 공을 불러 곤장을 친 도원수 권율權慄 장군에게 돌려 책망한 것은 당연하다 할 것이다.

"승산 없는 싸움은 일시 피하자"는 막료의 권유를 뿌리치고 "하늘이 우리를 돕지 아니하나, 나라를 위하여는 오직 죽음이 있을 뿐이다" 하고 막료의 말을 가로막은 공의 이 마지막 말에서 우리는 다시 한 번 공의 참된 면모를 볼 수 있다.

공은 자신의 닥쳐오는 운명을 짐작하고 죽음을 각오하며 칠천량의 해전에 나아갔다. 이러한 공을 두고 겁장이니 패장이니 하여 매도하는 것은 부당할 따름이다.

공의 투철한 순절 정신이 후세의 일부 사가들이나 문필가들에 의해 오도되고 역사에서 매장되었다는 것은 공을 위해서나 애국하려는 민족을 위해서도 슬픈 일이다. 『원균 그리고 이순신』을 통하여 지금이라도 원균 장군의 애국 충정과 공적이 백일하에 밝혀져 왜곡된 역사를 바로잡고, 민족의 은인임을 깨닫는 일이 전 국민에게 확산되기를 바라는 마음 간절하다.

제1부

『선조수정실록』은
누구를 위한 기록인가

『선조실록』과 『선조수정실록』의 기록 비교 |

칠천량 해전 패배의 책임 소재 |

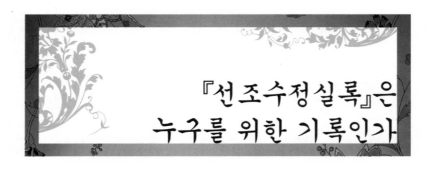

『선조수정실록』은 누구를 위한 기록인가

　　조선왕조는 개국 초기부터 역사의 기록을 후세에 전하기 위해 사관史官 제도를 엄격하게 시행했다. 춘추관과 예문관의 수찬관이나 검열들을 사관으로 임명하여 조정에서 행해진 언동은 물론 나라 안팎에서 벌어진 사실들을 낱낱이 기록하였는데, 이를 사초史草라 한다. 실록의 근거가 되는 사초는 당대의 임금을 비롯하여 군신 그 누구를 막론하고 볼 수 없도록 비밀리에 보관해 공정성이 지켜지도록 하였다.

　임금의 재위 기간에 기록된 사초들은 임금이 승하하면 실록청實錄廳을 개설하여 사초를 날짜순으로 편찬하여 완성한 것이 실록이다. 그리고 실록 편찬이 끝나면 누구의 기록인지 알 수 없도록 하기 위해 총제관 이하 모두 창의문彰義門 밖에 있는 차일암遮日岩에 나아가 사초와 실록 초본을 찢고 부수어 물에 넣어 흔적을 없앤 다음 그것을 담당 부서로 보내서 확인을 받도록 하는 절차를 밟았는데 이를 세초洗草라고 한다. 이러한 절차는 누구의 기록인지 또 누구의 필체인지 그 흔적을 남기지 못하도록 해서 훗날 화근이 발생하지 않도록 한 것이기도 하다. 이와 같은 제도는 조선왕조의 역사 편찬 제도가 그 공정성을 기하기 위하여 얼마나 엄격한 방법을 쓰고 있었는가를 알 수 있게 한다. 이는 사관들이 권력에 영향을 받지 않고 객관적으로 역사를 기술하도록 하기 위한 배려였다. 그리고 사관들의 사초에 대한 책임 의식이나 자부심 또한 대단하여 그 공정성과 비밀을 지키기 위해 생명을 바쳤던 것도 사실이다. 이런 실록 편찬의 과정은 『선조실록』 편찬시에도 결코 흔들리지 않은 원칙이었다.

『태종실록』 권 7을 보면 태조가 사초를 보자고 하니 사관 신개申槩는 말하기를

"군신의 언행과 득실을 숨김없이 바로 써서 후세에 남김으로써 지금의 군신들의 언동이 감히 그릇된 일을 못하도록 하는 것이 역사를 두는 근본 뜻이오니 보여드릴 수 없습니다."

라고 거절하였으며 또 태종이 『태조실록』을 보자고 하였더니 우의정 맹사성孟思誠과 제학 윤회尹准 등이 말하기를

"전하께서 실록을 보시면 후세의 임금도 그것을 본 따서 실록을 볼 것입니다. 그렇게 되면 무엇으로써 장래에 믿음을 전하오리까."

하였음이 『세종실록』 권 13에 기록되어 있다. 이와 같이 태종은 사

초가 아니라 편찬이 완료된 실록조차도 보지 못했다. 1498년(연산군 4)에는 사관의 사초가 일부 누설되어 참혹한 피비린내가 나는 무오사화戊午士禍를 불러 일으켰으며 1548년(명종 3)에는 사관 안명세安名世가 을사정란乙巳定難 사초를 사실대로 썼다 권신 이기李芑에게 참형을 당한 사건도 있었다. 그렇지만 안명세는 죽음을 당하고도 얼굴빛 하나 변하지 않았다.

임진왜란壬辰倭亂과 정유재란丁酉再亂이 끝나고 45년이 흐른 1643년(인조 21)에 대제학으로 있던 이식李植이 『선조실록』을 수정해야 한다는 상소문을 올렸다.

> 역사는 일대의 전장典章이며, 만세의 거울입니다. …(중략)… 나라에 역사가 없으면 나라가 아니며, 역사가 공정하지 못하면 역사가 아닙니다. …(중략)… 무릇 나라는 멸망시킬 수 있을지라도 역사는 멸망시킬 수 없는 것이 고금의 지론인데도 지금에 이르러 나라는 망하지 아니하였음에도 역사가 먼저 망하였습니다. 거짓으로 기록한 글이 더러움을 오히려 아름답게 하고 있는바, 오랜 뒤에 이르면 영원히 씻을 수 없게 되오니 어찌 이 나라 신하된 자로서 세상을 떠나도 끝나지 않을 아픔이 아니겠습니까.

택당 이식의 문화유적 택풍당 안내석

위와 같은 이유를 들며 『선조수정실록』을 만들어야 한다고 주장했다.

여기에 1623년(인조 1) 인조반정으로 정권을 잡은 서인들이 적극적으로 지지하여 결국 이 주장은 받아들여졌다고 보여진다. 이식은 사고에 보관되어 있는 『선조실록』의 내용을 살펴보고는 몇 가지 내용을 뽑아 직접 『선조수정실록』 편찬에 들어갔다. 그러나 그는 역사적인 기록인 사초를 바탕으로 하지 않고 대신 비문, 행장기, 야사, 잡기 등을 수집해 수정실록을 편찬하였다. 이는 조선 왕조를 통틀어 처음 있는 일이며, 역사는 이를 사건으로 규정짓고 있다.

선조실록과 수정실록의 기록 비교

자세한 내용은 본문에 알기 쉽게 풀어 써 놓겠지만 우선 몇 가지의 예를 살펴보겠다.

『선조수정실록』에는 편자인 이식의 문벌인 이이와 이순신 그리고 이완에 대한 기록들이 많다. 그러나 문제가 되는 것은 문벌 중심의 기록이라는 점보다도 그 과정에서 이순신과 전공을 놓고 심하게 다투었던 원균이 왜곡되어 기록되었다는 점이다. 임진왜란 초기에는 도망만 다닌 인물로, 이후에는 이순신을 모함한 인물로 묘사하였으며, 원균이 드디어 칠천량 해전에서 패전하여 전사하자 그동안의 공적을 깎아내리기에 이르렀다. 그렇다면 과연 원균의 진면목은 어떠했을까?

원균은 진정 겁쟁이었나

왜병이 바다를 건너오자, 경상 우수사 원균은 그 기세를 당할 수 없음을 알고 그가 거느린 전함과 전구를 모두 바다에 가라앉히고, 그의 휘하에 있는 수군 만여 명을 해산시킨 다음에 홀로 옥포 만호 이운룡李雲龍, 영등포 만호 우치적禹致績 등과 더불어 남해현 바다 앞에서 지새운 다음 물으로 올라 적을 피하고자 하였는데, 그때 이운룡이 이를 반대하면서 말하기를

"통제사께서 나라의 중한 책임을 맡았으니 그 대세로 보아 이곳 임지에서 죽는 것이 마땅하지 않습니까. 하물며 이곳은 전라도로 가는 길목이니 만약 이곳을 잃어버리면 호남이 위험하게 됩니다. 지금 우리의 수병들이 비록 흩어졌다고는 하나, 오히려 가히 다시 모을 수도 있으며, 또한 호남의 수군에게 지원을 청할 수도 있지 않습니까."

하니 원균이 그의 계책에 따르기로 하고 율포 만호 이영남李英男을 이순신에게 보내어 원병을 청했다.

『선조수정실록』 권 26, 선조 25년

위 기록은 후세에까지 원균을 무능한 겁쟁이 장수로 인식하게 만든 수정실록의 내용이다.

그렇다면 임진왜란 초기에 원균은 정말 이 기록처럼 수군을 해산시키고 도망치기에 급급했던 것일까? 다른 기록들을 살피기에 앞서 위에 기록된 내용을 자세히 살펴보면 이미 그 안에서 모순되는 점을 발

견할 수 있다. 먼저 눈에 띄는 것은 원균이 전함 과 전구를 빠뜨리고 군을 해산시킨 뒤 도망가려 하자 이운룡이 죽기로 싸우자며 말렸다는 내용 이다. 이운룡은 『선조수정실록』에서도 용장으 로 평가하고 있는데, 그런 그가 원균이 전함을 빠뜨리고 수군을 해산시킨 후에야 싸울 것을 권 했다는 것은 쉽게 납득하기 어렵다.

고금도 충무사에 봉안된 이영남 영정

또 하나 눈에 띄는 내용은 원균이 수군 만여 명을 해산시켰다는 내용이다. 당시 우리 수군의 병력 규모는 얼마나 되었을까? 1592년 임진년 당시 가장 많은 수군이 집결한 한산도閑山 島 해전에서 이순신이 전함 40척, 이억기가 전함 25척, 원균이 전함 7 척이었고, 수군 병력이 모두 6천 명 정도였다. 이를 전함의 비율로 나 누어 볼 때 이순신이 3천4백 명, 이억기가 2천 명, 원균이 6백 명 정 도의 군사를 거느리고 있었다고 추정할 수 있다. 이날 해전에는 임란 초기에 피해가 없었던 전라 좌우 수사의 거의 전 병력이 출정한 것으 로 볼 수 있으니, 원래 수사 한 사람의 휘하에는 5천 명 미만의 병력이 있었다고 생각할 수 있다. 이로 미루어 볼 때 수정실록에 기록된 것처 럼 만여 명의 병력을 해산시킨다는 것은 있을 수 없는 내용이라 하겠 다.

『선조실록』 권 26 5월의 기록을 보면 원균은 이순신, 이억기와 함 께 옥포 해전을 치를 당시 주장이 되어 공격을 했고 당시 조정에서도 그 공을 인정했음을 알 수 있다. 만약 수정실록의 기록이 사실이라면 전함과 전구를 빠뜨리고 군사를 해산시킨 죄인이 어떻게 삼도 수군의 연합 전투에서 전 함대를 거느리는 장수를 맡을 수 있었겠는가? 이런 정황으로 미루어 볼 때 『선조수정실록』에 기록된 위의 내용들은 신빙성이 없다고 하겠다.

수정실록에 기록된 위의 내용은 선조실록에서는 전혀 찾아볼 수 없다. 대신 4월 14일부터 5월 7일까지 24일 동안 원균이 이순신과 조정에 지원을 요청하면서 나름대로 군사를 이끌고 교전해 전과를 올렸다는 내용들이 기록되어 있어 뚜렷한 대조를 보여준다.

원균, 정말 이순신을 모함했는가

원균과 이순신이 갈등을 갖게 된 것은 옥포玉浦 해전海戰부터이다. 이순신은 원균의 지원 요청에 뒤늦게 응했는데, 승전을 올린 후 함께 올리기로 한 장계를 단독으로 올려 원균과 사이가 나빠지게 되었다. 이 사실은 『선조실록』 권 84에 기록되어 있는데 이에 대해서는 『선조수정실록』에서도 같은 내용으로 기록하고 있다. 그리고 뒤이은 포상에서도 이순신에 미치지 못하자 점점 갈등이 커져갔다. 그러나 어디까지나 이는 공로를 서로 다투는 과정에서 생긴 반목이었을 뿐, 악의적인 모함은 아니었다. 그러나 이순신이 삼도수군통제사가 되면서 더욱더 화합하지 못하고 갈등하게 되자 조정에서는 급기야 두 장군에게 책임을 묻기에 이르렀다.

이즈음의 상황을 수정실록에서는 다음과 같이 기록하고 있다.

경상 우수사 원균을 충청 절도사(병사)로 전임시켰다. 원균이 이순신의 차장次長이 된 것을 수치로 생각하고 그의 지휘를 받지 않으니 이순신은 여러 번에 걸쳐 장계를 올려서 사면을 청하였다. 조정에서는 여러 번 도원수를 시켜서 원균의 공과 죄를 조사하도록 하니 원균은 더욱 분하게 여겨 추악한 말을 많이 했다. 순신 또한 원균이 공이 없음을 장계하였는데, 그중 한 가지는 사실과 다른 것이 있었다. 그때 조정에서는 원균의 편이 많아서 드디어 둘이 모두 탄핵이 되었다. 임금이 다시 비변사에 영을 내려 바로잡도록 하였는데 그 결과 다만 원균은 육군 장수로 전임만 시키고 이순신에게는 그 책임을 물어 앞으로 전공을 세워서 그 죄를 갚도록 하였다. 원균은 서울 가까운 곳에 부임하여 조정의 권력가들과 사귀면서 날마다 이순신을 헐뜯으니 이순신은 외로운 처지가 되어 위태롭게 되었다. 조정에서는 많은 사람들이 이순신을 미워하고 원균을 추켜세우니 명名과 실實이 뒤바뀌어졌다.

『선조수정실록』 선조 27(1594)년 12월 1일

위의 내용을 보면 마치 원균은 충청 병사로 영전되어 가고, 이순신만 죄를 받은 것처럼 보인다. 그러나 이미 종2품 가선대부로 있던 원균에게 이는 영전이 아니었고 오히려 전방에서 후방으로 밀려난 것이라 볼 수 있다. 수정실록의 내용처럼 원균이 권력가들과 어울려 이순신을 모함했다면 오히려 이순신이 전출을 당해야 하지 않았겠는가?

그리고 위의 기록을 보면 오히려 이순신이 원균을 모함한 내용이 있음을 알 수 있다. 『선조실록』 권 85의 기록에 따르면 이순신은 원균이 조정을 속이고 어린 아들을 전공에 올렸다고 모함했는데 원균의 아들은 1575년(선조 8)생으로 당시 이미 18세로 전장에서 전공을 세웠으나, 23세의 나이로 전사하기 몇 달 전까지 그러한 모함성 논란은 계속되었다고 한다.

『선조실록』에는 이즈음에 대해 다음과 같은 기록이 있다.

> 상上께서 답하여 가로되
> "나의 생각으로는 이순신의 죄가 원균보다 더 심하다."
> …(중략)… 비변사에서 대답했다.
> "통제사 이순신이 이제 임금을 속인 죄가 있으니 마땅히 중한 벌로 다스려야 하오나, 다만 주사舟師(수군)가 할 일이 날로 급하므로 이런 때에 장수를 바꾸는 것이 이득이 되는 계책이 아니오니 문책을 하여 공을 세워 죄를 갚도록 하는 것이 좋겠습니다."
>
> 『선조실록』 선조 27년 12월 1일

이처럼 이순신의 잘못이 명백한 상황인데도 전출되지 않은 것으로 보아 당시 조정의 조치는 원균에게 유리하기보다는 이순신에게 유리한 것이었음을 확인할 수 있다.

이후 정유년에 이순신이 투옥되고 원균이 경상 우수사 겸 통제사로 임용되어 그 빈자리를 대신하자 이는 원균이 이순신을 모함해서 일어난 것처럼 『선조수정실록』에서는 적고 있다. 그러나 이순신이 투옥된 데는 여러 가지 이유가 있었다.

먼저 가토 기요마사(가등청정加藤淸正)를 잡으라는 고니시 유키나가(소서행장小西行長)의 첩보에 의해 조정에서 내린 어명을 따르지 않고 지체하다 기회를 놓친 것이 문제가 되었다. 그리고 체찰사體察使 이원익李元翼이 일본군 진영에 방화한 것을 본인이 한 것처럼 거짓으로 장계를 올린 것이 또한 문제가 되었는데 수정실록에서도 이 부분에 대해서는 같은 내용으로 기록하고 있다. 결국 이순신은 '조정을 속이고 임금을 업신여긴 죄, 적을 쫓아 싸우지 않고 나라를 등진 죄, 남의 공을 빼앗고 남을 모함한 죄, 방자하고 기탄없는 죄'로 투옥된 것이었으니 원균 개인의 모함으로 인한 것이라 볼 수 없다. 이는 『선조실록』 선조 30년 3월 13일자에 기록되어 있다.

칠천량 해전 패배의 책임 소재

『선조수정실록』에서는 칠천량 해전에 대해 다음과 같은 기록을 남기고 있다.

> 적은 우리 수군을 습격해서 깨뜨렸다. 통제사 원균은 패사하고 전라 수사 이억기, 충청 수사 최호崔湖 등이 전사했다. 또한 경상 우수사 배설裵楔은 달아나서 죽음을 면했다. 처음에 원균이 한산閑山 통제

영에 이르러 이순신이 만들어 놓은 제도를 모두 바꾸어 버렸고, 그 형벌이 법도가 없어 모든 장병들이 그로부터 마음이 떠나 버렸다. 권율權慄은 원균이 적을 두려워하여 머뭇거리면서 싸움에 나가지 않는다 하여 그를 불러서 매를 쳤다. 원균은 분한 마음을 품고 돌아와서 드디어 주사를 이끌고 나아가 절영도絶影島에 이르러 제군을 독촉하여 진전했다. …(중략)… 원균이 배에서 내렸으나 적에게 살해되었다.

『선조수정실록』 선조 30 (1597)년 7월 1일

위의 내용에 따르면 칠천량 해전에서의 패배는 모두 원균의 탓인데, 과연 그러했을까?

먼저 장병들이 원균을 따르지 않았던 이유를 원균이 이순신이 만들어 놓은 제도를 바꾸면서 법도가 서지 않았기 때문이라 했는데, 이는 직접적인 이유가 되지 못한다. 오히려 자신들의 수장인 이순신과 오랜 공로 다툼으로 반목하던 원균이 그 자리를 대신하게

권율 영정

되자 반발하여 따르지 않은 것이라 볼 수 있다.

그 다음, 원균이 적을 두려워하여 싸우지 않기에 권율이 매를 쳤다는 내용이다. 당시 원균이 머뭇거린 이유는 주변 정세로 보았을 때 바다와 육지에서 동시에 공격해 나가지 않고서는 적을 물리치기 어려운

상황이었기 때문이었다. 당시 원균은 이런 정황을 조정에 올렸는데 비변사에서도 그 타당성을 어느 정도 인정했다는 내용이 선조실록 권 87에 기록되어 있다. 그러므로 원균이 적을 두려워하여 머뭇거렸다는 것은 맞지 않는 내용이라 하겠다. 결국 원균은 자신의 의견이 받아들 여지지 않는 상황에서 강압에 못 이겨 해전을 치른 것이니 모든 잘못 을 그의 탓으로 돌릴 수는 없는 문제였다.

후에 선조宣祖는

> "원균은 반드시 패전할 것을 알면서도 할 수 없이 진을 떠나서 적을 공격하다가 전군이 괴멸하고 몸으로서 순국하였으니 이는 원균의 용맹함이 삼군에 으뜸일 뿐 아니라 그의 지략이 또한 출중한 것이었 다. 나는 일찍이 원균은 지용智勇을 겸비한 장수로되 그 운명이 때를 잘못 만났으므로 공은 이지러지고 패전하게 되어 그의 마음과 행적 이 정당하게 밝혀지지 못함을 불쌍하게 생각하는 바이다. 오늘날 공 을 의논하는 마당에 그를 2등에 두려하니 어찌 원통하지 아니하리오. 원균의 눈이 또한 지하에서 감겨지지 못할 것이로다."

라고 말하였는데 이는 『선조실록』 권 163에서 확인할 수 있다.

이는 패전의 책임이 무리하게 공격을 명령한 조정에 있었다는 것 을 인정한 것이다. 따라서 이런 사실들로 미루어 볼 때 칠천량 해전의 패전에 대한 책임이 전적으로 원균의 탓이 아니라는 사실을 명확히 알 수 있다.

제2부

임진왜란을 둘러싼
오해와 진실

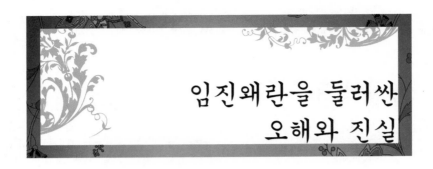

임진왜란을 둘러싼
오해와 진실

임진왜란의 역사적 배경

1592년(선조 25)부터 1598년(선조 31)에 이르기까지 일본은 두 차례에 걸쳐 조선을 침략하였다. 임진년에 처음 발생했기에 보통 임진왜란이라고 하고 1597년의 제2차 침략으로 일어난 전쟁만을 따로 언급할 때는 정유재란이라고 부르기도 하는데 보통 임진왜란이라 하면 정유재란까지 포함하는 의미이다. 일본에서는 '분로쿠(문록文祿)·게이초(경장慶長)의 역役', 중국에서는 '만력萬曆의 역'이라고 한다.

14세기 이후 안정을 누려온 조선과 일본, 명나라는 16세기에 이르면서 혼란의 양상을 보이고 있었다. 먼저 명은 16세기경에 환관이 실권을 장악하면서 정치가 극도로 문란해졌다. 지방에서도 향신을 중심으로 반 환관 운동, 반 해금海禁 정책(쇄국정책) 등이 일어나며 중앙 권력에 대한 저항이 점차 강해졌으며 또한 각지에서 농민 봉기가 일어나고, 종실 간의 반란마저 잦아 전체적인 혼란이 거듭되고 있었다.

한편, 일본은 16세기 전반에 유럽 상인들이 들어오면서 상공업 발달이 이루어지게 되고 점차 봉건적인 지배 형태가 위협을 받기 시작했다. 16세기 후반에 집권한 오다 노부나가(직전신장織田信長)에 이어 정권을 잡은 도요토미 히데요시(풍신수길豊臣秀吉)는 간토(관동關東)의 도쿠가와 이에야스(덕천가강德川家康)와 연합한 뒤 1587년 전국을 통일했다. 그러나 도요토미는 다이묘(대명大名)들의 전폭적인 지지를 얻지 못했고, 통일 후 토지 소유에서 제외된 하급 무사들로부터 많은 불만을 샀다. 대외적으로는 삼포왜란三浦倭亂, 영파寧波의 난 등으로 명과 조선 사이의 무역이 거의 폐쇄되는 어려움을 겪었다. 이에 도요토미는 정치적으로 강력한 다이묘들의 무력을 해외로 분출시켜 국내의 안정을 기하고 국제 교역을 원활히 하기 위해 명을 침입할 구상을 하게 되었다.

조선은 15세기 말부터 훈척勳戚과 사림士林 간의 권력 투쟁이 격화되면서 연이어 사화士禍가 발생했다. 1567년 선조의 즉위를 전후하여 사림 정치가 확립되었으나 정쟁은 끊이지 않았다. 중앙 정계가 혼란을 거듭하는 동안 지방의 권세가들은 상납물의 강제 징수 등 비리를 일삼아 민심은 동요하기 시작했다. 군사 제도에 있어서도 병농 일치로서 모두가 병역을 담당하던 원칙이 붕괴되고, 지휘관들이 군역을 면제해 주는 조건으로 뇌물을 받는 일이 잦아지면서 군사력이 급격히 약해지기 시작했다. 이에 이이李珥는 초기의 군사 제도를 회복하고, 군사 10만을 길러 국방을 튼튼히 할 것을 주장했으나 받아들여지지 않았다.

임진왜란 직전의 한일 관계와 조선의 사정

　도요토미는 전국 통일이 막바지에 이른 1587년(선조 20) 조선과 동맹을 맺고 명을 공략할 계획을 세웠다. 이에 조선의 사정에 밝은 쓰시마섬(대마도對馬島)의 영주 소 요시시게(종의조宗義調)는 조선에 통신사 파견을 요청하기 위해 가신인 다치바나 야스히로(귤강광橘康廣)를 파견했다. 그러다 조선에서는 다치바나가 가져온 문서의 내용이 오만하다며 회답을 미루다가, 이듬해에 물길이 미매迷昧해서 통신사를 파견할 수 없다고 거절했다.

　요시시게가 죽고 쓰시마섬의 새 영주가 된 소 요시토시(종의지宗義智)는 1588년(선조 21) 10월과 다음해 6월 다시 승려 겐소(현소玄蘇)와 함께 조선을 방문해 공작과 조총을 바치고 통신사의 파견을 요청했다. 논란 끝에 조선에서는 1590년(선조 23) 3월 황윤길黃允吉과 김성일金誠一을 파견하였는데 동도京都에서 도요토미를 만나 받은 답서에는 '예폐禮幣'가 '방물方物'로 바뀌어 있는 등 종전보다 더 오만해져 있었다. 사신들은 몇 가지 내용에 수정을 요구하여 답서를 받아 왔는데, 그 안에는 명나라를 침입한다는 '입대명入大明'의 구절이 빠지지 않고 들어 있었다. 이듬해 귀국한 통신사들은 3월에 한양으로 들어와 보고를 올렸다. 그런데 황윤길은 일본의 침략 위험성을 알린 한편, 김성일은 전혀 걱정할 것이 못된다며 완전히 다른 의견을 내어놓았다. 이에 조정의 견해도 서로 양분되면서 일본의 침략에 대한 방비책을 세우지 못한 채 흐지부지 되어 버렸다.

　김성일이 이와 같은 주장을 내세운 것은 아마도 서인과 동인 사이의 치열했던 정치 싸움이 큰 작용을 했을 것으로 보인다.

　김성일은 퇴계 이황의 추천으로 조정에 들어오게 되었는데 엄격하고 정직하다는 평판도 있었으나 『선조실록』 권 27을 보면 사람이 강마르고 편협하여 용납하고 포섭하는 도량이 없었다고 되어 있다. 이와 함께 다음의 기록을 보면 그가 일본에서 돌아와 일본이 침략하지 않을 것이라고 말한 것이 이해될 것이다.

　　동인과 서인으로 당파가 갈라졌을 때 김성일이 치기에만 힘쓸 뿐 진정시키고 조절하여 가라앉히지 못하였다. 조정 사람들이 이 때문에 그를 하찮게 여겼다.

　김성일은 거짓 보고를 한 죄로 임진왜란이 발발하자 파면되었다가 유성룡 등의 변호로 다시 초유사, 감사로 임명되었다. 전란 중에는 목숨을 걸고 싸움에 임하며 영남 지방을 지켜내고 인심을 수습하는 공을 세워 선조는 품계를 올려주도록 지시하였다.

그해 4월 겐소 등이 다시 들어와 "1년 후에 명에 쳐들어갈 길을 빌리겠다(가도입명假道入明)"고 통고하자 조정에서는 이 내용을 명에 알리고 수군 각 진영의 무기를 정비하게 하였으나 이미 민심이 동요하고 군의 기강이 해이해져 있었기에 제대로 방비가 이루어지지 못했다.

그러는 사이 도요토미는 군대를 재편성하고 무기를 확보하는 등 1591년(선조 24)부터 조선 침략을 위한 준비를 시작하고 있었다.

왜의 침략은 시작되는데

조선과의 오랜 교섭이 끝내 결렬되자 1592년(선조 25) 4월 13일 고니시가 이끄는 일본군 선봉대 1만8천7백 명이 7백여 척의 병선에 나누어 타고 쓰시마섬의 대포항大浦港을 출항하여 부산포로 쳐들어왔다. 부산 첨사 정발鄭撥은 적과 교전 중에 전사하였고, 부산성은 함락되었다. 일본은 다음날에는 동래성을 공격하였는데, 동래 부사 송상현宋象賢은 군민과 함께 맞서 싸웠으나 전사하였고 동래성도 함락되었다. 그 후 18일 가토의 후속 부대가 부산에 도착한 것을 시작으로 속속 몰려든 일본군 20여 만 명은 세 길로 나뉘어 북진을 계속했다. 중로는 동래~양산~청도~대구~인동~선산~상주를, 좌로는 동래~

언양~경주~영천~신녕~군위~용궁을 거쳐 조령에서 만나 충주로 향하기로 했고, 우로는 김해~성주~지례~김천~추풍령의 길을 택해 경기도로 북상했다.

이에 조정은 이일李鎰을 순변사로 임명하여 조령과 충주 방면의 중로를, 성응길成應吉을 좌 방어사에 임명해서 죽령과 충주 방면의 좌로를, 조경趙儆을 우 방어사로 삼아 추풍령과 청주, 죽산 방면의 우로를 방어하게 했다. 그리고 김성일을 경상 우도 초유사, 김륵金玏을 좌도 안집사로, 신립申砬을 도순변사로, 유성룡柳成龍을 도체찰사로 삼아 방어 태세를 갖추게 했다.

그러나 4월 24일 이일은 상주에서 크게 패하여 충주로 도망을 쳤으며 신립 또한 충주의 탄금대彈琴臺에 배수진을 치고 싸웠으나

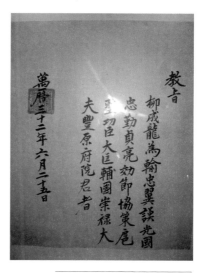

유성룡에게 내린 교지, 호성공신록

막아 내지 못하고 달천에서 투신자살하였다. 충주를 함락시킨 일본군은 다시 여주~양근~용진나루와 죽산~용인~한강의 진로로 나누어 북상을 계속했다. 4월 30일 새벽 선조와 세자 광해군光海君은 평양으로 피난하고, 임해군臨海君과 순화군順和君 두 왕자는 함경도와 강원도로 향했다.

이에 민심은 더욱 동요되어 경복궁, 창덕궁과 공사 노비의 문적이

있는 장례원掌隷院, 형조 등에 불을 지르기에 이른다. 부산에 상륙한 지 18일째인 5월 2일 한양을 점령한 일본군은 군대를 재편하여 계속 북진을 강행했다. 일본군의 기세가 수그러들 줄 모르자 조정은 5월 12일 명에 원병을 청하기로 결정하고 이덕형李德馨을 청원사로 파견했다. 평양을 지키기 위한 노력이 계속되는 가운데, 5월 15일 김명원金命元은 정병 3천 명으로 임진강에서 고니시가 이끄는 군대를 공격하였으나 패하였고 일본군은 임진강 이북으로 북상하였다.

이에 6월 11일 선조는 평양을 떠나 숙주, 안주, 안변을 거쳐 박천에 이르러 군권軍權을 광해군에게 넘겨주고 의주로 향하고 만다. 6월 14일 평양은 함락되고, 17일 가토가 이끄는 군대는 함경도까지 진격하여 왕자인 임해군과 순화군을 포로로 잡았다. 일본의 침략에 무방비 상태로 있던 조선은 일본군이 부산에 상륙한 지 2개월이 채 못 되어 전 국토가 짓밟히는 어려움에 처하게 되었다.

선조는 임진왜란이 발발한 1592년 4월 30일 서울을 떠나 53곳을 전전하다 18개월 만인 1593년에 본궁 아닌 덕수궁으로 환궁했다.

조선 수군의 상황은

임진왜란은 수군이 채 정비되지 않은 1592년 4월 발발했다. 일본의 수군은 남서해를 통해 육군에게 물자를 나르면서 동시에 수로를 이용해 북상하는 양동작전陽動作戰¹⁾을 전개하고 있었다. 당시 경상 좌도 수군절도사(수사水使)는 박홍朴泓, 경상 우도 수군절도사는 원균, 전라 좌도 수군절도사는 이순신, 전라 우도 수군절도사는 이억기였다.

4월 14일 박홍이 이끄는 군대가 부산으로 진격해 온 일본군을 격퇴하기 위해 나섰으나 변변히 싸워보지도 못하고 무너졌다. 이 소식이 전해지자 민심은 동요하고 군사들은 흩어져 버렸다. 부산진과 동래를 함락한 일본군들은 계속 북상을 했는데 이를 막기에 수군은 수적으로 열세에 있었다. 이에 원균은 율포 만호 이영남李英男을 전라 좌수사 이순신에게 보내 지원을 요청하였다.

지원군이 도착하는 동안 원균은 적을 물리칠 작전을 조정에 알리는 한편, 흩어진 군사를 모아 남해 일대에서 20여 일 동안 적선 10여 척을 부수는 전과를 올렸다.

그리고 5월 6일 이순신의 지원군이 당도하자 원균, 이순신, 이억기 세 수군절도사는 연합 함대를 이루어 5월 7일 옥포玉浦로 진격하여 큰 승리를 얻었으며, 이어 합포合浦와 적진포赤珍浦에서 해전을 치러 총 40여 척의 적선을 격파하는 승리를 거두었다. 일본군과의 교전에서 연승을 거둔 우리 수군은 5월 29일부터 6월 10일에 걸쳐 사천泗川, 당포唐浦, 당항포唐項浦, 율포栗浦 등에서 해전을 벌여 적선 70여 척을 침몰시켰다.

뜻하지 않게 해전에서 수세에 몰린 일본군은 수군을 집결하여 6월

---

1) 양동작전兩動作戰: 적의 경계를 분산시키기 위하여 실제 전투는 하지 않으면서 병력이나 장비를 기동함으로써 마치 공격할 것처럼 보여 적을 속이는 작전을 말한다.

말 부산포에 진을 쳤다. 이에 7월 6일 수군의 연합 함대 55척은 견내량에 정박 중이던 와키사카 야스하루(협판안치脇坂安治)의 일본 함대 73척을 공격했다. 우리 수군은 견내량 주변이 좁고 암초가 많아 판옥선板屋船의 활동이 자유롭지 못한 점을 이용해 한산도 앞바다로 적을 유인하여 학익진鶴翼陣으로 포위하고 맹공을 퍼부어 47척을 불살라 부수고 12척을 잡는 대승을 거두었다. 이 한산도대첩은 우리 수군이 제해권을 완전히 장악한 전투로서 임진왜란 중에 조선군이 거둔 3대 승리의 하나로 꼽힌다.

수군의 활약으로 해상으로 북진하여 육군과 합세하려던 일본군의 작전은 좌절되었고 전라도의 곡창지대를 안전하게 지킬 수 있었다. 원균과 이순신, 이억기가 이끄는 연합 함대는 다음날에도 안골포安骨浦에서 구키(구희久喜)[2]의 전함 42척을 대파하는 전과를 올렸다. 8월 24일 조선 수군 연합 함대는 삼천포三千浦, 서원포西院浦 등을 거쳐 9월 1일 절영도를 돌아 일본군의 본거지인 부산포로 진격해 적선 백여 척을 파괴하는 전과를 올렸다.

다음 해에는 웅포熊浦를 공격했고, 7월에는 한산도의 두을포로 진을 옮겨 삼도 수군의 제일선 기지로 정했다. 이처럼 원균, 이순신, 이억기 세 연합 함대는 눈부신 활약을 계속하면서 육지에서도 의병 활동이 일어났고 그로 인해 조선은 전세를 역전시킬 수 있었다.

---

2) 구키: 일본 사이타마현(기옥현埼玉縣)에 있는 도시.

조국 방어의 유적지 거제

원균의 강력한 항전과 견제가 없었다면 일본군은 두말할 것도 없이 이순신이 있는 여수 근처로까지 진격했을 것이다.

그러나 원균의 기세에 눌리고 또한 초전에 공격 전법으로 10여 척의 함선이 부서지는 패배를 경험하였던 일본군은 감히 거제巨濟를 지나 서해로 진격을 못하였던 것이다.

만일 원균의 요청대로 초기 전투에서 이순신과 합동 작전이 이루어졌다면 임진왜란의 양상이 크게 달라졌을 것이고, 또한 전 국토가 유린당하는 참상을 면했을 것이라고 본다. 왜냐하면 이순신과 연합하기 이전에 원균은 불과 수 척의 배로 개미떼 같은 적선을 공격하여 김해에서 10여 척을 또 적진포에서 30척을 공격 작전으로 격파하고 승리한 실적이 있으며 그 후 왕명으로 참전한 이순신, 이억기와 연합 함대를 만들어 5월 7일 이후에 거제의 옥포, 합포, 적진포, 사천, 당포, 제1차 당항포, 율포, 한산도, 안골포, 부산포, 웅천, 제2차 당항포, 영등포, 제1차 장문포, 영등포, 제2차 장문포 해전 등에서 모두 승리하고 수백 척의 일본 함대를 맹공격 하거나 또는 불살라버린 실적이 전술한 사실로서 뒷받침되고 있기 때문이다.

함선의 견고성, 화력의 우수성, 해전의 전략, 전술 등 모두 거제에 본영을 둔 수군이 우세하여 일본의 해군은 이리저리 도망하고 육지로 피해버리는 실정이었으니 원균이 처음 원병을 요청했던 4월 15일이나 16일경에 부산의 일본군 본영을 공격했다면, 그때는 미처 일본군이 육지에 올라와서 교두보를 확보하지 못했을 때이고 또 만일 육군이 상륙한 후라 하더라도 전구와 보급품은 아직 해상에 있는 배에 있었을 것으로 볼 때 이를 공격하여 격파했다면 일본 육군의 보급이 두절되어 북진하는 일본군이 꼼짝 못하고 후퇴 아니면 패전하여 부산釜山으로 도로 오게 되었을 확률이 높다. 그렇게 됐다면 조선 수군들의 기습을 면할 수 없었을 것이고, 거기다 우리는 시간적 여유를 얻을 수 있었으므로 육지의 병력이 보다 조직적이고 하여 효과적인 전쟁을 할 수 있었을 것인즉 임진왜란의 양상은 아주 달라졌을 것으로 보인다. 아쉬움이 크게 느껴지는 대목이다.

의병은 깃발을 들고

원균과 이순신이 이끄는 수군들이 해전에서 연승을 올리고 있을 때, 육지에서는 의병이 일어나 자발적으로 부대를 조직하여 향토 방위에 나서고 있었다. 의병은 전국 곳곳에서 일어났는데, 그 신분도 양반에서 천민에 이르는 전 계층에서 고르게 나왔다. 의병들은 향토 지리에 익숙한 점을 충분히 이용해 그에 알맞은 전술을 구사하여 적은 병력으로도 일본군을 크게 무찌르는 전과를 올렸다. 경상도에서는 곽재우郭再祐, 김면金沔, 정인홍鄭仁弘, 권응수權應銖 등이 활약하였는데 곽재우는 의령에서 의병을 일으켜 낙동강을 오르내리며 경상 우도를 보호하는데 큰 역할을 하여 홍의 장군紅衣將軍이라는 칭호를 얻었다.

전라도에서는 고경명高敬命, 김천일金千鎰, 김덕령金德齡, 유팽로俞彭老 등이 충청도에서는 조헌趙憲, 경기도에서는 홍계남洪季男과 우성전禹性傳, 황해도에서는 이정암李廷馣, 함경도에서는 정문부鄭文孚, 평안도에서는 조호익曺好益, 양산숙梁山璹 등이 크게 활약하였다.

전국 각지에서 일어난 의병들은 눈부신 전과를 올리며 점점 증가해 1593년 1월에는 관군의 4분의 1에 해당하는 2만2천6백여 명에 이르렀다. 그러나 전쟁이 장기화됨에 따라 의병으로 가장한 봉기가 일어나면서 통제가 어려워지자 관군에 예속시켜 통솔하게 하였다.

명나라의 참전과 반격으로 힘을 얻은 육군

전쟁이 장기화되자 조선의 구원 요청을 받은 명에서는 원병을 파견하기에 이른다. 이는 임진왜란 시작 때부터 일본군이 정명가도征明假道를 내세우며 대륙 침략을 공언했기 때문이었다. 먼저 랴오양(요양遼陽) 부총병과 조승훈祖承訓이 이끄는 5천 명의 부대가 7월 15일 평양을 공격하였으나 적의 기습으로 크게 패하였다. 이에 명은 12월 송응창宋應昌을 총지휘관인 경략經略으로, 이여송李如松을 동정제독東征提督으로 삼아 4만3천여 명의 병력을 다시 파견하기에 이른다. 1593년 1월 8일 명군은 조선군과 연합군을 결성하여 평양성을 공격해 일본군 1만여 명을 죽이고 성을 탈환하는 성과를 올렸다. 이어 도망가는 일본군을 추격했으나 벽제관碧蹄館에서 패하고 명의 주력 부대는 평양으로 후퇴하게 된다. 한편 함경도에서는 정문부 의병 부대가 백탑 전 투에서 가토군을 섬멸 하여 마천령 이북 지 방을 수복하였다. 때 를 같이 해 삼도 제찰

이장손이 개발한 포탄의 일종인 비격진천뢰

사 권율은 행주산성幸州山城에서 명군과 합세하여 서울을 탈환하려 하였다. 그러나 명군이 후퇴하면서 고립 상태에 빠져있던 2월 12일 우키다(우희다수가宇喜多秀家)의 지휘 아래 3만 명의 일본군이 행주산성을 공격해 왔고 이에 대응해 조선군은 백성들과 협동하여 화차火車, 비격진천뢰飛擊震天雷, 총통, 활 등을 총동원하여 수차례 공격해 온 일본군을 끝내 물리쳤다. 이 전투는 임진왜란 3대 대첩의 하나로, 이후 일본군은 북상을 멈추고 철수를 서두르게 된다.

휴전은 성립되고 강화는 결렬되다

고니시의 강화 제의가 있은 후 1592년 6월 대동강변에서 이덕형과 겐소의 회담이 열리면서 휴전 교섭이 시작되었다. 명나라에서는 심유경沈惟敬을 일본군 진영에 보내 강화를 추진했다. 그해 8월 평양에서의 강화 회담 이후 평양 북방에 휴전선이 책정되면서 강화회의가 본

격적으로 진행되었다. 이듬해 3월에 일본군은 서울을 버리고 경상도 해안 일대로 물러났고, 포로가 되었던 왕자들을 돌려보냈다.

그러나 일본군은 강화회의를 진행하던 중 협상을 유리하게 이끌기 위해 6월 다시 진주성을 공격했다. 12만이 넘는 일본군을 맞은 김천일과 최경회는 의병을 포함한 관군 3천 명으로 치열한 격전을 벌였으나, 끝내 패해 진주성은 함락되고 6만 명의 백성들이 학살당했다. 이런 일이 있은 후 명과 일본 사이의 강화회의도 5년을 끌다가 결국 결렬되고 말았다.

도요토미는 강화의 조건으로 명나라의 황녀를 일본의 후비로 보낼 것, 일본과의 무역을 재개할 것, 조선 8도 중 4도를 일본에 할양할 것, 조선의 왕자 및 대신 12명을 인질로 줄 것 등을 요구했다. 심유경은 이 요구가 절대 받아들여질 수 없음을 알고 도요토미가 자신을 일본의 왕으로 책봉하고 조공을 허락해 줄 것을 요구한다고 본국에 거짓 보고하였고, 이에 명은 1596년 사신을 파견해 이를 허락하는 책서策書와 금인金印을 전했으나 도요토미는 크게 노하여 이를 받지 않고 조선 재침략을 기도하기에 이른다.

강화는 끝내 결렬되었으나 조선은 휴전 기간 동안 많은 일들을 이루어냈다. 먼저 여러 무기와 화약이 발명되고 새로 함선들을 건조해 군비를 갖추었으며, 유성룡을 도제조로 하는 훈련도감訓鍊都監을 설치하여 군대의 편제를 개편하고 훈련을 체계화하는 동시에 수군의 체제도 정비하였다. 또한 무너진 성을 복구하고 새로 남한산성, 독산산성, 북한산성, 죽산산성 등을 축조하며 국방을 강화하는데 힘썼다.

정유재란

강화가 결렬되자 일본은 1597년(선조 30) 1월 14만1천5백여 명의 병력을 동원하여 다시 침략했다. 이에 명나라는 병부상서 형개를 총독, 양호楊鎬를 경리조선군무經理朝鮮軍務, 총병관 마귀麻貴를 제독으로 삼아 5만5천 명의 원군을 보내 왔다. 당시 조선은 3만 명의 병력을 나누어 주요 지역에 배치했는데 대구 공산에 권율의 부대를, 경주에는 권응수의 부대를, 창녕에는 곽재우의 부대를, 나주에는 이복남李福男의 부대를, 추풍령에는 이시언李時言의 부대를 각각 배치했다.

7월 초가 되자 일본은 주력군을 재편성하여 고바야가와(소조천수포小早川秀包)를 총사령관으로 하고, 우군은 대장 모리(모리수원毛利秀元) 이하 가토, 구로다 등으로 편성하고 좌군은 대장 우키다 이하 고니시, 시마즈(도진의홍島津義弘) 등으로 편성한 뒤 공격해 왔다. 남해, 사천, 고성, 하동, 광양 등을 점령한 일본군은 구례를 거쳐 남원에 총공격을 펼쳤다. 이에 이복남, 이춘원, 김경로 등이 맞서 싸웠으나 수적인 열세를 이기지 못하고 패해 성은 함락되었다. 이후 전주에 집결한 일본의 좌군은 남쪽으로 향하고, 우군은 충청도로 북진했다. 일본의 침략이 날로 심해지던 9월 초 충청 방어사 박명현의 부대는 여산, 은진, 진산에서 그리고 이시언의 부대는 회덕에서 일본의 좌군과 싸워 승리를 거두었다. 그리고 고령에서는 정기룡鄭起龍의 부대가, 황석산성에서는 조종도趙宗道의 부대가 일본의 우군과 격전을 벌였다. 이어 9월 5~6일 권율과 이시언이 지휘하는 조선군과 해생解生이 지휘하는 명나라 연합군은 직산에서 가토군과 구로다군을 대파하게 된다. 이에 일본군은 북상을 멈추고 남하하였다. 그해 11월 명의 형개가 4만 명의 병력을 3로로 재편하자 조선군도 이시언, 성윤문成允文, 정기룡이 각각 1영씩 지휘하여 남진을 하며 일본군을 몰아내기 위해 노력했다.

한편 이순신이 투옥되자 원균이 경상도 통제사로 임명되면서 삼도의 수군을 통제하게 되었다. 수군은 부산에 상륙한 일본군을 맞아 원균의 지휘 아래 여러 차례의 격전을 치러 내었고 그해 12월과 다음해 1월에 걸쳐 울산 도산성에서 권율의 지휘로 가토군을 공격해 승리를 거두었다. 그러나 수륙병진水陸竝進을 이루지 못한 소군은 7월 칠천량 전투에서 대패하였고 원균도 전사하고 만다. 8월 초 다시 삼도수군통제사로 복귀한 이순신은 9월 16일 12척의 함선을 이끌고 명량鳴梁 해전에서 3백여 척의 적선을 대파하였고, 이 승리로 조선 수군은 다시 제해권을 장악하게 된다.

1598년 8월 도요토미가 죽자 일본군은 철수하기 시작했다. 이에 조선과 명은 연합군을 결성해 일본군을 섬멸하려 하였으나, 명군의 유정劉綎이 고니시로부터 뇌물을 받고 명군을 철수시켜 버리는 바람에 뜻을 이루지 못하였다. 한편 수군에서는 11월에 이순신과 진린陳璘의 지휘로 노량露梁에서 적선 3백여 척과 해전을 벌여 적선 2백여 척을 격파하는 승리를 거두었고 이 노량 해전으로 지리한 7년 동안의 전쟁은 종지부를 찍고 이순신은 전사하게 된다.

거북선의 유래

임진왜란 하면 떠오르는 대표적인 단어라고 할 수 있는 것은 이순신, 원균 그리고 거북선일 것이다. 거북선이 우리가 알고 있는 대로 이순신에 의하여 개발되고 만들어진 것인지 그 유래와 그리고 구체적으로 임진왜란에서 어떤 역할을 했는지 살펴보도록 하자.

거북선에 대한 기록을 보면 우선

"거북선은 지금으로부터 약 2천 년 전에 한나라 고조高祖의 공신 한신韓信이란 사람이 위표魏豹를 잡을 때 쓰던 목앵木罌[3] 전법이다."

라고 전라 우수사 김억추金億秋가 말한 것을 착안해 경상 우수사 배설이 거북선을 만들었다고 『현무공실기顯武公實記』에 기록하고 있다. 배설을 필두로 거북선을 만들어 1597년 9월 16일에 있었던 명량 해전에서 전승 신화를 남

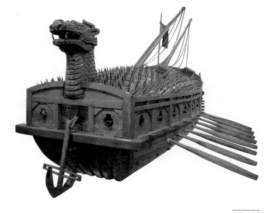

거북선

---

3) 목앵木罌: 나무통에 물을 담아 여러 개를 띄우고 그 위에 판자를 깔아놓은 것.

긴 것이다.

위는 거북선 유래의 전설이자 거북선이 만들어진 계기에 해당된다고 할 수 있다. 그러나 그때는 거북선이라고까지 할 수 있는 것은 아니었다. 우리나라의 거북선이라고 한다면 고려 34대 475년의 왕권이 무너질 무렵에 이성계李成桂와 위화도에도 참전한 정지鄭地가 거북선을 만들어 일본군과 싸웠다고 한다. 그 싸움은 경남 남해의 관음포觀音浦 해전으로서 관음포에 비碑가 있다.

그리고 국사 대사 이전 『태종실록太宗實錄』 권 15(1415년)에도 거북선에 대한 기록이 있으며, 그 외에도 1413년(태종 13) 2월 5일

> 임금이 여러 신하를 데리고 개경開京(개성開城)으로 행차할 때 임진강 나루터에 이르러 거북선과 왜선[4]의 출동 시범을 보인바 서로 수전水戰 연습하는 것을 관전하시었다.

라고 실록이 고증하고 있다. 그리고 1415년(태종 15) 7월 16일에

> 좌대언左代言 탁신卓愼은 임금에게 아뢰기를
> "거북선의 성능이 많은 적과 전투를 해도 적은 이를 해칠 수 없으니 가히 결승의 양책이라 할 수 있습니다."
> 라고 하니 태종이 분부하기를

---

4) 왜선은 우리나라에 귀화한 일본인 평도전平道銓이 만든 것이다.

"더욱 견고한 것을 만들어 전승戰勝의 도구로 대비하라."

하시었다.

라고 기록되어 있고 이 사실은 『보한제집(신숙주집申叔舟集)』에도 기록되어 있다. 『선조실록』 권 29(1596년)에는 다음과 같은 기록이 보이는데 이는 1592년 임진왜란이 일어난 지 4년 뒤의 기록이다.

조인득趙仁得이 임금에게 아뢰기를

"일찍이 신이 황해도에 있을 때에 거북선 한 척을 만들었습니다. 그 배위에 칼을 많이 꽂아 놓았으며 배의 모양이 마치 거북의 등과 같아서 신묘하기 이를 데 없었습니다."

하였다.

이는 명나라 신종 때의 학자 화옥華鈺이 『해방의海防議』라는 책에 조선의 거북선을 논한바 명나라 것을 비교해 평했다는 것 등이 있는 것을 보면 거북선은 이순신이 나대용羅大用 등을 시켜 발명이라고 하기보다 개조했다라고 해야 할 것이다.

그리고 정조 때 편찬한 『이충무공전서李忠武公全書』와 1989년 이전에 번역한 『이충무공전서』에 거북선 제조자는 나대용이라는 기록이 등장한다. 1989년 전에 발간한 『이충무공전서』는 1795년(정조 19) 임금의 명에 의해 편찬한 『이충무공전서』를 한글판으로 만든 것인데 부산대학교 충무공 연구실과 대구청구대학의 신라가야연구실 및 권상노

權相老, 성순영成純永, 성락훈成樂薰, 신호렬辛鎬烈, 김룡국金龍國 등의 학자들이 국역 주해하고 이은상李殷相이 역하고, 충무공의 후손 이재훈이 발간한 것이다.

임진왜란에서 거북선의 역할

박문룡朴文龍은 거북선의 제조 기술자였는지 『이충무공전서』를 보면

> 박문룡은 선조 때 용사龍蛇의 변란으로 삼경三京이 함락되고 어가가 서쪽으로 파천하게 되자 이웃 고을에 격문을 띄워 죽기로 맹세하는 의사 수천 명을 모집하고, 두 아들을 데리고 수군절도사 나대용과 함께 군량과 기계를 마련해 가지고 좌수사 이충무공李忠武公의 진영으로 가서 왜적과 싸워 여러 번 승리를 거두었다.
> 정유재란 때에는 우리의 새로 응모한 날랜 군사로 왜적과 싸워서 하루에 왜적 수백 명을 참획하고는 화살이 떨어지고 군량도 다하여 예교曳橋에서 순절하고 말았다.

라고 기록되어 있다. 같은 책에서 거북선에 대해 기술한 것을 보면

> 호위 장군 송덕일宋德馹은 정유1597년(선조 30)에 진도珍島 군수로 제수되었는데 이충무공이 공을 장선사裝船使에 겸하여 수군 전부장

前部將을 삼았다. 나대용, 정걸丁傑 등과 더불어 거북선 및 장선裝船 수백 척을 더 만들고 수리하고 중부仲父인 판사공지判事公智를 따라 왜적을 명량에서 막고 왜적의 장수 마다시馬多時를 죽이고 다시 왜 선 수십 척을 쳐서 깨뜨렸다.

라고 되어 있으며 더불어

첨사 이언량李彦良은 장작구선, 즉 거북선을 만들었고 거북선 돌격 장突擊將으로 추대되었다. 그해 5월에 배를 타고 경상도를 도우러 나 가 옥포, 당포, 견내량, 부산, 당항포 싸움에서 분발하여 몸을 돌아보 지 아니하고 앞장서서 왜선을 수없이 쳐 깨뜨리고 불살랐다. 그중에 는 황금 투구를 쓰고 붉은 갑옷을 입은 왜장이 있었는데 크게 호통을 치면서 노를 재촉하며 화살로 맞혀 배 가운데 쓰러뜨렸다. 그리고 거 의 완전히 사로잡을 뻔하였으나 너무 적진 중에 깊이 들어갔기 때문 에 형세가 그 이상 추격하기 어려웠는데 곁에서 돕고 있던 우리 군사 가 왜적 한 사람을 잡아서 물에 던졌다.

라고 한 것은 거북선의 공인工人이라는 것이다.

1597년(선조 30) 정유재란 때의 거북선은 경상 우수사 배설을 위시 한 여러 장수들에게 분부하여 만들었음을 알 수 있는데, 이는 전술한 바와 같이 하권 33쪽과 권 10의 부록 5 등의 기록을 통해 알 수 있으 며, 같은 책의 다른 기록으로 하권 130쪽 12행 그리고 이것 외에도

『이충무공전서』권 9의 부록 1에 정유(1597)년 7월 16일 전남 장흥 회
령포會寧浦에서 김억추와 배설을 만났다고 한 것은 권 11, 권 16, 권 13
등에 있고 정유재란 때 전사한 원균, 충청 병사 최호, 전라 우수사 이
억기가 전사한 후 전라 우수사로 온 김억추와 만났을 때 이순신이 죄
인이 되어 백의종군하다 전선에 돌아와 만난 것이 회령포라는 것을
『현무공실기』가 또 뒷받침하고 있다. 『이충무공전서』를 보면

공은 그때 초계草溪(현 합천군陜川郡)에 있었다.

고 되어 있다. 그래서 권율은 이순신을 보내어 진주晉州로 달려가
흩어진 군사들을 거두어 모으게 하였다.

8월 3일 한산이 패했다는 보고가 이르자 조정과 민간은 크게 놀라
떠들었다. 위에서 비국備局의 여러 신
하들을 불러들여 물었으나 신하들은
황송하여 대답할 바를 알지 못했다.
그중에서 경림군慶林君 김명원과 병
조판서 이항복李恒福이 조용히 아뢰
기를

"이것은 원균의 허물이옵니다. 다
만 이李 아무를 다시 일으켜서 통
제사를 삼아야 할 것이옵니다."

이항복 영정

하니 위에서도 그대로 좇아 이순신을 다시 통제사로 임명하자 장수와 군사들도 이 소식을 듣고 차츰 모여 들었다. 이순신은 곧 군관 9인과 군사 9인을 거느리고 진주로부터 옥과玉果(전남 곡성군谷城郡)에 이르니 피란민들은 길이 메이도록 모였으며 순천에 이르러서는 정예한 병사 60여 명을 얻고 아무도 없는 빈 성으로 들어가서는 각각 무장을 했으며 보성寶城에 이르러서는 그 수가 120명이 되었다. 『이충무공전서』 부록 5에는

> 18일에 회령포에 이르니 전선이라곤 다만 10척이었으나 공은 전라우수사 김억추를 불러 그를 시켜 관하 여러 장수 다섯 명을 소집하여 병선을 수습하게 하고 또 여러 장수들에게 분부하여 전함(다른 기록에는 거북선)처럼 만들어 군사의 위세를 돕게 하며 약속하되
>
> …(하략)…

라는 구절이 있다. 이는 바로 배설이 거북선을 만든 것을 표현한 것으로서 『현무공실기』를 간접적으로 인정하는 글이다. 또 거북선을 새로 꾸며서 일본 전선을 침몰시킬 계책을 내어 김억추에게 말하기를

> "공公은 족히 철쇄鐵鎖鐵로써 저 왜적의 배들을 걸어 당기면 능히 깨뜨릴 수 있을 것입니다."

라고 하고 이순신은 백 리 밖에서 진을 치고 김억추는 병선을 바다성

안에 줄지어 세워서 머리와 꽁무니를 서로 붙여 화살 같이 따르게 하였다. 일본 전선이 명량에 끌어당기는 장치를 해 놓은 곳에 이르러 한 일—자로 줄지어 나가다가 일본 함대 수백 척이 갈고리에 걸려서 일시에 파손되어 가라앉았으며 일본 진영에서는 쌍동 대령장雙銅大玲將 등 한꺼번에 일곱 사람이 연달아 죽었다.

명량 해전에서 크게 이긴 것은 바로 9월 16일이었다. 선조는 장계를 보고 더욱 기특하게 여기고 단서철권丹書鐵券을 하사하였다.

이순신은

교서敎書, 유서諭書 등이 있으나 여기에 싣지 않는다.

라고 했다. 그러나 여기서 거북선 이야기 등은 아리송하게 기술되었다.

『현무공실기』는 그 당시 교지敎旨와 『선조실록』의 기록 22건, 광해군 때 기록 2건, 1643년(인조 21)의 『인조실록』을 종합하여 구한말 조국을 위해 의병장이 되었던 기우만奇宇萬이 편찬한 것이다. 그때는 임진왜란이 발발한 지 3백 년이 되던 1892년(고종 29)이었다. 일본은 또다시 침략 야욕으로 우리나라에 강압적으로 입국하여 국모를 시해하고 조선왕조 5백 년을 뿌리째 뒤흔드는 망국 행위를 할 때였다. 또한 1914년까지 대대로 내려오던 『현무공실기』를 다시 중간重刊하고자 쓴 것을 그로부터 56년 후인 경술국치 희갑을 맞는 경술(1970)년에 『현무공실기』 한글판 출판에서도 고증하고 있다.

또 하나의 경우 『배씨대종보裵氏大宗報』 단기 4327년(1994) 10월 31

일자 1면과 2면에

　　　〈거북선, 김억추 장군 요청으로 경상 우수사 배설 장군이 제작
　　　본격적인 고증 확인을 서둘러야 한다.〉

는 제목으로 기사화 된 사실도 있다.

거북선을 이순신이 만들었다 해도 되는가

　지금의 역사는 거북선을 이순신이 발명한 것으로 되어 있다. 해군
사관학교에서 〈임진왜란 해전사의 역사적 재조명과 해전 유물 발굴〉
이란 주제로 지난 1994년 국제 심포지엄을 개최했을 당시 기조연설을
한 최영희崔永禧 박사의 기고문 중 12쪽 하단에

　　　…(전략)… 임란 해전을 분석하였다. 그들 중 출판된 서적에서도 이와
　　　유사한 이순신에 대한 찬사가 있는 것은 다 아는 일이다. 오늘 우리는
　　　이러한 찬사에 만족하는데 그치는 것이 아니라 한편으로는 학문적
　　　으로 반성하여야 한다고 생각한다. 위 외국의 저자들은 『난중일기』,
　　　『임진장초』, 『선조실록』등 근본 사료를 설명한 것이 아니라 2차 자
　　　료에 의해서 임진왜란 해전을 분석하였다. 그들 중에는 해군 출신의
　　　해전사 전공의 학자도 있어서 전문적이고 예리한 평가를 내릴 수 있

었을 것이다. 또 이 저서들은 이미 1900년 초에 간행되고 있다는 데 주목하여야 한다. 그리고 이미 지적되고 있는 바와 같이 우리의 역사 특히 전쟁사는 개인 중심의 영웅주의와 성웅주의, 순국사관에 치우친 경향이 있었던 것을 반성하여야 한고다 보여 진다. 또한 충무공 이순신을 지나치게 신격화하거나 거북선을 신비화하는 일은 학문적 태도가 아니라고 생각한다. 1960년대 이후 해전사의 전문가가 임진왜란 해전사를, 조선학 전문가가 거북선과 전선의 구조를, 화기 전문가가 화포의 성능 등을 연구하게 된 것은 임란사의 과학적 연구에 새 장을 열었고 우리 학문의 발달에 기여한 것이라 아니할 수 없다.

…(하략)…

라고 한 것은 임진왜란 4백 년 역사의 모순을 지적한 것이라 하겠다. 또한 이홍식이 저술한 『국사대사전』 51쪽에

거북선 …(중략)… 이미 있었다는 기록으로 보아 이순신 장군이 이를 개량하여 만들어 쓴 것이라는 설 …(하략)…

의 기록이 있다. 그렇다면 거북선을 발명이라고 하거나 천고의 신비라 표현함은 잘못된 일이다.

임진왜란 해전도 좀 더 민족사적으로 정립이 되어야 하는데 해전하면 임란壬亂이고 해장海將하면 이순신만이 있는 양 절대자로 군림하는 것은 군사 문화적으로도 큰 도움이 되지 않는 역사로 보여진다.

또 『조선왕조 군선연구朝鮮王朝 軍船硏究』의 저자는

조선왕조 1555년(명종 10)에 판옥선이 처음 개발되어 그것은 명실
상부한 탁월한 전투함으로서 …(중략)… 귀선龜船의 모형이 되기도 했
다.

라고 하여 거북선보다 더 앞서 개발되고 전쟁에서 사용된 전함이
있음을 밝히고 있다.

판옥선은 『명종실록明宗實錄』(1545~1567)과 『선조실록』(1567~1608)에
서는 15회에 걸쳐 실려 있다. 이순신이 올린 장계 같은 곳에서는 판옥
선과 판옥전선, 전선 등으로 혼용하고 있다고 단재丹齊 신채호申采浩
도 일찍이 『조선사朝鮮史』 총론에서

거북선은 목판으로 꾸미고 철판으로 함이 아닌 듯하니 이순신을 장
갑선裝甲船의 비조鼻祖라 함은 가하나 철갑선鐵甲船의 비조라 함은
불가할 것이다.

라고 하였으며 『태종실록』 권 25를 보면 1413년(태종 13) 2월과 1415
년(태종 15) 7월에 다시 말해 임진왜란이 일어난 1592년보다 80년 전에
이미 귀선이 존재하였다는 사실을 알 수 있다.

왕이 임진 나루를 지나다 귀선과 왜선倭船으로 꾸민 배가 수전水戰

연습을 하면 구경했다.

또한 김재근 교수가 저술한 『우리 배의 역사』를 보면

귀선의 전법은 중적衆敵과 충돌해도 적이 그것을 해칠 수가 없으므로 가히 결전의 양책이라 할 것이니 더욱 견고하게 만들어 전승지구戰勝之具로 할지어다.

라는 대목이 있어 재차 고증했다.

이와 같은 기록을 볼 때 옛날부터 거북선이 있었는데 태종 때에 벌써 거북선이 만들어졌으며, 대대로 거북선이 개조되고 시험되어 온 흔적을 볼 수 있다. 그러나 태평성대를 이어 오면서 사색당파들의 말꼬리로 실전에 사용할 기회가 없었는데 이를 실전에 활용한 것은 판옥선板屋船을 원균이 먼저 작전하였고, 다음은 이순신의 부하 나대용이 거북선 3척을 만들어 싸운 것이다.

명량 해전으로 갈리는 명암

배설은 김억추와 함께 거북선을 만들고 분주하게 명량 해전 준비를 하고 있었다. 그럼에도 이순신은 명량 해전사에 대해 1597년(선조 30) 7월 21일자 『난중일기』에서

···(전략)··· 배설은 도망가고 보이지 않는다. ···(중략)··· 원균이 적을 보자 먼저 육지로 달아나고 ···(후략)···

라고 오늘날의 합천군 초계면에서 남의 전갈만 듣고 위와 같이 썼으며 8월 29일자에서는

29일에 진도 벽파진碧波津으로 나가 진을 쳤는데 거기서 배설이 군사를 버리고 달아났다.

라고 『난중일기』에 기록하였으며, 또 같은 해 8월 30일자에

···(전략)··· 배설이 자기 종(노비)을 시켜서 소리를 냈는데 병세가 몹시 중해서 조리를 하겠다고 했다. 이에 나는 육지로 올라가서 조리하라고 허락해 주었더니, 배설은 우수영으로 올라갔다.

라고 기록했다. 거기다 더해 같은 해 9월 16일자의 전술에서는

···(전략)··· 이때 우수사 김억추가 탄 배는 이미 2마장 밖에 나가 있었다.

라고 하여 김억추가 2마장 밖으로 도망간 것인지 이순신이 2마장 뒤에서 따라오는 것인지 아니면 이순신이 도망간 것인지 전방과 후방을 가리지 않은 채 알쏭달쏭하게 써서 그곳 일부 향토 사학자는 김억

추가 도망갔다고 왜곡하였다.

그러나 『난중일기』 부록 10권에는 앞에서도 밝혔듯 김억추가 쇠사슬을 진도와 해남 간 울둘목에 치고 명량 해전을 할 때의 전공이 기록되어 있다.

> (김억추를) 전라 우도 수군절도사로 임명하였다. 이때 왜와의 흔단이 벌어졌건만 조정에서나 민간에서는 모두 다 안심하고 있었는데 다만 공(김억추)만이 깊이 이를 걱정하여 날마다 방비할 전구를 보수하고 쇠사슬을 만들어 포구 앞 바닷목을 막아 가로로 건너 매고 또 거북선을 창제하니 모양은 엎드린 거북과 같았는데 위에는 판자를 덮고 송곳 칼을 꽂아 적이 밟고 올라오지 못하게 했으며 그 밑에 군사들을 감추고 사방으로 대포를 쏘게 하여 그것으로 선봉을 삼아 적선을 깨뜨리어 언제나 승첩을 거두었다.

라고 하여 김억추의 공로를 재론하고 있다.

또 『이충무공전서』 권 14를 보면 오종 형제 장군으로서 강진康津 출신이었던 김억추, 그리고 배설은 해남과 진도 간을 이웃에 두고 조수 즉 썰물과 밀물의 시간대를 알고 작전한 지형에 대하여서는 자신들이 만든 쇠사슬과 거북선을 이용해

> …(전략)… 해남에다 풀을 쌓고 거적으로 덮어 은연히 군량을 쌓아 놓고 군사를 주둔시킨 형상으로 꾸몄다. 왜적이 바깥 바다에서 바라보

고서 암초가 있는 것을 모르고 진군하다가 배가 암초에 많이 걸리고 부딪혀 진퇴가 어렵게 되자 우리 군사가 그 기회를 타서 진격하여 크게 깨뜨렸다.

라고 하였다. 그러나 이는 『이충무공전서』이 여기에서 공公이 누구인가 할 때 강진 출신 김억추를 말하는 것인지 이순신을 말하는 것인지 애매하다고 하겠다.

전란 이후 삼국의 변화

7년간의 긴 전쟁으로 조선, 일본, 명 삼국은 모두 큰 손실을 입었다. 그중에서도 전국적으로 전화를 입은 조선의 손실은 실로 엄청났다. 수많은 사람이 목숨을 잃었고, 토지대장과 호적이 없어지고 전쟁 전에 170만 결에 달했던 토지 결수는 54만여 결로 줄어들어 국가의 운영조차 힘든 상황에 처했다. 토지 1결은 현재의 3천 평에 해당된다.

그러나 군사적으로는 전란으로 인해 그동안 미비했던 제도의 개혁이 이루어졌다. 비변사備邊司가 강화되고 훈련도감을 비롯한 군사 기구의 전면적인 개편이 이루어지면서 자주 국방의 틀을 다시 세우게 되었다. 또한 사회적으로는 전쟁 중에 임시로 인정되었던 납속책納粟策과 서얼 허통庶孽許通, 향리의 동반직東班職 취임 허용, 병사의 면역, 노비의 방량放良 등이 일부 허용됨에 따라 신분질서가 동요되기 시작했으며 경제적으로는 국가의 조세 수입은 줄어든 반면 군사력 보강을 위한 지출은 계속되었다.

이로 인해 농민들에게 과중한 부역과 공납이 강요되면서 이농 현상이 광범위하게 나타났고 그 결과 공물의 미납화, 양전量田과 수세收稅의 간편화, 면세전 확대 방지책, 병역의 납세화, 환곡책, 모곡耗穀의 회수책 등이 제도화되었다.

문화적으로는 전란으로 궁전, 관청 건물과 홍문관이나 춘추관 등에 보관되었던 서적, 실록 들이 소실되고 귀중한 문화재들이 약탈당하는 커다란 손해를 입었고 사상적으로는 봉건 집권세력이 신뢰를 상실하면서 내부 분열이 심해져 비판을 용인하지 않는 경직된 풍토가 나타나기 시작했다. 또한 지식인 사이에는 명군의 원조에 대해 존화 의식이 강화되는 양상을 보이기도 했는데, 이는 이후 존화양이尊華攘夷의 북벌론을 형성하는 계기가 된다.

한편 일본은 전쟁을 통해 도요토미 정권이 붕괴하고 도쿠가와 바쿠후(덕천막부德川幕府) 정권이 등장했다. 도쿠가와 바쿠후는 국내적으로 무가제법, 대오법도, 참근교대제 등을 제정해 신분 위계제도에 근거한 봉건 지배 체제를 세웠다. 그리고 쇄국정책을 펼치며 전란으로 흐트러진 체제를 다시 갖추어 나가기 시작했다.

또한 일본에 잡혀간 조선인들의 귀환을 제시하며 임진왜란으로 벌어진 조선과의 사이를 줄이려 노력했다. 그리하여 1604년 승려 유정이 일본으로 가서 교섭을 통해 3천여 명을 귀환시켰으며 이후 조선은 1607년에는 도쿠가와 정권의 화의를 받아들여 여우길呂又吉 등의 사절을 파견하고 1609년에는 기유약조己酉約條를 체결해 무역을 재개하였다.

조선과는 달리 전쟁이 끝난 이후 일본의 문화는 더욱 풍성해졌다. 일본은 조선에서 활자, 그림, 서적 등 다양한 문화유산을 빼앗아 갔는데 이때 포로로 데려간 활자 인쇄공들을 통해 성리학을 비롯한 여러 학문과 인쇄 문화를 발전시켰다. 또한 조선에서 데려간 도공들에 의해 일본의 도자기 문화 또한 크게 발달하게 되었다.

명나라는 전쟁 이후 국력이 많이 소모되었으며, 각지에서 농민들의 봉기와 지방 봉건 군벌들의 반란이 잇달았다. 이때 만주에서는 명의 세력이 약해진 것을 계기로 누르하치(노아합적奴兒哈赤)가 건주위建州衛 및 하다(합달哈達), 휘파(휘발輝發), 우리(오랍烏拉) 등 여러 여진족을 통일한 뒤 1616년 칸(한汗)에 즉위하여 후금後金을 세워 명·청 교체의 기틀을 만들었다.

이처럼 임진왜란은 삼국에게 정치, 경제, 문화적으로 많은 영향을 끼치면서 동아시아 정세에 큰 변화를 가져왔다.

제3부

『선조실록』과
『선조수정실록』

1592년, 첫 싸움에서 원균과 이순신의 행적 |
왕명 전 해전과 왕명 후 거제 해전 |
패전의 핵심, 10만 수군의 존재 |
『선조수정실록』의 모순 |

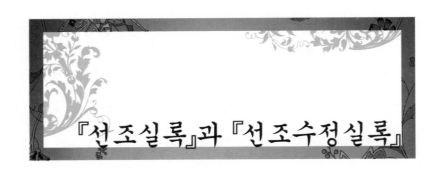

『선조실록』과 『선조수정실록』

임진(1592)년 4월 14일 왜적이 부산을 침략해 온 날로부터 5월 6일에 그것도 이순신 스스로가 온 것이 아니라 왕명에 의하여 온 이순신이 이억기와 함께 거제 앞바다에서 합류할 때까지 23일간 원균이 무엇을 하였는지, 각 문헌에 기록된 사실을 통해 과연 진실이 무엇인지 확인해 보고자 한다.

이순신이 단독으로 장계를 올리다.

처음에 원균이 이순신에게 구원병을 청하여 적을 물리치고 연명聯名으로 장계를 올리려 하였다. 이에 이순신이 말하기를

"천천히 합시다."

하고는 밤에 스스로 연유를 갖춰 장계를 올리면서 원균이 군사를 잃어 의지할 데가 없었던 것과 적을 공격

함에 있어 공로가 없다는 상황을 모두 진술하였
으므로, 원균이 듣고 대단히 유감스럽게 여겼다.
이로부터 각각 장계를 올려 공을 아뢰었는데 두
사람의 틈이 생긴 것이 이때부터 시작되었다.

『선조수정실록』권 26-선조 25년 6월 1(기축)일

1592년, 첫 싸움에서 원균과 이순신의 행적

『선조수정실록』에 의하면 일반적으로 임진왜란 초기에 원균이 도
움만 주고 도망만 다녔다고 하는데 이것은 강덕룡姜德龍을 시켜서 병
사들을 모았던 점이나, 기효근奇孝謹이 원균의 명에 의해 전쟁 준비를
한다든가 하는 실례를 볼 때 많은 차이점이 있다. 또 구원을 청했다
해도 원균과의 개인 사정이 아니었고 협동하여 싸움을 승리로 이끌어
가려는 것으로 해석된다.

우선 일본군을 대면하고 있는 원균이 있었다면, 이순신은 수백 리
후방에서 편지를 받거나 휘하 장졸들의 확실치 않은 정보만을 듣고
개인 일기인 『난중일기亂中日記』를 쓰고 있었다. 『난중일기』 초기 기록
을 볼 때 원균의 일이 처음 기록된 것은 임진(1592)년 4월 15일부터 시
작된다. 그 내용을 보면

임진년(1592, 선조 25) 4월 15일
해질 무렵 영남 우수사 원균의 연락이 왔는데 왜선 90척이 나타나

절영도에 정박하였다 하였으며 잇달아 수사의 전갈이 왔는데 왜선 350여 척이 이미 부산 건너편에 이르렀다 한다.

임진년 4월 16일

첫새벽에 영남 우수사 원균의 통문이 왔는데 부산의 거진巨鎭[5]이 이미 함락되었다 하니 분하기 이를 데 없다.[6]

임진년 4월 17일

영남 우수사에게서 공문이 왔는데 왜적이 부산을 함락시킨 후 물러나지 않는다고 한다.

임진년 4월 18일

오후 2시경 영남 우수사의 공문이 왔는데 동래東來가 함락되고 양산梁山과 울산蔚山의 두 군수도 조방장助防將으로서 입성하였다가 모두 패하였다 하니 분통함을 이루 형언하기 어렵다.

라고 기록되어 있다. 또 이순신이 조정에 올린 「부원경상도장赴援慶尚道狀」에 왕명으로 원균과 합세하여 적을 치라고 명령하는 유서에 있는 내용을 보면

---

5) 거진巨鎭: 조선 시대에 각 도에 설치하였던 중간 규모의 군사 진영으로서 군사 작전상 중요한 거점에 배치하였으며, 절제사와 첨절제사를 두어 지휘하도록 하였다.
6) 부산은 경상 좌수영의 관할이었다.

새벽에 선전관 조명趙銘이 가지고 온 4월 23일자 좌부승지 민준閔濬의 서신을 받았는데 서신의 내용인즉 왜구가 이미 부산 동래를 함락시키고 또 밀양密陽에 들어갔는데 지금 경상 우수사 원균의 장계를 본즉 각 포浦의 군사들을 이끌고 바다로 내려가서 크게 기세를 올리고 있으며 적을 공격할 계획이라고 한다.

라고 고증하고 있다.

그때 내린 선조 임금의 왕명은 『이충무공전서李忠武公全書』 상권 66쪽에 실려 있다. 명흥원균합세공적유서命興元均合勢功賊鍮書는 원균과 합세하여 적을 치라고 명령하는 유서로서, 다시 말해 이순신에게 원균과 합세하라는 왕명이다.

왜적이 이미 부산 동래를 함몰하고 또 밀양으로 들어온바 이제 경상 우수사 원균의 장계를 본즉 여러 포구의 해군들을 거느리고 바다로 나가 형세를 뽐내어 적을 덮쳐 격멸할 계획을 차린다 하니, 네(이순신)가 원균과 합세하여 적의 배를 쳐부수기만 한다면 적을 평정시킨다 할 것조차 없으리라. 그러므로 선전관을 보내어 달려가 이르도록 하는 것이니, 너는 각 포구의 병선들을 독촉하여 거느리고 급히 나가 기회를 잃지 말도록 하라. 그러나 천리 밖이라 혹시 무슨 뜻밖의 일이 있을 것 같으면 반드시 이에 구애하지는 말라.

「장계초본狀啓草本」에 의하면 이 왕명은 선전관 조명이 가지고 온 좌부승지 민준의 서장에 의한 것으로 원균이 지원군을 요청한 지 14일 만인 4월 27일에 받은 것이다. 이러함에도 불구하고 왕명 등 기타 내용은 다 빼고 '다만 전술한 바 있는 구원만 청하여'라고 하며 비겁한 장수로 표기해 놓은 거제시 옥포에 세운 비문을 보면 역사가 어찌하여 이렇게까지 되었는지에 대해 다시 한 번 묻지 않을 수 없다.

이틀 뒤인 4월 29일 정오에 경상 우수사 원균의 회답이 왔는데

> 왜선 5백여 척이 부산, 김해, 양산강, 명지도鳴旨島 등 여러 곳에 주둔하고 있으며 그들이 상륙하여 횡행하므로 각 포의 병영과 수영水營이 모두 함몰되고 봉화烽火는 두절되었다. 이에 수군을 동원하여 적선을 추격하고 10척을 태워버렸다.

라고 되어 있다. 이는 원균과 이순신이 왕명으로 1592년 5월 7일 옥포 해전에 참전하였을 때 원균이 거제에 경상 우수영 본영을 둔 오아포吾兒浦(또는 烏兒浦)에 출전하여 일본 전선 10척을 태워 버렸다는 것을 전라도 후방에서 선조에게 보고한 「부원경상도장 2」의 기록이다. 이순신 개인 일기가 아닌 선조에게 1592년(선조 25) 4월 30일 미시未時(오후 1~2시)에 써 올린 보고에 기록되었으며 『선조실록』에도 있지만 『이충무공전서』 한문본 74쪽과 상권 133쪽에 기록된바 이것은 연합작전 이전 1592년 4월 14일부터 다음 달인 5월 6일까지 23일간을 거제 경상 우수영 수군이 방어했다는 증거 문서이다. 일본 해군성 문

헌에는 그 외 안골포 해전에서도 원균이 30척을 격파했다고 되어 있다.

전술한 바와 같이 임진왜란이 발생한 것은 1592년(선조 25)의 일이었다. 그럼에도 다음 임금인 광해군 시대도 지나 제16대 왕인 인조仁祖가 승하하기 불과 2~3년 전에, 선조 때 이미 편찬된 『선조실록』을 무시하고 임진왜란이 마치 이순신과 원균이 싸운 일인 양 『선조수정실록』을 만들었다. 또한 이순신은 자필로 「임진일기壬辰日記」, 「계사일기癸巳日記」, 「병신일기丙申日記」, 「정유일기丁酉日記」 등 1592년 1월부터 1598년 11월 17일까지 7년간 쓴 『난중일기』를 1795년(정조 19)에 한문 인쇄판으로 『이충무공전서』의 일부분으로 편찬하면서 655일, 즉 1년 10개월만 남기고 곳곳을 찢어 버렸다. 이는 놀라운 사실임에 분명하다.

그렇지만 「임진장초壬辰章草」[7]와 『선조실록』은 그대로 남아 있다. '원균 장군이 합동작전하기 이전에 왜선 10척을 불태웠다'라는 기록은 1592년 4월 30일자 『난중일기』에는 없어도 「부원경상도장」에는 있다. 이와 같이 원균은 자신의 관할도 아닌 부산에 있던 일본군이 불법 침략하여 18일 만에 조선 왕도 한양을 쑥대밭으로 만들고 북진하자 그 해군을 방어하고 전멸시키고자 후방에 있는 전라 좌수영에 원병해 달라고 했음에도, 원균은 단지 원병만을 청한다고 말했다고 기

---

7) 「임진장초壬辰章草」: 임진왜란 때 전라 좌수사였던 이순신의 장계를 모은 책이다. 『난중일기』의 부록으로서 「서간첩 書簡帖」 1책과 「임진장초」 1책으로 되어 있다.

록하고 있다.

다시 말해 1592년 임진왜란 두 번째 승리 보고는 왕명으로 5월 7일부터 원균, 이순신, 이억기가 합동 작전한 전과이고 위 「부원경상도장」에 원균이 일본 전선 10척을 불태웠다고 한 것은 왕명으로 이순신과 이억기가 와서 원균과 합동 작전을 하기 전 원균이 단독으로 이룬 즉 거제 경상 우수영 수군의 승리 보고이다.

임진왜란이 일어나자 스스로 원균의 휘하로 달려가서 원균을 도운 진주의 충의공 강덕룡 장군의 행장기에는

> 왜병이 급작스럽게 침공해 오니 원균 장군 휘하로 달려갔다. 그때 원균 장군에게는 장선裝船이 모자라고 전구戰具가 없어서 계책을 세울 수 없는 형편이었다. 이때 공은 밤낮을 가리지 않고 사천泗川, 고성固城, 곤양昆陽으로 돌아다니며 군인을 모집하여 마침내 수군을 정비하였다.

라는 기록이 있어, 나라를 위하여 전투를 준비하는 원균의 모습을 볼 수 있다. 또한 사헌부 대사헌 김간金幹은

> 이해 4월 13일에 왜적이 전 국력을 모아 20만의 수륙 병력을 동원하며 우리나라를 침범하니 부산, 동래 등이 차례로 함락되고 말았다. 이때 원균 장군의 휘하에는 단지 네 척의 배가 있을 뿐이어서 혼자서는 도저히 적을 맞아 싸워서 격멸할 수 없음을 알고 우후 우응진으로 하

여금 본영을 지키게 하고 거제의 옥포 만호 이운룡과 거제의 영등포 만호 우치적 또 남해 현감 기효근 등으로 하여금 물러가 곤양 해구를 지키도록 하는 한편 비장裨將 이영남을 전라 좌수사 이순신에게 보내 힘을 합해서 적을 방어하기를 청하였다. 그러나 이순신은 "각기 지키는 한계가 다르다"고 하여 듣지 아니 하였으므로 서로 의견이 5~6차나 오고 갔다. 원균 장군은 이순신 장군이 도착하기 전에 수차 왜적과 교전하여 적선 10여 척을 불사르고 빼앗으니 군성軍聲이 점차로 떨치게 되었다.

라고 위 승전을 기술하였다.

부산 동래는 원균 자신이 관할하는 경상 우수영이 아닌 경상 좌수영 박홍의 관할이었다. 그러나 그 땅 또한 조국의 땅이기에 "각기 지키는 한계가 다르다 하더라도 위태로운 나라를 구하기 위해서는 다르지 않다"라고 하는 원균의 주장과 "각기 지키는 한계가 다르다"라고 하는 이순신의 생각은 많은 차이를 보인다고 할 것이다.

의병장 조경남趙慶男은 그의 『난중잡록亂中雜錄』에서 다음과 같이 기술하고 있다.

나는 전라도 남원에 있었으므로 호남과 영남의 일과 본부의 일을 모두 알고 있다. 경상 우수사 원균은 적을 많이 잡았으니 승리의 함성이 크게 떨쳤다. 이로 인하여 민생들은 각자 모두 마음 놓고 생업에 종사하고 서로 크게 놀라지 않았다.

이상이 각 기록에 나타난 원균의 4월 14일부터 5월 6일까지 즉 23일간의 기록으로서, 원균이 해전에서 승리한 증거이다.

이들 기록을 근거로 하여 원균의 행적을 다음과 같이 정리할 수 있다. 원균은 4월 14일 일본의 침공을 거제 각 망대에서 발견하자 즉시 각처로 신속히 통보하여 이 사실을 알리고, 전력戰力을 갖추기 위하여 강덕룡으로 하여금 수군을 모집하도록 하고 또 각 포의 수령들을 모아서 곤양 해구를 봉쇄하여 일본군이 이순신이 있는 서쪽으로 진격하는 것을 저지하는 일차적인 방어 작전을 취하였다.

그리고 이순신에게 연락하여 원병을 청하였으나 성사되지 않자 14일부터 18일 사이에 총 다섯 번의 통문을 보낸다. 그러나 이 모두가 허사로 돌아갔다.

위와 같은 작전은 이순신의 『난중일기』와 대사헌 김간의 기록이 서로 일치하고 있다. 다시 간추리자면 이순신과의 합의가 이루어지지 않자 원균은 하는 수 없이 4월 19일이나 20일경 작전 계획을 조정으로 장계한 것으로 보인다. 이는 왕명의 출납을 맡은 좌부승지 민준이 이순신에게 보낸 서장에서 볼 수 있다. 민준은 원균의 장계를 4월 22일 또는 23일에 받고 즉일 서장을 발송하여 4월 27일에 이순신에게 원균을 돕도록 하라는 유서를 전달하였다.

원균이 이순신에게 보낸 통문은 4월 18일로 일단 끝나고, 다시 4월 29일에 경상 우수영 내 일본군의 동향을 알리면서 적선 10여 척을 격파한 사실을 통보해 준다.

이 10일간에 원균이 활동한 행적은 다음과 같이 정리할 수 있다.

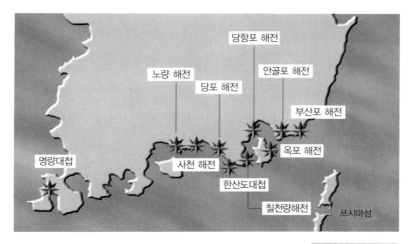

임진 4월 19일에는 적을 공격할 작전 계획을 작성하여 조정으로 올리고, 4월 20일부터 26일 사이에는 사천, 고성, 곤량 지구에서 모집된 수병과 기존 병력을 합쳐서 전력을 정비하고 이 기간에도 각 포의 수령들은 곤양 해구를 지키도록 했다. 이렇게 다소나마 증강된 병력을 이끌고 4월 27일 또는 28일 경에 처음으로 왜적을 공격하여 10여 척을 불태워 버리는 전과를 올렸다. 그 후 5월 2일과 3일에 계속 이순신과 연락을 가졌다.

그리고 여기서부터 구분해야 될 것이 임진왜란 초반 23일간은 거제와 남해 및 각 29개 관포에서 출동된 원균의 군졸이 싸우다가 5월 6일에서야 왕명으로 이순신의 함대와 거제에서 만나 합동작전을 펼쳤다는 점이다. 그 합동작전 승리의 기념으로 404년만인 1995년에 세운 기념비는 거제의 옥포 해전의 합동작전으로 일본 전선 30척을 불태워 처음 승리했다고 기록하고 있다.

왕명으로 거제의 옥포 해전뿐만 아니라 1592년 5월 7일 거제 서북 방면인 마산에서 벌인 합포 해전, 1592년 5월 8일 거제의 서방 통영군 광도면光道面의 적진포 해전, 5월 29일의 사천 해전, 6월 2일 거제 서남 방면 통영군 산양면山陽面 당포 해전, 6월 5일부터 이틀간에 걸쳐 벌어진 거제 서북 방면 고성군 합화면合華面 당항포 해전, 바로 다음날인 6월 7일 거제 장목면長木面 대금리大錦里 율포 해전, 7월 8일 벌어진 한산도 해전, 7월 10일의 거제 북방 진해 웅천면熊川面 안골포 해전, 9월 1일 벌어진 거제 동북 방면 부산포 해전 그리고 이듬해인 1593년 2월 1일부터 3월 8일까지 거제 북방인 진해 웅천 해전, 1594년 3월 4일의 거제 고성군 합화면에서의 제2차 당항포 해전, 1594년 9월 29일 거제 장목면 장문포長門浦 해전, 1594년 10월 1일의 거제 영등포 해전, 3일 뒤인 10월 4일 벌어진 거제 장목면에서의 제2차 장문포 해전까지 총 15회의 해전은 전라 좌수사 이순신과 경상 우수사 원균, 전라 우도 수사 이억기 세 장군이 펼친 연합작전의 승리였다.

왕명 전 해전과 왕명 후 거제 해전

왕명王命 전 해전과 왕명으로 온 거제의 옥포 해전, 당포 해전, 율포 해전, 한산도 해전, 장문포 해전, 영등포 해전, 제2차 장문포 해전에서 경상 우수영 원균과 전라 좌수사 이순신 그리고 이운룡과 우치적, 강덕룡은 조정에서까지 공인되어 선무원종공신록宣武原從功臣錄에 1등으로 녹훈되었다.

거제 출신 장졸로서 나라를 구한 수호신이 된 이들 중 원종일등공신은 신응수辛應壽, 윤영상尹榮祥, 반중경潘仲慶, 김희진金希進, 신덕룡辛德龍이며 이등공신으로는 윤승보尹承輔, 여막동余莫同, 김옥춘金玉春, 반관해潘觀海, 옥계성玉桂成, 윤흥량尹興良, 조윤전趙允銓, 제국諸國(또는 인국仁國), 제억諸億, 이언량李彦良, 반중인潘仲仁, 김후석金厚錫, 제진諸璡, 유록상劉祿祥 그리고 삼등공신에 제홍록諸弘祿, 윤개尹玠, 원산元山 등 총 22명이다.

그러나 정유재란 때 구사일생으로 살아남아 원종일등공신이 된 경상 우수사 배설 또한 왕명을 받고 와서 전공을 세웠음에도 선무원종공신록에서 제외시킨 「옥포 사적기」는 모순이 있다고 본다. 1597년 9월 15일 가덕도加德島 해전에서 패퇴한 경상 우수사 원균의 원군 청원으로 왔다고 한 것은 믿을 수 없는 대목이다.

또한 왕명에 의하여 지원 온 이순신이 여세를 몰아 1592년 5월 7일의 합포 해전, 다음 날인 5월 8일의 적진포 해전, 6월 2일의 당포 해전, 그리고 같은 해인 6월 5~6일의 당항포 해전, 6월 7일의 율포 해전에 이어 7월 10일의 안골포 해전, 2년 뒤인 1594년 3월 4일 벌어졌던 제2차 당항포 해전, 1592년 7월 8일 견내량 해전 등을 단독으로 승리하였다고 함은 무슨 근거에서 나온 말인지 알 수 없다.

그때 이순신은 거제를 총괄하는 장군이 아니었으며, 거제에 경상 우수영을 둔 경상 우수사 원균과 전라 좌수사 이억기 등이 주관한 왕명 합동작전의 승리였다. 그리고 이순신이 통제사가 된 것은 계사년인

1593년 8월 15일이었으며 당시에는 왕명으로 온 지원군에 불과했다.

지금까지의 결과 임진왜란의 시작인 4월 14일부터 5월 6일까지 계속 연결된 원균의 행적이 입증되었음에도 전선을 이탈했다고 하는 것은 실록 어느 부분에 있는 기록인지 매우 궁금하다.

원균은 빈약한 병력으로 우세한 일본군을 공격하여 승리를 거두고 분산된 병력을 수습하여 각 요충지를 지켰으며, 거기다 작전 계획을 조정으로 상신하며 적의 동태를 살펴서 인접한 지역에 있는 수군절도사와 중요한 길목에 통보하는 등 수군절도사로서의 직분을 한 치도 어김없이 계속 속행한 흔적이 분명히 기록으로 남아 있다. 다시 돌이켜 일본군들은 4월 14일 부산에 상륙한 후 18일 만에 한양을 침탈하고 사람이 살지 않는 지역까지 북진하며 우리 국토를 유린하는데, 5월 7일 거제 옥포 해전은 왕명이 있기 이전으로 일본의 수군은 20여 일 동안 원균의 방어로 서해로 들어가지 못하고 있었다는 것이 정사라고 한다. 원래 일본은 육군이 평양으로 진격하는 동안 수군은 부산으로부터 서해로 돌아서 한강과 대동강에서 합류하고 수로를 따라 육병의 보급을 운반할 계획이었다. 그러나 일본의 육군이 서울을 함락시킬 때, 우리 수군은 거제도 일부에까지 진출하여 강력한 방어를 하여 일본군이 더 이상 서쪽으로 나아갈 수 없었다. 이것은 원균이 거제에서 본영인 경상 우수영을 효과적으로 방어하였기 때문이다.

만약 그가 오늘의 통설과 같이 도망만 다녔다면 일본의 수군이 무엇 때문에 20여 일 동안이나 부산 일대에서 머뭇거리고 있었겠는가.

임진왜란 초 우리 수군의 병력은

임진왜란이 일어나기 전 우리나라는 오랜 기간 태평성대를 누려왔고 문文에만 치중하여 무인武人 보기를 이단처럼 천시하는 풍조가 만연하였으며 선조 시대에 이르러서는 의무병 제도마저도 완전히 허물어지고 군사적인 공백 상태에 있었다. 선조는 당시 우리나라가 문약에 빠져서 군병이라고는 거의 없는 상태였음을 개탄하였다.

그 한 예가 임진왜란 전에 10만 양병설을 주장한 율곡栗谷 선생의 유비무환론은 당시 조선의 수군 병력을 포함한 전체 병력을 가늠할수 있는 지표가 된다.

1594년(선조 27) 4월에 유성룡은 다음과 같이 당시의 군사 상황을기록하고 있다.

> 군병이라고는 다만 민병民兵 수천 명이 경사京師(한양)를 오르락내리락하는 실정이며 이들 역시 밭 갈고 호미질 하는 백성으로 싸움이무엇인지 조차 알지 못하는 자들이었다.

또 한가지 선조가 당시 우리나라 병력의 공백성을 잘 대변한 내용이 『선조실록』 권 26에 있다.

> 전에 윤탁연尹卓然으로부터 들은 바에 의하면 영남의 요충지인 상주尚州에는 다만 세 사람의 활 쏘는 군사가 있었을 뿐이라고 하더라.

이와 같은 상황 아래서 수군 역시 충실한 병력을 확보했다고는 볼 수 없다. 울산대학교 이정일李貞一 교수 또한 『역사학보歷史學報』 제89집 91~131쪽에서 「원균론元均論」을 통해 발표한바 있다.

> 1592년 7월 8일 원균, 이순신, 이억기 세 장군의 연합 함대가 한산도에서 대첩을 거둘 때의 병력을 보면 이순신의 전함이 40척, 원균이 7척, 이억기가 25척이었다.

후방인 전라 좌수영에서 1년 2개월간 군비를 충실히 보충하고 정비한 이순신의 병력이 3천 명 정도로 추산되는바 그와 같은 준비 기간을 갖지 못한 전방의 경상 우수영 원균의 병력은 훨씬 적었을 것이 당연하다. 그렇다면 전함이 적은가 없는가 하는 문제는 문민文民 왕권의 책임이지 원균의 책임은 아니다. 임진년으로부터 5년 후인 정유년에 체찰부사 한효순韓孝純이 선조에게 보고한 병력을 보면

> 전선이 134척이고 병력은 1만3천2백 명이었습니다.

라고 되어 있다. 병력은 싸우면서 증강한 것으로 이는 『선조실록』 권 30에 고증되어 있다.

1597년에는 일본의 재침략이 임박하여 우리 수군을 최대로 증강하였을 때이며, 임진왜란이 발발한 1592년 초에는 이보다 아주 적었거나 상비 병력이 거의 허술한 때였다. 그래서 겁이 많은 수령이나 수군

절도사, 병사들은 적이 온다는 말만 듣고 피해 버리고 책임감 있는 수령들은 민병을 모아서 적과 대항하기도 하였다. 당시 육군은 의병이 관군보다 더 많이 모집되어 싸웠으나, 수군의 경우 의병의 역할을 한 수군은 전남 강진군의 정수사淨水寺와 여수 흥국사興國寺의 승병僧兵 그리고 앞서 밝힌 거제의 22명의 장군 이외에는 그리 많지 않았다.

그렇다면 임진왜란 초기에 원균이 만여 명의 수군을 해산시켰다는 말은 모순된 것으로 보여진다.

이와 같은 기록은 원균이 대적하여 싸우려 해도 수군이 없어 계책이 서지 않으므로 사람을 시켜 병사를 모집하고 전쟁 준비에 골몰한 실정을 설명해 주고 있는 것이다. 또한 당시의 편제상으로 보아도 만 명의 수군을 해산시키고 전함과 전구를 모두 바다에 가라앉혔다는 것은 있을 수 없는 일이다.

가령컨대 배를 가라앉히자면 50명에 배 한 척이라고 가정했을 때 1만 명이면 배 2백 척이라는 계산이 나온다. 전쟁터에서 적과 싸우는 시간보다 그 2백 척 배의 바닥에 구멍을 뚫는다면 무엇보다 시간과 인원이 문제였을 것이다. 그것도 각 수군절도사 관할 하에는 관찰사의 직접 통제 아래 있는 첨사와 만호가 있어서 각 진과 영에 흩어져 주둔하며 병력과 전구를 직접 관장하기 때문에 수군절도사의 권한 밖에 있었던 것이다.

그러므로 원균이 수군을 해산시키고자 하는 의사가 있었다 라는 것은 근거가 전혀 없는 대목이다. 그렇다면 그런 말이 나온 근원이 어디에 있는가를 살펴볼 필요가 있다.

패전의 핵심, 10만 수군의 존재

7년간의 임진왜란과 선조의 승하, 광해군 15년의 집권 그리고 인조가 왕권을 잡은 지 21년째가 되었을 때는 임진왜란이 종전된 지 45년 후이다. 선조 대에 벌어진 임란사에 대한 수정실록의 필요성에 대해 대제학 이식李植이 간곡히 주장하면서 상소하여 쓴 것이 「선조수정실록」이다.

『선조수정실록』권 25에 따르면

> 원균은 적군의 세를 당할 수 없음을 알고 전함과 전구를 모두 바다에 가라앉히고 수군 만여 명을 해산시켰다.

고 되어 있다. 그러나 정사인 『선조실록』에서는 그와 같은 기록은 발견할 수 없으며 오히려 그때 이순신이 본인의 경비 지역이 아닌 경상도 남해진의 창고를 불 지른 기록은 있다. 이순신은 『난중일기』에서 창고를 불태운 이유를 다음과 같이 기술했다.

> 경상도 남해는 본 수영(여수)과 북소리와 나팔소리가 서로 들리고 앉은 사람의 모양마저 서로 볼 수 있는 가까운 곳이기에 적이 그곳을 침공하면 오래 머무를 염려가 있어 창고와 무기고 등을 불살라 버렸다.

이 사건에 대해서 그 지역에 나가있던 초유사 김성일은 다음과 같이 장계를 올려 선조에게 보고하였는데 전방에서 싸우는 원균과 경상 우수영의 군인도 있는데 후방에서는 이런 꼴이니 거제에 본영을 둔 경상도 수군을 무시한 것이라고 하였다.

『선조실록』 선조 25년 6월 28일자에 기록에 의하면

> 남해는 호남과 가까운 경계이다. 아직 그곳에는 왜적이 나타나지 않았을 때 남해 현령 기효근이 전라 좌수사 이순신에게 적의 침공이 있다는 통보를 하였더니 이순신은 남해는 그가 있는 수영과 가까운 거리에 있으므로 만약 적이 그곳에서 양식을 얻어 오래 머무른다면 반드시 호남을 침범할 것이리라고 생각하고 현령 기효근이 바다로 내려가서 전쟁 준비를 하고 있는 틈을 타서 이순신이 군관으로 하여금 창고를 모두 불태워 버렸다. 그로 인하여 현민들과 미조항彌助項 평산포平山浦에 있던 많은 군사들이 모두 흩어져 버렸다. 기효근이 바다에서 돌아와 보니 식량과 무기와 군졸들은 모두 없어지고 다만 빈 성城뿐이었다. 그는 할 수 없이 보리를 베어 양식을 이어가며 흩어진 군졸을 다시 모아 어렵게 성을 지켰다.

라고 되어 있다.

여기서 우리는 거제도와 남해를 볼 때 어디가 전방인가를 먼저 보고, 또 하나 전라 좌수영 관할이 아닌 경상 우수사 원균의 관하 남해라는 것을 알고 논하여야 한다. 남해는 경상 우수사 원균의 관할구역이고 이순신의 구역이 아니며 기효근은 원균의 명령을 받고 전쟁 준

비를 하는 동안이었는데, 이순신이 원균의 관할인 남해 본영을 불태워 버린 것이다.

최전방에 있는 대장이 졸지에 적의 기습을 받아 부득이 후퇴를 하여야 할 경우 보관 중인 군수품과 병기 등을 적에게 넘겨주지 않기 위해 창고와 막사에 불을 지를 수도 있다. 그것은 총 지휘관으로서 자기 영역 관할일 때 부득이 할 수 있는 일이며 이를 탓할 수는 없다.

그러나 이순신은 각기 지키는 구역이 다르다 하여 원균의 청병에는 응하지 않으면서 지키는 구역이 다른 원균의 지휘 관할인 남해 현령 기효근의 군영을 지레 불살라 버렸다. 그것도 원균에게 아무런 사전 협의나 통보도 없이 무엇이 급하여 이런 일을 저지른 것일까.

이를 현대전에서 평가한다고 해도 마땅히 군법회의에 회부되어 중벌을 면키 어려운 중대한 사건이 아닐 수 없다.

당시의 나라 군비 형세가 이와 같은 지경이었음에도 『선조수정실록』을 쓴 이식은 앞에서도 밝혔듯 원균은 일본군이 쳐들어오자 경상우수영 수병 만 명을 흩어버리고 도망감으로써 패전의 원인이 되었다고 기록하고 있다.

여기서 우리는 이식이 쓴 『선조

이율곡 영정

수정실록』이 모순, 당착, 허구성을 노출하고 있음을 알 수 있다. 만약 이식의 말대로 경상 우수영에 만 명의 수병이 있었다면 전국의 수륙군은 줄잡아 50만 명 이상은 되었다고 보아야 한다.

그리고 이식은 『선조수정실록』에서

> 이이는 일찍이 경연석에서 미리 10만 양병을 하여 앞으로 변에 대비하여 근심하는 일이 없도록 해야 한다고 주장했었다.

라고 기록하고 있다.

원균이 흩어 버릴 수 있는 만 명이나 되는 군사가 어디에 있었다는 말인가? 만약 그것이 사실이라고 한다면 이미 전국의 군사는 10만을 훨씬 넘어 50만에 이르고 있었다는 계산이 나오는데 그렇다면 이이가 10만 양병설을 주장할 이유가 없지 않았을까?

이는 원균이 이순신을 모함한 것이 아니라 이순신의 혈족인 이식이 오히려 원균을 모함한 치부를 드러내고 있음을 알 수 있다. 『선조실록』은 선조 집권 41년간의 시정을 기록하여 1617년(광해 9)에 완성된 사록이었으나 그로부터 무려 32년이 지난 후에 이식이 이를 수정하기 시작하여 1649년(인조 27)에 『선조수정실록』을 완성하였다.

대제학이었던 이식의 주관으로 특정 목적의식을 두고 주관적으로 수정한 『선조수정실록』은 정사로 평가받기 어려운 문헌이라 하겠다.

특히 당시 경상 우수영의 경우를 보면 원균의 휘하에 있던 의병장 강덕룡의 행장기에서도 잘 나타나고 있다. 허술한 군비와 취약한 여건 속에서 부임한 지 두 달도 안 된 원균과 1년 2개월여의 기간 동안 확실히 군비를 갖추고 있던 이순신 두 장군이 임진왜란을 맞이하여 용맹과 지략으로 서로 협조하면서 또 때로는 전공 다툼을 하면서 일본군을 어떻게 격파하고 그 전황에 대처하였는지 확인해 볼 필요가 있겠다.

서두에서도 밝혔듯 1592년 임진년 당시 가장 많은 수군이 집결한 한산도 해전에서 이순신이 전함 40척, 이억기가 전함 25척, 원균이 전함 7척을 보유하고 있었고, 수군 병력은 모두 6천 명 정도였다. 이를 전함의 비율로 나누어 볼 때 이순신이 3천4백 명, 이억기가 2천 명, 원균이 6백 명 정도의 군사를 거느리고 있었으니 수정실록에 기록된 것처럼 원균이 만여 명의 병력을 해산시킨다는 것은 있을 수 없는 일이며 그런 죄인에게 삼도 수군의 연합 전투에서 장수의 자리를 맡기지는 않았을 것이다.

해군 침략전으로 보강한 일본

다음은 원균이 패전하고 전사한 경위에 대해 우선 임진왜란 초와 정유재란(1597년) 당시 일본의 상태를 비교해 보려고 한다.

1597년(선조 30) 발생한 정유재란 당시 일본군의 실정은 그들 나름대로 시간을 벌기 위하여 협상을 가장하였으며 임진왜란 때와는 달리, 질적·양적으로 해군 침략전으로 보강되어 막강한 해상 병력을 가지고 있었다.

두 번째 침략에서 일본의 함선수는 6백여 척에 달하였고, 임진년의 일본 함대는 구조상 약해서 우리 수군이 들이받으면 부서져 침몰하였는데 그 약점을 보강하여 재침략을 했다는 것이다. 또한 6년간의 해전 경험을 통하여 얻은 지식으로 전술 및 화포 장비가 크게 보강되었으며 부산 앞바다에 이르는 여러 바다 곳곳에 첩보병을 숨겨놓거나 천성天城, 가덕, 안골포 등지에 육군을 배치하여 우리 수군의 동태를 신속히 파악하고 부산 본진으로 연락하여 사전에 적절한 대응책을 강구하는 등 임진왜란 때보다 매우 발전된 재침 준비를 했다는 점이다.

그러한 상황에서 원균이 어떠한 조치를 취하였는지 모든 정보를 종합 분석해 볼 때, 설불리 부산으로 공격해 들어갈 수 없으며 육지를 또 공격한다 해도 매복해 있는 적을 육군으로서 몰아내고 수군이 진격하여야 한다는 육도삼략六韜三略[8]의 주장을 배설과 함께 정찰하고 분석하였다.

한편 이와 관련된 이순신의 「임진장초」를 보면

> – 굴속에 들어있는 적들은 육군이 아니고 서는 결코 구축驅逐하기 어렵다. 그들의 기세가 꺾이는 때를 타서 수륙水陸이 합공하기 위하여 경상우도 순찰사 김성일金誠一에게 재차 육군을 움직여 줄 것을 청하였다.

---

8) 육도삼략六韜三略: 주나라 태공망이 지은 병법을 다룬 일곱 종류의 병서 중 2가지이다. 「육도」는 문도文韜, 무도武韜, 용도龍韜, 호도虎韜, 견도犬韜, 표도豹韜의 6권으로 되어 있으며, 「삼략」은 노자老子의 사상을 기초로 하여 정략政略, 전략戰略의 도道를 서술한 3권의 책이다.

− 육전陸戰에서 적이 크게 도망가려 할 때 수륙이 병진해서 적을 남김없이 무찔러야겠다.

− 명나라 사령관 송경宋經이 먼저 부산의 적을 불태우라고 하나 창원, 웅천, 김해, 양산 등지의 길목에 웅거한 적세가 요즈음 더욱 극성스러우니 육군이 아니고서 수군만으로는 결코 그들을 끌어낼 수 없으니 지극히 근심스럽다. 그러므로 육군을 내려 보내도록 도원수, 제찰사, 순찰사에게 급히 재촉하였다.

라는 기록이 있다.

1594년(선조 27) 9월 29일 새벽에 곽재우, 김덕령 등 두 육군 장수가 견내량에 도착하였다. 수군과 합세하라고 권율이 보낸 것이다. 이때 이순신은 이 두 장수와 더불어 협동작전을 펴서 일본군을 공격하였으나 적이 그들의 성안으로 숨어버리고 나오지 않아 별다른 전과 없이 철수한 사실도 기록하고 있다.

이러한 여러 가지 기록을 볼 때 도원수에게 이순신도 여러 번 수륙 합동작전을 건의한 것 같으며 따라서 권율은 그 건의를 받아들여 육군의 여러 장수들을 파견했던 것으로 추측된다.

정유(1597)년 이순신은 3월 4일 하옥될 때까지 물론 전투를 하지 않았으며 이후 풀려나고 28일 후 일본이 재침하는 7월 전까지 권율 밑에서 백의종군하였다. 그 이전 일로써 부산 앞바다까지 수군을 이끌고 이순신이 출동한 일이 있었는데 원균이 경상도 통제사로 부임한 것이 정유년 1월 28일이므로 아마도 정유년 1월 중에 패전하는 전투가 있었던 것으로 추측된다. 그때 전투 상황을 이순신은 1592년의 임진왜란 초기부터 1598년(선조 31) 11월 그가 노량 해전에서 전사하기 직전까지의 일을 『난중일기』에 남겼다.

그런데 이상하게도 옥포·합포·적진포 해전과 그 해전에 따른 전공 장계와 그 승전 장계를 둘러싼 상황이 담겨졌어야 할 1592년 5월 5일부터 같은 달 29일까지의 기록이 『난중일기』에는 없으며 또한 정유재란이 있기 전의 상황과 일본 군영의 방화 사건에 대한 장계 및 부산포에서 패전한 상황이 수록되어 있어야 할 1596년(선조 29) 10월 12일부터 1597년(선조 30) 3월까지의 기록도 없다.

이들 기록이 그대로 보존되었더라면 보다 상세한 이순신의 부산포 해전에 관한 실상을 알 수 있었을 것이다. 그러나 현재는 『선조실록』 선조 30(1597)년 3월 20일자 원균의 장계 내용에서 확인될 뿐이다.

지난번에 부산 앞바다를 드나들며 우리 수군의 위세를 나타내고 가덕도 등에서 적과 접전한 경위에 대해서는 이미 전 통제사 이순신이 장계를 올린 바 있습니다. 그때의 일을 상세히 알아보았사온데 본영에 소속해 있는 도훈도都訓導 김안세金安世가 증언하는데 따르면 전통제사 이순신이 일찍이 부산 앞바다에 나아가 그곳을 드나들며 수군의 위세를 보이고자 하였으나 그때 조수가 물러감에 따라 그가 타고 있던 전선이 물러가는 조수에 걸려서 움직이지 못하게 되었는데 그때 가까이에서 이것을 본 적들이 곧 달려들어 오니 통제사의 배는 빼앗길 지경이 되었습니다.

그렇게 되자 배 위에 있던 장졸들이 큰 소리를 질러 구원을 청하니 그 소리를 들은 경상 우수영 소속 안골포 만호 우수禹壽가 급히 노를 저어 달려가서 이순신을 등에 업고 간신히 그의 배로 실었으며 이순신의 전선은 안골포 소속의 배꼬리에 달아 매고 겨우 빠져 나왔습니다. 그때에 우리 수군이 바다 가득히 죽어서 적의 웃음거리가 되었을 뿐 아니라 이익이 된 것은 아무것도 없었으니 심히 분통한 일입니다. 이때 여러 장수들을 조정에서 처벌한바 있습니다마는 나주 판관 어운급魚雲級은 적과 대진하고 있으면서 불조심을 게을리 하여 귀중한 기계와 병기 식량 등을 일시에 불태워 버렸으며 그런 참혹한 상황이 한 마장 거리밖에 안 되는 적선으로 하여금 밤새도록 좋은 구경거리가 되었을 뿐 아니라 그들로부터 웃음과 모멸을 당하였으니 더욱 통분할 일입니다. 그러하오니 어운급의 죄상을 조정에서 처리하여 주소서.

이 장계는 비변사로 내려지고 비변사에서는 다음과 같은 처리 방안을 품게 하였다.

전날 부산 앞바다에서 병위를 나타내던 일은 우리 수군이 해만 입었을 뿐이고 유익한 일은 전혀 없었을 뿐 아니라 우리 수군의 허실만 적에게 드러내게 하였음이니 심히 한심한 일입니다. 그때 안골포와 가덕도에서 싸운 수령들과 변방 장수들의 패전한 곡절에 대하여는 이미 조사하여 죄를 주었으나 나주 판관 어운급에 대하여는 이제까지 처벌을 하지 않았으니 잡아와서 심문을 한 뒤에 처리함이 좋겠습니다.

이 비변사의 건의에 의하여 선조는 그대로 시행하라고 윤허하였다. 그런데 여기의 기록들에 의하면 원균의 장계가 있기 전에 비변사에서 패전의 책임을 물어 관계 장령들을 처벌한 것이 증명되고 있다. 또한 이순신이 출전한 것은 1597년(선조 30) 1월이나 2월이었던 것으로 추정되므로 무언가 문제점이 있음을 알 수 있다.

그렇다면 이순신은 부산에 있는 일본 군영의 방화 사건과 가토 기요마사를 잡으러 출동하지 아니한 책임을 물어 조정에서 공론이 일고 있는 것을 알게 되자 전략상으로는 크게 불리함을 알면서도 수군을 이끌고 부산 앞바다로 출동했다가 패전을 한 것이라고 유추해 볼 수 있다. 그렇다면 이식은 왜 이런 사실을 위장했느냐가 문제가 된다.

이러한 이순신의 패전은 부산 앞바다에 수군만으로 출전하는 것이 얼마나 무모한 것인가를 입증하고 있다. 이는 이순신이 훗날 원균에게 독촉할 때 육해군 합동작전을 하자고 권율에게 건의하였다가 곤장을 맞는 사건과는 대조적이다.

『선조수정실록』의 모순

선조 집권 41년간의 시정을 기록한 『선조실록』은 다음 집권자인 제

15대 광해군 재위시인 1617년(광해군 9)에 완성되었으며 『선조수정실록』은 『선조실록』이 완성된 지 32년 후인 제16대 인조 때 수정을 하여 1649년(인조 27)에 완성하였다.

실록을 만듦에 있어 앞에 밝힌 것과 같이 보안을 철저하게 한 취지는 임금과 신하들이 국정을 집행하는데 있어서 그들의 언동을 바르게 유도하기 위한 통제기능과, 사관들이 객관적인 위치에서 정확하게 사초를 작성토록 하기 위한 것이었다. 이처럼 기록함으로써 군신들의 언동이 가식 없이 후세에 남게 하였으니 자연히 언동을 조심하게 하는 견제 역할을 하게 되었던 것이다. 이렇게 만든 왕조실록은 시중에 보관하는 것이 아니라 재난이나 화재 또는 전란으로 소실될 우려에 대비하여 한 질도 아닌 여러 권을 만들어 강화의 마니산摩尼山, 무주의 적상산赤裳山, 봉화의 태백산太白山, 강릉의 오대산五臺山에 설치되어 있는 사고에 보관하여 후세에 전하게 하였다. 고려 때 『고려대장경』과 사서史書가 없어진 경험에서 이와 같은 방법을 고안한 것이다.

그런데 『선조수정실록』은 선조 집권 말기부터 광해군 대에 이르기까지 정사에 참여하지 못하였던 서인西人들이 인조반정仁祖反正 후에 다시 등용되어 집권하게 되자 과거 동인東人들이 만들었던 『선조실록』이 마음에 들지 않는다고 하여 당대의 대제학이었던 이식의 주관으로 재편찬하여 1649년(인조 27)에 완성한 것이다. 그런데 수정실록은 선별적으로 여기저기를 수정하였기 때문에 앞뒤 사건의 연결이 잘못되어 있고 곳곳에 모순점을 드러내고 있다.

또 『선조수정실록』 말미에는 이식의 상소문을 그대로 실어 놓고 수

정 범례에는

> 영의정 김류金瑬에게 책임을 맡겼으나 사실은 이식이 이것을 주관
> 하여 편찬하였다.

라고 하여 그 책임이 이식에게 있음을 밝혀놓고 있다.

『선조수정실록』은 이순신이 전사한 지 51년 후에 이순신이 쓴 『난
중일기』와 『임진장초』 등의 내용을 합리화하기 위하여 사초 없이 재
편찬되었다. 따라서 수정실록을 편찬한 이들은 유성룡이 쓴 『징비록』
이나 서인들의 개인 기록, 비문 등을 인용할 수밖에 없었으므로 자연
히 객관성을 결여하게 되었고 사문서로 실록을 오염시켰다고 할 것
이다.

당초에 『선조실록』에서는 임진왜란이 시작된 1592년(선조 25)부터
전란 처리가 끝난 1604년(선조 37) 사이에 여러 번 사관이 교체되었음
에도 이순신과 원균은 분명히 함께 당대의 명장이라는 평가가 주류를
이루고 있었을 뿐 아니라 임진왜란이 끝난 후 5년간에 걸쳐서 의정부
나 군공청에서 조그마한 사심도 없이 수십 차의 신중한 공의를 거쳐
원균을 이순신, 권율과 함께 선무공신록의 선무 1등 공신으로 책훈하
였으며 이러한 결과에 대하여 당시의 사관들은

> 이순신, 원균, 권율은 모두 혈절血節의 공이 있다. 세 장군은 모두 약
> 간의 실책은 있었으나 그것은 부득이한 일이다.

라고 논평하고 있었다.

그런데 『선조수정실록』에는 왕명으로 1592년 5월 7일부터 같은 해 9월 10일까지 23번이나 원균이 속한 경상 우수영과 이순신이 속한 전라 좌수영 그리고 전라 우수영의 군대가 합동 작전한 것에 대해 이순신이 보고한 구절이 기록되어 있는데도 전부 부정하고 날조하였다. 『선조실록』과 『선조수정실록』의 몇 부분을 예로 들어 비교하면서 설명하고자 한다.

『선조수정실록』 선조 31(1598)년 11월 1일에는 이순신이 전사할 때의 모습을 다음과 같이 기록하고 있다.

> 이순신이 친히 시석矢石을 무릅쓰고 역전을 하던 중에 적의 탄환이 그의 가슴에 맞았다. 좌우에 있던 사람들이 그를 장막 안으로 부축해 들어갔다. 그때 순신이 말하기를
> "지금 싸움이 한창이니 나의 죽음을 말하지 말라."
> 하고 곧 절명하였다. 순신 큰형의 아들인 이완李莞은 그의 죽음을 숨기고 순신의 명으로 싸움을 더욱 재촉하니 군중에서는 순신의 죽음을 알지 못하였다.

그러나 같은 상황에 대해 『선조실록』 선조 31년 11월에는 아래와 같이 기록되어 있다.

> 사신이 말하였다 순신이 친히 그의 적을 쏘아 죽이던 중에 적의 탄환

에 가슴을 맞아 배 위에 쓰러졌다. 그의 아들이 울음을 터뜨리며 곡을 하려하니 군심이 어지러워졌다. 그때 손문욱孫文彧이 곁에 있다가 급히 순신 아들의 곡을 그치게 하며 옷으로 시신을 가리게 하고 그대로 북을 울리며 싸움에 돌진하였으므로 다른 장수들이 모두 순신이 죽지 않았다고 더욱 기운을 내서 분전하니 마침내 적이 대패하고 말았다.

또 『선조실록』 선조 31년 12월에 기록된 손문욱의 큰 활약에 대해 도원수 권율이 올린 장계의 내용을 보면

통제사 이순신이 죽은 뒤에 다행히 손문욱 등이 마침 때를 놓치지 아니하고 잘 처리하였던 탓으로 비록 순신이 죽었으나 혈전이 계속 되었습니다. 손문욱은 친히 판옥 위에 올라가서 적세를 살피면서 지휘 독전을 하였습니다.

하였다. 이 장계는 조정 회의에서 논의되었고 군공청에서는

손문욱의 지휘 독전한 공로가 당상관의 품계를 주어도 아까울 것이 없습니다.

라고 장계하여 손문욱은 이후 당상관인 정3품 절충장군折衝將軍이 되었다.

이와 같이 일관된 기록들은 너무나도 뚜렷한 역사적 사실임을 증명함에도 불구하고 인조 말년에 선조 대로 거슬러 올라가 『선조실록』을 재편찬하면서 손문욱의 빛나는 전공은 묻혀버리고 이완의 공으로 탈바꿈하고 말았으니 과연 이 『선조수정실록』을 역사의 본류로 받아들일 수 있을 것인가.

제4부

원균은 이순신을
모함하지 않았다

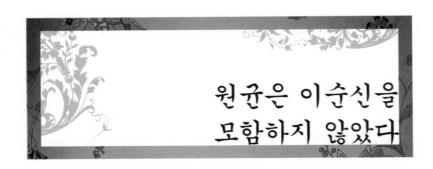

투옥은 스스로 파 놓은 함정에 빠진 것이다

이순신이 하옥된 것은 원균의 모함 때문이라는 것이 오늘의 통설이다. 그러나 앞에서 밝힌 바와 같이 이순신이 원균에 대한 전공이나 그 아들에 대하여 모함했다는 기록은 정사인 『선조실록』에 분명하게 기록되어 있으나 원균이 이순신을 모함하였다는 기록은 없다.

다만 이식이 수정자를 붙여 기록해 놓은 『선조수정실록』에는

원균이 권세와 사귀면서 날로 순신을 헐뜯었다.

는 부분이 보인다. 이순신이 원균을 속이고 밤을 새워 임금에게 올린 단독 장계 내용에 대하여 그리고 그의 아들에 대한 모함 등에 대하여, 원균은 조정 요로에 직간접적으로 사실 해명을 위해 목소리를 높이게 되었고 이는 자기 방어적 행위로서 정당방위의 행위라 말할 수

있을지언정 이를 두고 어찌 모함이라 말할 수 있겠는가? 모함이란 무엇인가. 없는 사실을 꾸며 남을 어려운 구렁에 빠지게 하는 것이 아닌가. 해명과 모함은 근본적으로 다른 것이다.

이순신이 하옥된 죄목을 소상히 살펴보면 원균의 모함에 의한 것인지 아니면 스스로 파놓은 함정에 빠진 것인지를 분명히 알 수 있다.

따라서 필자는 이순신의 하옥된 죄목을 정사인 실록을 통하여 살펴보고자 하며 이는 그의 치부를 들어내고자 함이 아니요, 다만 원균의 모함이 아니었음을 알리고자 함에 그 뜻이 있음을 우선 밝혀 둔다.

첫 번째 죄명, 조정을 속이고 임금을 업신여긴 죄
(기망조정欺罔朝廷 무군지죄無君之罪)

두 번째 죄명, 적을 좇아 치지 아니하여 나라를 등진 죄
(종적불토縱賊不討 부국지죄負國祉罪)

세 번째 죄명, 남의 공을 가로채고 남을 모함한 죄
(탈인지공奪人之功 함인어죄陷人於罪)

네 번째 죄명, 한없이 방자하고 거리낌이 없는 죄
(무죄종자無罪縱恣 무기탄지죄無忌憚之罪)

이렇게 네 가지 죄명으로 이순신은 하옥되었으며 그 죄명 가운데는 어느 것도 원균의 모함으로 만들어진 것은 없다.

이제 이들 죄명을 하나하나 구체적으로 밝혀 보고자 한다.

첫 번째 죄명인 임금을 속이고 조정을 업신여긴 죄는 부산에 들어와 있던 일본 군영의 방화 사건에 따른 허위 보고를 지칭하는 것이다.

좀 더 상세히 이야기한다면 도체찰사 이원익이 군관 정희운에게 영

을 내렸고, 이에 정희운鄭希云은 그의 심복인 허수석許守石과 밀모를 하여 부산의 일본 군영을 불살라 버리자 이순신의 군관은 이를 보고 돌아가 그에게 보고를 하였다. 보고를 받은 이순신은 스스로의 공인 것처럼 허위 장계를 임금에게 올린 것이다.

『선조실록』 선조 30(1597)년 1월 1일자의 이순신이 올린 장계 내용을 보면 아래와 같다.

> 신의 여러 장수 중에는 계략에 능하고, 담력 있고, 군관으로서 활을 잘 쏘고 용맹한 자가 있어 그들을 항상 진중에 머무르게 하여 아침저녁으로 계책을 의논하게 하고 있습니다. …(중략)… 거제 현령 안위安衛와 군관에 급제한 김난서金蘭瑞, 군관 신명학辛鳴鶴 등이 재삼 밀모를 하여 은밀히 박의검朴義儉을 불러서 더불어 밀모하더니 박의검이 흔연히 승낙하였습니다. 다시 김난서 등과 더불어 정녕 지휘를 받겠는가 물었더니 그들은 죽음으로써 약속을 지키겠다고 맹세를 하였습니다. 그리하여 그달 12일 밤에 김난서金鸞瑞 등이 약속에 따라 대기하였다가, 마침 크게 불어오는 서북풍을 틈타서 왜영에 불을 질렀습니다. 그렇게 하였더니 화광은 크게 번져 적의 가옥 1천 호와 화약이 쌓여 있는 창고 들, 군기와 잡물 및 군량미 2만6천여 석이 쌓여 있는 창고, 집들이 일시에 타버렸으며 또한 20여 척이 연소되고, 왜인 34명이 타죽었습니다. …(중략)… 흉적들이 오래 머무르는 소굴을 일거에 남김없이 태워버려 드디어 군량, 군기, 화포 제구, 배와 적병 34명을 모두 타죽게 하였습니다. 부산의 왜적들을 비록 다 태우지는 못

하였다 하더라도 이 또한 적의 간담을 꺾어 버리는 한 계책이었습니다. 그때 부산에 있었던 자들의 말에 의하면 적들은 저희들의 나라에 있을 때에는 지진에 망하더니, 여기에 와서는 이렇듯 화재에 망한다 하였다 하옵니다. 안위와 김난서, 신명학 등이 성심으로 힘을 기울여 마침내 성사를 하였으니 극히 가상타 할 것이며, 서두에도 적은 바와 같이 비밀히 꾀하고자 하는 일이 하나 둘이 아니오니 각별히 논상하여 앞날을 장려케 하소서.

그러나 그때 우의정이며 도체찰사인 이원익의 막하에 선전관으로 가 있던 이조 좌랑 김신국金藎國으로부터 그 사건에 대하여 전혀 다른 장계가 올라왔다. 같은 날짜로 기록된 『선조실록』에 의하면

지난날 부산 적굴(왜영)의 소화 사건은 도체찰사 이원익이 군관 정희운에 영을 내려, 희운의 심복인 허수석과 밀모를 하여 한 일이며, 그때 마침 이순신의 군관이 불타는 날에 와서 보고 돌아가서 순신에게 보고를 하였더니, 그 보고를 받은 순신이 스스로의 공이라 장계를 올린 것입니다. 그러나 순신은 그간의 사정을 전혀 알지 못하면서 그런 장계를 올린 것입니다.

라고 선조에게 보고가 되어 있다. 이렇듯 부산에 있던 일본 군영 방화 사건의 진상이 드러나자 선조는 크게 노하였다.

그리하여 1597년 1월 27일에 어전 중신 회의가 열리고 그간 미루어

오던 이순신에 대한 전반적인 문제를 다루게 된 것이다. 선조는 이순신의 허위 보고 사건에 대해 크게 노하면서

"비록 가등청정의 목을 베어 와도 그 죄를 용서할 수 없다."

며 이날 중신 회의에서 두 번씩이나 언급하였으며, 특히 선조는 그 비망기에서

신하로서 임금을 속이는 자는 반드시 죽여야 하며 용서치 못한다.

라고 강조하고 있다.

두 번째 죄명인 적을 쫓아 치지 아니하여 나라를 망친 죄는 조정의 명을 어기고 가토 기요마사를 잡지 않았다는 것이다.

1594년(선조 27) 10월에 제2차 장문포 해전이 있은 이후부터 해상에서의 전투는 약 2년 동안 소강상태였으며 일본군들은 여러 번의 해전에서 계속 패하였으므로 감히 나와 싸우지 못하고 부산 등지에 집결하여 나오지 않으며 전력 소모를 하지 않으려고 하였다. 한편, 이 당시 양국은 화의를 모색하는 중이었는데, 이때에 고니시 유키나가(소서행장小西行長)는 첩자 요시라要時羅를 시켜서 "1597년 정유에 기요마사가 부산 앞바다로 건너가니 조선 수군은 그를 사로잡으라"고 경상 우병사 김응서金應瑞에게 귀띔을 해 주었다. 즉

두 나라의 화의가 성립되지 못하는 것은 오직 강경론자인 가등청정 때문이며 이로 인하여 유키나가는 기요마사를 매우 미워하고 있다. 이제 기요마사가 한 척의 배로 바다를 건너올 것이니 이 기회를 놓치지 말고 생포하도록 하라.

는 내용이었다. 이 보고를 김응서로부터 받은 조정에서는 위유사인 황신을 통제사 이순신에게 보내 비밀히 명령을 내려, 출병하여 기요마사를 잡으라고 하였다.

그러나 이순신은 움직이지 아니하였다. 이순신이 명령을 어긴 이유는 첫째, 적인 첩자의 말을 그대로 믿을 수가 없고 둘째, 많은 병선을 움직여 부산 앞바다로 나아가면 적의 눈에 곧 띌 것이며 셋째, 병선을 움직여 나아갔다가 만일 적의 다른 간계가 숨어 있다면 도리어 큰 해를 당할 것이고 넷째, 부산 앞바다에는 병선이 쉴 만한 곳이 없다는 판단에서였다. 이러한 이순신의 판단은 무장으로서 신중한 처사라 아니할 수 없다. 그러나 결국 기요마사를 놓치고 말았으며 이를 제보한 유키나가는

"손바닥을 보이는 것과 같이 가르쳐 주어도 능히 하지 못하니 참으로 천하에 용렬한 나라로다. 조선이 하는 일이 매사가 그 모양이다."

라고 조롱을 하였으며, 조정에서는 하늘이 준 좋은 기회를 놓쳤다 하여 이순신을 못마땅하게 여겼던 것이다.

1597년 1월 23일자 조정 공론에서 선조는

"이번에 이순신에게 어찌 청정(기요마사)의 목을 베라고 바란 것이 겠는가. 단지 배로 시위하며 해상을 순회하라는 것뿐이었는데 끝내 하지 못했으니, 참으로 한탄스럽다. 이제 도체찰사의 장계를 보니, 시 위할 약속이 갖추어졌다고 한다."

하고, 상이 한참 동안 차탄嗟歎하고는 길게 한숨지으며 이르기를

"우리나라는 이제 끝났다. 어떻게 해야 하는가, 어떻게 해야 하는가."

하였다. 그리하여 결국 이 사건이 적을 쫓아 치지 아니하여 나라를 망친 두 번째 죄목이 된 것이다. 이를 일명 요시라의 반간계反間計 사건이라 한다.

세 번째 죄목인 남의 공을 가로채고 남을 모함한 죄는 앞에서도 자세히 언급한 바와 같이 옥포 등 초기 해전에서의 승전 소식을 이순신이 밤을 이용해 단독 장계를 올리면서 원균을 속이고 그의 공을 가로챘다는 것이다. 이를 알 수 있는 역사 기록을 다시 간추려 살펴보면아래와 같다.

이순신은 임진년에 경상 우수사 원균과 더불어 거제 해양 중에서 적선 50여 척을 무찔렀다 …(중략)… 그때 그 해전의 작전 계획과 선봉은 모두 원균이 한 것이었다. …(중략)… 대첩이 있은 뒤 원균은 연명으로 장계코자 이순신에게 상의하였더니 순신이 서서히 장계하자 합의해

놓고, 밤을 타서 행조行朝에 보고하였으되 전공을 모두 스스로가 세운 양 과장되이 하고 원균은 공이 없다고 하였다.

『선조실록』 선조 36(1603)년 4월 21일

원균이 사로잡은 적장의 누선樓船을 도리어 이순신에게 빼앗겼다.

『선조실록』 선조 36년 6월 26일

이것이 바로 남의 공을 가로챈 죄이다.

그리고 남을 모함한 죄란 원균의 아들 원사웅元士雄에 대한 것이다. 원사웅은 정실 소생으로 18세 때 군공軍功을 세워 상을 받고 23세 때 전사하였으나, 이순신이 12살 난 어린 소실 자식을 군공이 있다고 올려 상을 받게 하였다고 보고하였다가 이덕형의 현지 조사로 이순신이 원균을 모함했음이 드러난 사건을 말한다. 아래의 기록을 통해 곧 이순신의 거짓말이 드러났음을 알 수 있다. 『선조실록』 선조 30(1597)년 2월 4일자에

이덕형이 왕에게 아뢰기를

"이순신이 당초에 원균을 제함擠陷[9]하여 말하기를 원균이 조정을 속인다. 그의 아들이 열두 살인데도 군공이 있다고 보고하였다고 하니 원균이 말하기를 '내 아들의 나이 열여덟이며 이미 궁마와 무술이

---

9) 제함擠陷 : 악의를 갖고 남을 죄에 빠지게 하는 것.

능하다'고 했습니다. 두 사람이 서로 대질했는데 원균이 옳았으며 이
순신의 이야기는 군색하였습니다."

하는 기록이 있으며 같은 사건에 대해 선조 27년 11월 12일에 호조
판서 김수金睟는 1차 어전회의에서 왕에게 다음과 같이 보고한다.

"원균이 열두 살 남짓한 첩 소생의 아들을 군공에 참여케 하여 상을
받게 하였으므로 순신이 그 때문에 불쾌하게 여긴다 합니다. 그런데
원균의 정실 소생인 외동아들 원사웅은 선조 을해생(1575년)이며 임
진년에는 18세로 해전에 참가하였고 선조 30년 정유년 7월에 23세로
전사하였습니다."

네 번째 죄명인 한없이 방자하고 거리낌 없는 죄는 무엇인지 살펴
보자.

1593년(선조 26) 7월에 이순신이 삼도수군통제사가 되고 다음해 12
월에 원균이 충청 병마절도사로 전임되었다. 원균이 수전에서 능한
장수라는 점을 인정하면서도 이순신의 통제권을 확립해 주기 위한 조
치였던 것이다. 원균이 떠나고, 또한 항상 이순신의 곁에서 독전督戰
을 해 오던 녹도 만호 정운鄭運이 전사한 뒤부터 이순신은 몇 해 동안
해전을 하지 아니하였다. 일본군들도 전력 소비를 하지 않으려고 깊
숙이 틀어 박혀 나오지 않고 소강상태가 계속되자 조정에서는 도원수
나 제찰사를 통해서 적을 치라는 명령을 수시로 하달하였다. 그럼에

도 이순신은 움직이지 아니하였다.

특히 임진왜란 초기부터 항상 이순신을 위협하며 독전하던 정운이 부산 앞바다에서 전사한 후로는 통제사 이순신은 2년여 동안 해전을 하지 않았다. 여기서 2년은 원균이 1595년 2월 27일부터 1597년 2월에 통제사로 다시 오기까지의 기간을 말한다.

그러자 선조는 세자인 광해군을 남방에 파견하여 이순신을 만나서 왕명을 전달하라 하였다. 세자는 선조의 명을 받들고 전라도까지 내려가서 수차에 걸쳐 이순신을 불렀으나 그는 광해군의 부름에 끝내 응하지 아니하였고, 일이 이에 이르자 선조는 크게 노하였다. 이 기록은 『선조실록』 선조 29(1596)년 6월 26일자에 나와 있다.

다시 말해 이순신은 조정에서 여러 번 독촉하여도 적을 치러 출동하지 아니하고 또한 임금을 대신해서 세자가 현지로 내려가서 불렀음에도 오지 아니하였으니 조정에서 물의가 일어나는 것은 당연하다. 즉 세자의 부름에 응하지 않는다는 것은 당시 조선왕조 법도로는 있을 수 없는 일이며 이것은 곧 왕권에 대한 모독인 것이다.

그때 유성룡도 어전회의에서 선조에게

"임진년의 공에 의하여 정헌대부가 되었는데 너무 진급이 빨랐습니다. 대개 장수들은 기세가 오르면 반드시 교만해 집니다."

하며 이순신의 잘못을 시인하였다. 임금이 대노하고 대신들이 격노하고 조정이 온통 이순신의 탄핵으로 들끓었다. 이순신을 당초 천거하여 이순신을 비호하고 감싸던 유성룡까지도 이순신을 변호하지 않고 오히려 그의 잘못을 지적한 것이다.

그리하여 결국 전술한 네 가지 죄명이 이순신에게 떨어지고 마침내 하옥되고 말았다. 누구의 모함도 아니었으며 오로지 스스로의 잘못으로 인한 투옥인 것이다. 이러한 네 가지의 죄명을 두고 원균과 결부시켜 모함 운운한다는 것은 결코 타당한 논리라 할 수 없는 억지이다.

원균과 이순신의 죽음에 대해서도 오늘날 많은 설들이 분분하다. 원균은 일본군들이 겁이 나서 도망하다 적의 칼에 맞아 죽었느니, 이순신은 적의 화살에 맞아 죽은 것이 아니라 후일 전쟁이 끝나면 정치적 소용돌이 속에서 비난의 대상이 되고 문책에 시달려 사형에까지 이르게 될 것이 두려워 적탄에 맞은 것처럼 꾸민 자살극이란 주장도 있다.

오직 사가들의 진솔한 표현에 맡기기로 하고 다만 여기서는 이식이 쓴 『선조수정실록』에서 그가 이순신을 위하여 문자를 희롱하는 편벽한 소견으로 원균을 여지없이 공박하였다는 점을 다시 한 번 강조하고 싶다.

국가의 위급함을 당하여 몸으로 거제 해양을 지켜내고, 급기야 그의 외아들인 원사웅과 함께 전사하여 그 가문이 몰락해 버린 원균. 6대 양자로 이어가는 그 영락한 가문에서, 원균은 일등공신이면서도 오늘날 잔인하게도 겁장, 악장, 심지어 역적으로까지 몰아붙이는 일련의 태도들이 과연 온당한지 되묻고 싶다.

원균과 이순신 반목의 실상

원균과 이순신의 반목은 이순신이 거짓으로 홀로 올린 장계가 기폭 제가 되어 날이 갈수록 심각해지고 또 집단화되어 전력에까지 큰 영 향을 미치게 되었다. 두 장군의 반목이 집단적인 반목으로 발전한 것 은 필연적인 결과라고 하겠다.

처음부터 둘의 반목은 개인적인 감정에서 발단된 것이 아니고 이순 신이 옥포 해전의 결과에 대해 단독으로 장계를 올리면서 그의 휘하 장령 위주로 전공 보고를 하고 충분한 포상을 받은데 반해 그들보다 전공이 앞선 거제에 있는 원균 휘하의 장령들은 전공 포상에서 푸대 접을 받게 된데도 원인이 있었겠으나 역시 원균이 이순신에게 빨리 와 달라는 격문을 보내었음에도 끝내 나타나지 않아 조정에 조치해 줄 것을 바라는 장계를 보낸 데서부터 시작되었다고 보아야 할 것이 다. 경상 우수영의 장령들이 이순신에게 불만을 품고 반발하는 원인 도 실록이나 『난중일기』 등에 그 실상이 나와 있다.

『선조실록』 선조 27(1594)년 12월 16일에

> 비변사에서 계하여 이르기를
> "원균의 관하 장령인 우치적, 이운룡 등은 전란 초부터 죽음을 무릅 쓰고 힘껏 싸워서 왜장이 탄 배를 모조리 사로잡았으며 또한 전후에 걸쳐서 적을 베어 죽인 것이 심히 많았습니다. 그들은 항상 적선에 먼 저 올라가 그들에게 잡혀 있는 우리 동포들을 구해 내는 한편 왜적도

많이 사로잡았습니다. 두 장수들이 세운 공이 이와 같은데도 아직까지 포상을 받지 못하였으니 이러고서야 장차 장수들을 격려하고 싸움을 권고할 수 있겠습니까."

하니 상이 따랐다는 기록이 있으며 판돈령부사 정곤수鄭昆壽는 선조에게

"이순신의 휘하 장령들은 많이 당상관이 되었는데 원균의 휘하인 우치적, 이운룡 같은 자는 그 공이 심히 많은데도 그들에게 내린 상은 도리어 다른 사람들만 못하니 그런 이유로 서로 옥신각신하고 있습니다."

파주 비무장지대에 있는 정곤수 묘역

라고 고하였다. 이운룡과 우치적의 초인적인 선봉 공격에 대하여는 이식이 쓴 이순신의 시장諡狀과 임진왜란이 끝난 지 95년 후에 이순신의 신도비문을 쓴 김육金堉의 비문을 비롯하여 『선조실록』 등 모든 문헌에 빠짐없이 기록되고 있으나 정작 같이 전투에 참전했던 이순신의 장계에는 전혀 언급되어 있지 않다.

『선조실록』 선조 27(1594)년 12월 19일자에는

사간원에서 계하되 원균과 이순신은 공은 같은 데도 상은 다르니 원균의 마음이 좋지 않은데다가 관하 장령들이 제각기 옳으니 그르니

하면서 서로 수군거려 두 수사의 사이가 서로 멀어졌다.

라고 기록하고 있어, 양 수영의 여러 장령들이 각기 자기의 소속 수사를 중심으로 뭉쳐서 점차로 집단적으로 반목해 가는 있음을 보여주는 대목이다.

이와 같은 집단 반목의 실상은 『난중일기』에서도 보여지는데, 이순신은 경상 우수영의 장령들로부터 심한 항의와 공박을 받고 그들을 매우 못마땅하게 생각하는 기록들이 보인다. 1592년(선조 25) 9월 2일자 일기에서

기효근(경상 우수영 남해 현령)의 형편없는 짓은 이미 알던 바다.

라고 표현하고 있다. 1592년 5월에 기효근이 바다에 내려가서 전쟁 준비를 하는 틈에 이순신이 기효근의 남해 관아와 전구 창고를 불질러버린 사건이 있었음을 밝힌바 있다. 그때 바다에서 돌아온 기효근은 격분했을 것이고 이순신에게 항의하였을 것은 쉽게 알 수 있는 일이다. 거기에 겸하여 이번에는 이순신의 허위 장계로 거제에 본영을 둔 기효근은 자신들의 전공을 빼앗겨 버렸으며, 훈록勳錄도 전라 좌수영의 장령들에게 미치지 못하게 되었으니 이와 같은 감정을 가진 기효근이 이순신에게 불손하게 대하였을 것이니 서로에 대해 좋게 생각할 리가 없었을 것이다.

1594년 4월 23일자 일기를 보면

늦게 곤양 군수 이광악李光岳이 술을 가져 왔으며 장흥과 임치도 함께 왔다. 이광악이 몹시 취해서 미친 소리로 떠들어댔다.

라고 되어 있는데, 이순신은 장군들을 왜 이렇게 표현하였을까? 여기에서 이순신이 표현한 미친 소리와 우스운 이광악의 말 중에는 영남 우수영의 장령으로서 다시 말해 원균이 이끄는 경상 우수사의 장령으로서 이순신에게 불만을 토로한 것을 말하는 것이며, 이순신이 미쳤다고 할 정도로 과격하게 공박했다는 뜻이다. 이와 같이 이순신은 경상 우수영의 장령들로부터 집단적으로 항의를 받고 있었으며 불만의 대상이 되고 있었음을 알 수 있다. 이들 이운룡, 기효근, 이광악은 훗날 선무 3등 공신에 책록된 용장들이다.

경상 우수영의 장령들이 집단적으로 이순신에게 반항했듯 전라 좌수영의 장령들 또한 이순신을 중심으로 결속해서 경상 우수영에 대항한 흔적을 여러 기록에서 볼 수가 있다. 이와 같은 집단적인 반목은 수년 후까지 계속되었고 원균이 칠천량 해전에서 일본의 배 6백 척에 대항해 백 척으로 싸울 때까지 이어지게 된다.

그 반목의 발단은 이순신이 비밀히 올린 단독 장계에서부터 비롯된 것이라고 봐야 하겠고, 이순신의 쟁공 의식에서 발단된 단독 장계 사건의 결과는 그 스스로를 하옥시키는 함정이 되었을 뿐 아니라 우리 해전사의 물줄기를 바꾸어 놓는 불행한 사태로까지 파급되며 거짓 역사의 원인을 제공하게 된다.

전라 좌수사 이순신이 하옥되었을 때, 통제사라는 직분 하나만으로 합천 초계의 전장을 수비턴 원균은 이곳을 떠나 충청 병사에서 전라 병사로 전보되었고, 진주 목사에서 선산 부사로 있던 배설이 경상 우수사로 왕명을 받아 오게 되었다. 이와 같은 상황에서 일본은 본국에서 임진왜란 6년 만인 1597년 최강·최대로 보강된 전함 6백 척을 가지고 재침하기에 이른다.

원균과 이순신의 다툼은 여러 차례 어전회의에서 논란이 되었음이 실록에 나와 있고 이순신의 『난중일기』 등에서도 볼 수 있었다. 또한 그 실상을 파악하기 위해 병조판서 이덕형이 직접 현지로 내려가서 조사 보고한 문헌 등이 수없이 있으며 결국 이 둘을 떼어 놓기 위해 원균을 전라 병사로 전임시킨 바 있다. 그 실례를 전부 열거하기에는 증거와 고증의 양이 방대하다. 『난중일기』를 보면 원균이 출동하고자 하고 적을 공격하고자 하면 모두 흉계다, 우습다, 허무맹랑하다 하며 어처구니가 없다는 등의 표현으로 거절했음을 알 수 있다.

1593년(선조 26) 8월에 이순신이 삼도수군통제사가 된 후에 별다른 전투가 없자, 원균은 이 사실을 조정으로 보고하였다. 이 보고 내용을 유성룡이 이순신에게 알리게 되고, 이순신은 『난중일기』에

원元 수사가 하는 일이 지극히 해괴하다. 나더러 주저하기만 하고 싸움에 나아가지 않는다고 하였다니 실로 천재를 두고 통탄할 일이다.

라고 쓰고 있다. 이 기록만 볼 때는 원균이 조정으로 장계를 올려 이순신을 모함하는 듯한 느낌을 줄 수 있다. 그러나 원균은 이순신에

게 여러 차례에 걸쳐 출동 권유를 하였고, 또 광해군까지 적을 토벌할 것을 독려하였음 등을 볼 때에 원균이 전장의 상황이 안타까워 사실을 보고하였다고 해석할 수 있다. 공을 심하게 다투는 상태에 있으면서 사이가 좋지 않은 관계로 원균이 장계를 올리면서 이순신을 좋게 말하였으리라고는 생각되지 않으나 원균이 군사적 목적에 뜻을 두었다고 보아야 할 것이다.

둘의 사이는 이처럼 점점 벌어져서 원균은 이순신에게 폭언을 가하고, 이순신은 원균은 원흉이라고 하였는데 『난중일기』에 다음과 같은 기록이 남아 있다.

갑오년(1594, 선조 27) 4월 12일
순무어사가 왔다. 우수사와 경상 우사, 충청 수사도 함께 와서 술을 세 순배 마셨는데 원 수사는 짐짓 취한 채 광증을 부리며 함부로 무리한 말을 뇌까리니 순무어사도 괴이함을 이기지 못했다. 하는 짓이 극히 포악하다.

갑오년 10월 17일
아침에 어사에게 사람을 보냈더니 식후에 오겠다고 하였다. 늦게 우수사(이억기)가 오고 어사도 왔다. 원 수사가 속이고 무고하는 짓을 많이 말했다. 참으로 해괴하다. 나중에 원균도 왔다. 그 흉패한 꼴을 이루 다 말할 수 없다.

라는 두 기록을 검토해 볼 때 원균은 이순신에게 평소 품고 있던 감정을 어사 앞에서도 공개적으로 폭발시켜 장소를 가리지 않고 공박한 사실을 알 수 있다. 원균은 거기다 더해 때와 장소를 가리지 않고 이순신에게 잘못이 있으면 질책하고 나무랐다.

이러한 원균의 원한은 첫째는 전공을 가로챈데 대한 것이고, 둘째는 그의 아들의 공에 대한 이순신의 모함이며 크게는 일본군을 눈앞에 둔 급박한 시기에 의견을 일치시키지 아니하고 자꾸 어긋나는데 대해 분통이 터진 것이다. 그 결과로 거제에 있는 경상 우수영과 후방의 전라도 여수를 수영으로 한 전라 좌수영이 이와 같이 다툼을 계속한 것은 끝내 두 수사를 불행한 결과로 몰고 가는 원인이 됐다.

원균과 이순신은 같은 계급의 수사로 있다가 이순신이 1593년 통제사가 되면서 둘의 다툼은 더욱 심해졌다.

이순신의 거짓 보고에서부터 시작된 감정의 악화로 원균은 통제사인 이순신의 영을 받지 않았고 이에 수군을 통솔 지휘하는데 지장을 가져왔으므로 이순신은 조정에 보고하여 원균을 해임시켜 달라는 장계를 올리게 된다. 결국 조정에서는 그 둘의 불화의 원인을 조사하게 되었고 이순신이 올린 장계가 사실과 다르다는 것을 알게 된다. 따라서 조정에서는 이순신의 허위 장계와 원균의 전속 문제를 결정하기 위하여 1594년(선조 27) 11월 12일 1차 어전회의를 개최하기에 이른것이다. 선조는

"내가 생각하건대 이순신이 대장으로서 하는 짓이 한 사람을 그르치

는 것 같다. 그러므로 부득이 갈지 않으면 안 되겠으니 혹 이순신을 갈아내고 원균을 통제사로 삼던지 아니면 원균까지 갈아 버리고 다른 사람을 보내던지 잘 참작하여 시행하라."

고 하시하였고 이어 거듭되는 논란과 여러 차례의 회의 끝에 원균을 병마절도사(병사兵使)로 전임시키기로 결정하였다.

이때 비변사에서 다시 장계를 올려

원균을 병사로 전임시키는 것에 대하여 다른 대신들이 말하기를 그가 이미 군율을 어기어 조사를 받고 있는 중인데(통제사의 영을 받지 않은 죄) 그를 병사로 전임시키는 것은 온당치 못하다 하오니 어떻게 하오리까.

하고 호소하였고 선조는

"군율을 범한 것을 따지려면 이순신도 마찬가지가 아니냐. 나의 생각으로는 이순신의 죄가 원균보다 더 중한 것 같은데 원균을 병사로 삼을 수 없다는 것은 말이 되지 않는다. 이와 같은 일들을 잘 참작하여 시행하라."

명하니 비변사에서는 다시 장계를 올려

통제사 이순신이 이제 조정을 속인 죄가 있으니 마땅히 중벌로 다스려야 할 것이나 주사를 통솔하는 일이 날로 급박하여 가는 이때에 장수를 교체하는 일은 옳은 계획이 아니므로 다만 그를 조사하여 뒤에 공을 세워서 죄를 갚도록 하는 것이 가할 것입니다. 이순신과 원균이 함께 중한 군율을 범하였는데 원균만을 교체한다면 또한 한쪽에만 편중하는 폐단이 없지 않을 것인 즉 거년에 품신한 것과 같이, 청하옵건대 원균을 파직하지 마시고 병사로 전임시키는 것이 좋겠습니다.

하였고 사간원에서는 원균을 병사로 전임시키는 것을 심히 우려하여 다음과 같은 장계를 올렸다.

해로海路를 차단하여 적의 진로를 막는 것은 주사보다 더한 것이 없으며 수사의 성쇠는 곧 국가의 안위에 관계되므로 조정에서도 이에 대하여 조금이라도 등한히 생각할 수 없는 일입니다. 경상 우수사 원균이 이제 수사를 떠나서 내지로 옮기고자 함에 벌써 군정軍情이 해이해지고 형세가 약화되어 사기가 떨어지니 주사의 일이 심상치 않게 되어가고 있어 뒷날의 화가 크게 염려되는 바입니다.

원균의 모함으로 하옥되었다는 오해

그렇다면 왜 원균의 모함에 의해 하옥되었다는 말이 생기게 되었을까. 무엇보다 이식이 『선조수정실록』을 편찬하면서 원균에 대해 무참하다 싶을 만큼 허위로 기록을 가한데 원인이 있다고 보아야 할 것이다.

이순신이 일본 군영 방화 사건에 대해 올린 장계가 조정에 도착한 것은 공교롭게도 어전회의에서 이순신이 나아가서 싸우지 않는 것을 마땅치 않게 생각하여 논의를 하는 시기였다. 거기에 더해 이 방화 명령을 내린 진짜 명령자는 도체찰사 이원익이라는 진상 보고가 그 막하에 선전관으로 내려가 있던 이조 좌랑 김신국으로부터 도착한 때였다. 『이충무공전서』 권 9의 30~31쪽과 『선조수정실록』 선조 30(1597)년 1월 1일자에도 나와 있는 사실로서

이조 좌랑 김신국이 계를 올렸으되

"전날 통제사 이순신은 그의 부하 장수가 몰래 부산 왜영을 불질러 태웠다고 조정에 보고하였으나 이에 대하여 도체찰사가 신에게 말하기를 '군관 정희운이 일찍부터 조방장으로 적들이 진치고 있는 가까운 곳에 오래 머물러 있으면서 수군 허수석을 심복으로 삼았다. 수석이 일찍부터 적중에 출입하였고 그 동생이 마침 적의 영중에 있어 적의 사정을 잘 알고 있었다. 정희운은 드디어 허수석과 같이 때를 맞추어 계획을 정하여 몰래 적의 영을 불질렀다. 이날 순신의 군관이 마침 부산에 왔다가 그러한 방화 사건을 보고 이순신에게 말을 하였더니 스스로의 공이라 하였던 것이다. 이순신은 처음부터 그 일을 알지 못하면서도 그러한 장계를 한 것이다. 이제 허수석과 더불어 또 다

른 일을 꾸미고 있는데 만약에 허수석에게 상을 주면 혹시 그러한 내막이 탄로가 날듯 하고 모르는 채하여 이순신의 군관이 상을 받으면 허수석이 반드시 질투하고 성을 내서 꾸미는 일이 이루어지지 못할까 두렵다' 하였습니다."

라고 선조에게 진상을 보고했다. 이순신은 글로써 스스로를 죄인으로 만든 것이다. 이식 또한 이 사건에 대하여는 이순신의 허위 장계를 시인하였다.

그때 원균은 충청 병사로서 청주의 상당산성上黨山城에 있었고 또 부산 화재 공격 작전은 태종의 왕자 익녕군益寧君의 4세손인 이원익이 군관 정희운에게 명하여 작전에 성공한 것이다.

이와 같이 김신국의 장계에 의하여 이순신의 허위 장계의 진상이 드러나자 선조는 과거에 덮어 두기로 했던 이순신의 죄상까지 들추어 내면서 크게 노하였던 것이다. 이렇게 부산 왜영 방화 사건의 진상이 밝혀지면서 이순신은 3월 중순에 하옥되었으니 이 사건이 있는 후 2개월 반만에 투옥이 되었다.

이와 같이 시일이 걸린 것은 적과 대치하고 있는 통제사를 쉽사리 바꾸어버린다는 것이 쉬운 일이 아니기 때문에 여러 번 어전회의를 개최하여 이 문제를 토의한 끝에 결정한 것이다. 선조 30년 1월 27일에 열린 어전회의에는 선조와 영의정 유성룡을 위시하여 조정 중신들이 참석하였는데 이 자리에서 이제까지의 이순신에 대한 모든 문제들이 거론되고 기타 중요한 사항들이 광범위하게 토론되었다. 그리고 또 한 가지 특이한 점은 이제까지 이순신의 후견인 역할을 한 유성룡이 오히려 원균을 칭찬하면서 이순신을 비호하지 않았다는 것이다. 그러나 훗날 『징비록懲毖錄』을 쓸 때는 어전회의 당시에 오간 내용과는 달리 기록하였다.

선조 30년 1월 27일 어전회의의 기록

판중추부사 윤두수尹斗壽는

"이순신이 조정의 명령을 받들지 아니하고 싸움을 꺼려서 물러가 한산도만 지키고 있기 때문에 이번에 큰 계획이 실시되지 못하였습니다. 이에 대하여 신하된 자 그 누가 통탄하지 않겠습니까?"

라고 선조대왕에게 아뢴다. 지중추부사 정탁鄭琢이 아뢴다.

"이순신에게 과연 죄가 있습니다."

이에 선조가 말하기를

"이순신이 어떤 사람인지 모르지만 지난 계미(1583)년 임란 9년 전에 북방 녹둔도鹿屯島에서 병사 이일로부터 파직되어 백의종군한 전과 이래 모두들 그를 가리켜 간사한 사람이라 하더라. 이번에 비변사에서 말하기를 장수나 수령들이 명령을 잘 듣지 않는 것은 그들을 너무 용서만 하고 두둔하는 까닭이라 하였다. 명나라 관원들은 그들의 조정을 속여서 못하는 일이 없는데 그 버릇을 우리나라 사람들도 본받아서 이순신이 부산에 있는 왜영을 그가 불태웠다고 속여서 보고하니 이 자리에 영의정이 앉아 있지만 이것이 있을 수 있는 일인가. 이제는 그가 비록 가등청정의 머리를 베어서 들고 온다고 하여도 단연코 그 죄를 갚지 못하리라."

하며 유성룡까지 거론하며 질책하였다. 이에 영의정 유성룡이 아뢰었다.

"이순신은 신과 같은 마을에 사는 사람이라 신이 젊어서부터 잘 아는 사이이온데 그는 능히 맡은바 직책을 다할 사람으로 보았사옵고 또 평소의 희망이 대장이 되는 것이었습니다."

라고 이순신의 경력을 아뢰자 선조는

"글자는 아는 자인가."

하였다. 이에 유성룡은

"그의 성질이 강직해서 남에게 잘 굽히지 아니하는 사람이기로 신이 수사로 천거하기는 하였습니다마는 지난 임진년의 공으로 벼슬이 정헌正憲에 이르렀는데 너무 과한 일입니다. 대개 장수가 너무 기세가 높고 뜻이 차면 반드시 교만하고 나태해 집니다."

하였다. 선조가 다시 말하기를

"이순신은 용서할 수 없다. 무장된 자가 어찌 조정을 경멸하는 마음을 가질 수가 있느냐. 지난번 우상右相(이원익)이 내려갈 때에 평일에는 원균을 장수로 삼지 말고 전쟁에 임해서 그를 장수로 쓰라고 하였느니라."

하자 좌의정 김응남金應南이 아뢰었다.

"수장水將으로서는 원균만한 자가 없습니다. 이제 그를 다시 써야 합니다."

이에 유성룡 또한

"원균이 나라를 위하는 정성은 큽니다. 저 상당산성을 수축할 때에 원균은 그곳에 토실土室을 만들고 거기에 거처하면서 친히 성 쌓는 것을 지휘하였다고 합니다."

라고 수긍하였고, 선조는

"원균을 다시 수사로 삼아 선봉에 세우고자 한다."

라고 자신의 뜻을 신하들에게 알리자 영중추부사 이산해李山海는

"지난 임진년 해전 때에 원균과 이순신이 서로 서서히 장계하자고 약속해 놓고 이순신이 밤을 타서 모든 공이 스스로의 것이라고 단독 장계를 하였습니다. 그것으로 인해서 원균이 원한을 가지게 된 것입니다."

하며 과거 거짓 보고에 대해 말하였다. …(중략)…

판중추부사 윤두수가 아뢰었다.

"이순신은 얌전한 사람 같으면서 속임수가 많아서 잘 싸우려하지 않는 자입니다."

하자 선조는 원균의 일을 속히 조처할 것을 명하였다. …(중략)…

이순신의 자리를 두고 어떻게 할지 말이 오가는 가운데 선조는

"내가 일찍 이순신의 사람됨을 잘 알지 못하나 그의 성질이 다소 영리한 듯하기는 하나 임진년 이후로는 도무지 적을 치지 않을 뿐 아니라 이번 일은 하늘이 준 기회인데도 하지 않았으니 이같이 군율을 범한 사람을 어찌 매번 용서만 할 수 있겠는가. 원균을 오히려 대신 시키는 수밖에 없다. 명나라 이 제독(이여송李如松) 이하가 모두 그들의 조정을 속이지 아니한 자가 없는데 우리나라 사람들이 그 본을 배우는 자

가 많다. 저 부산에 있는 왜영을 불태운 사건에 대하여 이순신이 그의 휘하 사람인 김난서가 안위와 더불어 비밀히 짜고 하였다고 하면서 이 순신이 계책을 세워서 시킨 것처럼 보고를 한 거짓에 대하여 내가 크 게 마땅치 않게 생각하는 바이다. 그와 같은 자는 비록 가등청정의 머 리를 베어 온다 해도 용서치 못한다."

라고 단정 내렸다. 이에 영중추부사 이산해가 임진왜란에서 원균의 공이 컸음을 말하자 선조는 말하기를

"그렇다. 공이 없다고 할 수 없다. 무릇 선봉으로 나서는 자를 귀하게 여기는 것은 사졸들이 그러한 것을 보고 따라서 싸우게 하기 때문이 다."

하였고 이순신을 천거하였던 유성룡이

"이순신은 성종成宗 때 이거李据(이순신의 증조)의 자손으로 신은 이순 신이 능히 자기 직책을 감당할 수 있으리라고 생각하였으므로 천거했 던 것입니다. 이순신은 그 성품이 남에게 굴복하지 아니하고 꽤 쓸 만 하기 때문에 그 사람이 모 읍의 수령으로 있는 것을 신이 수사로 천거 했던 것입니다. 그런데 지난 임진년에 신이 충청도 차령에 가 있을 때 에 이순신은 정헌(정2품)이 되고 원균은 가선(종2품)이 되었다는 소식을 듣 고 그 지위와 포상이 너무 지나치다고 생각하였습니다. 무릇 무장이란 벼슬이 높아져서 뜻과 기가 차게 되면 부릴 수 없습니다. 이순신이 거 제에 들어가서 그곳을 지켰던 영등포와 김해에 있는 적들이 반드시 겁 을 내었을 것인데도 오래도록 한산도에만 웅거해서 별로 싸우지도 아 니한 점과 이제 해로에 나아가 적을 맞아 치지 아니하였으니 어찌 죄

가 없다고 하겠습니까[10]. 다만 그를 바꾸는 사이에 무슨 일이 일어날까 염려하여 지난날 그렇게 아뢰었던 것이며[11] 비변사에서 어찌 한낱 이순신을 감싸기 위하여 그랬겠습니까?"

라고 아뢰었으나 선조는

"이순신은 조금도 용서할 수 없다. 무신이 조정을 경멸하는 버릇은 다스리지 않을 수 없다. …(중략)…"

이조참판 이정형李廷馨이 아뢰었다.

"이순신과 원균은 서로 용납할 수 없는 사이입니다."

호조판서 김수가 아뢰었다.

"원균이 매양 이순신 때문에 자기의 공이 묻혔다는 말을 신에게 하였습니다."

이에 좌승지 이덕렬李德悅이 소상히 아뢰었다.

"이순신이 원균의 공을 빼앗아 권준權俊의 공으로 만들었으며 원균과 같이 의논도 없이 먼저 장계를 올렸는데 그때 왜선 속에서 여자 한 사람을 잡아서 사실을 탐지하고 그 말에 따라 장계를 올렸다고 합니다."

호조판서 김수가 아뢰었다.

"불질러 태운 일(부산 왜영 방화사건)에 대하여 이순신이 처음에 안위와 더불어 밀약하였으나 다른 사람이 먼저 한 일인데도 이순신은 도리어 자기의 공이라 하니 그 일에 대하여는 상세히 알 수 없습니다. 그것이 사실일진대 가히 용서치 못할 것입니다."

---

10) 가토 기요마사(가등청정)를 잡으라는 조정의 지시를 어기고 잡지 않았다는 뜻.
11) 이순신을 바꾸지 말도록 건의한 것.

영의정 유성룡이 아뢰었다.

"그의 죄가 그러하오나 이제부터 잘하도록 책망하고 독려하는 것이 좋을 것입니다."

판중추부사 윤두수가 아뢰었다.

"원균과 이순신을 모두 통제사로 만들어 서로 협력하게 하는 것이 옳을 것입니다."

이에 선조가 말하기를

"비록 두 사람에게 통제사의 직책을 나누어 준다 해도 반드시 그들을 통제하고 절제하는 사람이 있은 연후에야 가할 것이다. 원균이 앞장서서 나가 싸울 때에 이순신이 물러가서 그를 돕지 아니하면 사세가 어렵게 될 것 같기 때문이다."

좌의정 김응남이 아뢰었다.

"그렇게 되면 이순신을 중한 벌로 다스리면 될 것입니다."

선조가 말하기를

"옛날 이현충李顯忠의 일도 있거니와 반드시 문관을 두어 두 사람을 조정해서 그들이 멋대로 못하도록 하는 것이 좋을 것이다. 원균에게 수군을 나누어 거느리게 하는 일에 대하여 병조판서 의향은 어떠한가."

병조판서 이덕형이 아뢰었다.

"그가 그렇게 하려고 한다면 신의 뜻도 당연하다고 생각합니다. 다만 두 사람이 다룰 것 같아서 근심스럽습니다. 그러므로 반드시 중국의 제도와 같이 참장參將이 나가 싸울 때에는 그들을 독전하는 사람이 있어야만 할 것입니다."

선조는

"해야 할 일은 속히 처리하는 것이 좋다. 원균의 일은 오늘 중으로 조치할 수 있겠는가."

하였고 이조참판 이정형이 아뢰었다.

"원균을 통제사로 삼으면 통솔하는데 잘못되는 일이 있을까 두렵사오니 상세히 살피셔서 처리하옵소서."

이상이 어전회의에서 토의한 내용들이다. 이 왕명으로 두 달 후에 이순신은 감옥으로 가고 원균은 전라 병사에서 통제사가 되어 2년 만에 다시 거제로 돌아오게 된다.

어전회의의 내용을 보면 유성룡과 정탁을 포함한 모든 중신들이 이순신의 죄를 인정하고 있다. 그 다음으로 선조는 이순신에게 당장 어떠한 조처라도 취할 듯하였으나 윤두수의 건의로 통제사의 권한을 둘로 나누어 이순신은 충청·전라도 통제사로 하고 원균은 경상도 통제사로 결정하게 된다.

7차 어전회의 끝에 이순신을 하옥시키다

1597년(선조 30) 3월 13일 이순신에게 결국 하옥령이 떨어졌다.

선조는 이순신을 하옥시키라는 비망기를 내리면서 그 비망기 끝에서 어떻게 처리할 것인지 대신들에게 물어보도록 하였다. 이에 대해 정탁은 신구차伸救箚[12]의 내용 서두에 다음과 같이 기술하였다.

이순신은 스스로 큰 죄를 범하여 그 죄명이 심히 무겁건만 성상께서는 얼른 그를 죽이시지 아니하고 시간을 두어 문초하다가 후에 가서 엄중히 문초하라는 허락을 내리시니 이는 다만 옥사를 다스리는 형식과 절차를 거치기 위하여서만 그러할 뿐 아니라 실상은 성상께서 사랑의 일념으로 기어이 그 진상을 밝힘으로써 혹시나 그를 살릴 수 있는 길이 있을까 찾고자 함이라 여겨집니다.

정탁은 선조가 이순신을 죽일 의사가 없음을 간파하고 신구차를 올린 것이다. 그러나 이순신을 추천하고 옹호하던 정탁도 선조에게 올린 신구차에서 네 가지 죄목 중 세 가지 죄목은 이순신 스스로가 지은 죄임을 인정하고 있으며 다만 기요마사를 잡지 아니한 죄목에 대하여는 어려운 상황 아래 있는 전쟁터의 일을 조정에서 좌지우지함은 옳지 않은 일이니 이 죄목만은 이순신의 죄라고 볼 수 없다고 말하였다.

선조로서는 이순신의 소행이 괘씸하기는 하나 코앞에 일본군이 몰려오고 있는 국가 존망의 위기에 처해서 이순신과 같은 명장을 죽이는 것보다는 우선 전쟁에 참전토록 하는 것이 이롭다고 생각하였을 것이다.

만에 하나 원균이 이순신을 모함을 했다 하더라도 전 국토가 초토

---

12) 신구차伸救箚: 죄가 없음을 들어 구원해 줄 것을 청하는 상소문.

화되고 적이 눈앞에 있는 위급한 때에 선조를 위시한 그 많은 조정 중신들이 원균이라는 무장 하나의 말에 놀아나서 이순신을 하옥시켰다고 하는 것은 상식 이하의 모순이라는 것이 사학가들의 중론이다.

그럼에도 이와 같은 오해들은 모두 이식이 편찬한 『선조수정실록』에서 기인하였다.

원균은 서울 가까운 곳에 부임하여 권신들과 사귀고 날마다 이순신을 헐뜯으니 이순신은 편이 없어 직이 위태로웠다.

통제사로 돌아온 원균의 상황

원균이 경상 우수사직을 떠나서 충청 병사를 거쳐서 전라 병사에서 거제에 본영을 둔 삼도수군통제사로 다시 오기까지 2년이란 세월이 걸렸다. 그동안 통제사로 있던 이순신의 지휘 아래 있던 통제영의 막장들은 거의 이순신의 사람들로 채워져 있었다. 그러한 상황에서 원균이 부임하였고 거기다 원균의 성격은 공격적인 무인의 기질을 가지고 있었기 때문에 작전 계획을 세우며 개편하는데 있어 강경하게 일관하였으므로 장졸과 상하 간에 소통과 협조가 잘 되지 못하였다.

그럼에도 『선조수정실록』 선조 30년(1597) 7월 1일의 기록에는 원균이 이순신이 만들어 놓은 제도를 모두 고쳐 버리고 또한 형벌을 함부로 하여 부하 장수들의 마음이 원균으로부터 떠나게 되었다고 함으로써 원균에게 결함이 있는 것처럼 기술하고 있다. 거기다 더하여 영의정 유성룡은 어전회의 때 원균을 두둔하는 말을 하였으면서도 『징비록』에는 자신이 했던 말을 뒤집는 기록을 남긴다.

『징비록』의 내용인즉

> 원균이 한산에 부임하자 이순신이 시행하던 제도를 모두 변경하고 부하 장수들과 군사들도 이순신에게 신임 받던 사람은 모두 쫓아 버렸으며 …(중략)… 원균은 자기의 애첩과 함께 운수당運壽堂에 거처하면서 울타리로 운수당 안팎을 막아 버리니 제장들이 그의 얼굴을 볼 수가 없었다. 또한 그는 술을 좋아해서 날마다 주정을 일삼고 부하 사람에게 형벌을 남용하니 군중에서 몰래 수군거리기를
> "만일 적병을 만나거든 우리는 달아남이 있을 뿐이다."
> 라고 하였다. 장수들 또한 서로 원균을 비웃으며 군사 일을 품달하지 아니하니 그 호령이 부하 사람들에게 시행되지 못하였다.

이식이 쓴 수정실록은 유성룡이 쓴 『징비록』의 기록을 그대로 인용한 것으로써, 이 두 기록은 원균에 대한 오늘의 통설을 이루는 또 하나의 근원이 되고 있다.

그러나 『선조실록』 선조 34(1601)년 1월 17일자에 유성룡의 뒤를 이어 영의정에 오른 이덕형은 그때의 상황을 선조에게 다음과 같이 보고하고 있다.

신이 몇 년 전에 남방에 가서 그곳 사람들의 말을 들어 보니 원균은 어떤 일을 하든 강경하게 처리하기 때문에 이순신이 잡혀 가고 그가 대신 그곳에 갔을 때에 지난날 이순신의 막료였던 제장들이 그와 더불어 상의하려 하지 않았다 합니다. 그러므로 그의 위치는 매우 외로운 상태가 되었으며 부체찰사인 한효순이 그러한 사정을 알고 체찰사인 이원익에게 보고하여 어떤 조치를 취하려고 하였는데 미처 손을 쓰기 전에 패전해 버리고 만 것입니다.

이는 지난날 이순신의 막장들이 원균을 따돌리고 고립시켰다고 주장하는 것으로써 그런 무리들로 인한 어려움을 처리하기 전에 싸우다 전사했음을 알리는 보고이다.

한음漢陰 이덕형은 당파를 초월하여 공명정대하게 국사를 처리한 명신이었다는 사실은 누구도 부인할 수 없을 것이다. 그가 직접 선조에게 보고한 내용과 지연으로 이순신을 추천하고 옹호하였던 유성룡의 개인 기록을 비교할 때 어느 쪽이 더 객관적인 기록이었을지 생각해 보아야 할 것이다. 원균은 그러한 상황 속에서 전형적인 무인으로서 시류에 영합하거나 위정자에게 아첨할 줄 몰랐으니 오늘에 이르기까지 그에 대한 칭예보다 폄훼가 심하게 되었다.

그런 폄훼를 떠나서 통제사가 된 원균이 적을 공격하여 전과를 올린 기록이 『선조실록』 선조 30년 3월 25일에 다음과 같이 나와 있다.

통제사 원균이 명을 받아 통제사가 된 후에 즉시 무용을 떨쳐 적선 3

척을 포멸하였으며 아울러 적병의 머리 47급을 베어 올렸다. 참으로 가상한 일이다. 원균과 그때에 공이 있던 자들을 곧 논상하고 또한 관원을 내려 보내서 군졸들을 잘 먹이고 격려하는 일에 대하여 협의하여 계를 올릴 것이며 …(하략)…

이는 작은 전과이기는 하나 2년여 동안 수군의 활동이 없어 출병할 것을 독촉하던 조정에서는 임진왜란 종결에 활력소가 됐다. 원균은 여기서 그치지 않고 각처에 분산 배치되어 웅거하고 있는 일본군을 찾아 공격하였다.

한편 당시 원균을 모함하던 이들은 그가 적의 머리가 아니라 나무꾼의 목을 베어 올렸다고 악설을 했다고 한다. 비변사에서는

"원균이 올린 적의 수급이 만일 나무를 베기 위하여 왕래하던 왜병이라면 사람을 죽이려고 침입하는 왜적을 잡아 죽인 것과는 차이가 있습니다."

하였고, 이와 같은 비변사의 계에 대하여 선조는

"나무하는 왜놈도 없지 않을 것이나 그도 또한 적임에는 틀림없으며 그「분군기分軍記」를 본즉 분명히 벌목하는 왜놈은 아니고 보통 왜놈도 아닌 듯하였다. 상을 주는 것과 군사들을 먹이는 일에 대하여는 비변사의 계대로 시행하라."

하였다. 그러나 이것을 잘 검토해 볼 때 비변사에서는 '혹시 나무꾼일 때는 시상을 달리해야 한다' 하였으니 비변사의 의견도 나무꾼이라고 단정한 것이 아니며 이에 대하여 선조는 「분군기」를 본 후 분명히 나무꾼이 아니라고 단정하고 있으며 보통 왜놈이 아니라는 말까지 덧붙였다.

안골포, 가덕도 등 부산으로 나가는 뱃길 연안에는 많은 일본군들이 깔려 있어서 우리 수군이 부산으로 진격하는 것은 대단히 어려웠다. 그들은 우리 수군의 진퇴에 관한 상황을 낱낱이 살펴서 그들 본영으로 보고하여 일본군으로 하여금 즉각적인 대응책을 세울 수 있게 하는 임무를 가진 첩보병이었을 것으로 파악된다.

일본은 임진왜란이 장기화되자 장기전을 펴기 위해 우리 연해 요소 요소에 소굴을 만들고 성을 쌓아 자리를 잡고는 산에서 나무도 하고 전답에서 곡식도 가꾸면서 첩보와 방어의 임무를 겸하여 수행하고 있었고, 이 일본군들은 우리 수군이 활동하는데 커다란 장애이자 위협적인 존재였다.

이순신 또한 도원수로부터 곽재우, 김덕령 등 육장陸將의 지원을 받아 뱃길 요로에 둔거하고 있는 일본군들을 공격하였으나 별다른 실효를 거두지 못하고 철수한 일도 있었다. 이와 같은 전후의 연결된 사실들을 감추고 계장啓狀에 나타난 나무꾼이라는 낱말만을 인용하여 원균이 나무꾼의 목을 베어 올렸다고 왜곡한 것은 분명 저열한 행위이다.

이순신에 대한 평가는 정당한가

그렇다면 당시 이순신에 대한 주변의 평가는 어떠하였는지 살펴볼 필요가 있다. 『선조실록』 선조 30년 1월 23일자에

> 정운은 이순신이 나가 싸우려 하지 않으니 장차 그를 참하려 하였다. 이순신이 겁이 나서 부득이 나가 싸웠다. 그러므로 그 해전에서 이긴 것은 모두 정운의 독전으로 이루어진 것이라고 하면서 정언신鄭彦信이 항상 정운의 사람됨을 칭찬하였다.

라는 기록이 있다. 이순신은 북방에서 1587년(선조 20) 병마절도사 이일로부터 군율에 의해 죽을 뻔했고 백의종군한 기록이 『선조실록』에도 있는데, 여기서도 정운에게 죽을 뻔 했다는 기록이 보인다. 국가를 지키는 간성의 책문을 맡은 이가 한번은 상사로부터 또 한번은 하급자로 있던 정운으로부터 변을 당할 뻔하였으니 놀라운 일이다. 4일 뒤의 실록 기록을 보면

> 이순신은 얌전한 체하나 다만 속임수가 많아서 잘 싸우려 하지 않는다.

라고 판돈령부사 정곤수가 선조에게 아뢴 말이 있다. 『선조실록』 선조29(1596)년 11월 7일자에는 어전회의 때 이순신과 원균의 전공을 논하는 자리에서 우상 겸 도체찰사 이원익이

이순신이 비록 따라가서 곁에 서있으면서 그가 스스로 적선을 잡지는 않았다 하더라도 그의 관하 장령들이 적을 잡은 것이 많으며

…(하략)…

라고 하였는데 이는 이원익이 전쟁터에서의 이순신의 모습을 표현한 것이다. '비록 따라갔다…' 또는 '곁에 서 있으면서 스스로 접전을 하지 않았다' 등으로 표현하면서

비록 그렇기는 하지만 그의 부하 장병들의 전공이 크니 그것은 이순신의 공으로 보아야 한다.

고 말하는 모순을 보이고 있다. 이는 원균이 1597년 전라 병사로 있을 때 이순신이 적극적으로 움직여 적을 공격하지 않음에 대해 군신이 다 같이 개탄하고 있다는 고증이다.

다음은 『난중일기』에 남긴 이순신의 기록으로써 원균에 대한 이순신의 태도와 전쟁 상황을 어떻게 파악하고 있는지 등을 파악할 수 있는 부분이다.

계사년(1593, 선조 26) 6월 5일
경상도 수사가 웅천의 적이 감동포甘同浦로 들어올지도 모른다고 하면서 들어가 치자고 공문을 보냈다 하니 사실과는 거리가 먼 듯하다.

계사년 6월 10일

　새벽 2시쯤에 원 수사의 공문이 왔는데 내일 새벽에 나가 적을 치자는 것이었다. 그의 시기와 흉모는 형언할 길이 없다. 이날 밤에는 대답하지 아니하였다.

계사년 8월 30일

　원 수사가 또 와서 영등포로 가자고 독촉한다.

갑오년(1594, 선조27) 1월 15일

　동궁東宮(광해군)의 분부를 전달하는 서한이 왔는데 군사를 거느리고 가서 적을 토벌하라는 것이었다.

갑오년 8월 30일

　김양간金良幹이 서울에서 영상領相과 심충겸沈忠謙의 서한을 가지고 왔는데 대개 분개하다는 내용이다. 원 수사가 하는 일이 지극히 해괴하다. 나더러 주저하기만 하고 싸움에 나아가지 않는다고 하였다니 실로 천재를 두고 통탄할 일이다.

　이러한 기록들을 볼 때 원균이 여러 번에 걸쳐 이순신에게 같이 나가서 적을 치자고 독촉하였음에도 이순신은 흉계라고 하며 움직이지 않았음을 알 수 있다.

　또 『선조실록』 선조 24(1591)년 11월에 선조와 대신들이 토론한 내용

중에 대제학 이산해가 선조에게 아뢴 다음과 같은 기록이 있다.

> 대저 수전과 육전은 다른 것 이어서 우리의 형편으로는 육전은 쉽지
> 아니하고 오직 수전이 이길 수 있는 길인데 당초에 적장을 잡은 자는
> 원균인데도 다른 곳으로 전속케 하였으며 이로 인하여 근래에는 수
> 군이 활동하는 소식이 끊어져 해전의 결과를 듣지 못하오니 팔짱을
> 끼고 있을 따름입니다.

또 『선조실록』 선조 25년 1월 어전회의의 기록에서 선조는 이순신
이 한산도에 머물러 있으면서 유키나가가 정보를 흘려주어도 계략이
라 하며 나가지 않음을 두고 답답해하자 판중추부사 윤두수가

> "이순신은 왜적을 무서워하는 것이 아니고 실은 나가서 싸우기를 싫
> 어하는 것입니다."

라고 아뢰었으며 이산해는

> "이순신은 정운과 원균이 없으므로 그와 같이 머물러 있는 것입니다."

라고 대답하였다. 또 1594년(선조 27) 10월에 2차 장문포 해전을 치
루고 그해 12월에 원균은 충청 병사로 전임되었는데 그 후로는 공교
롭게도 거의 해상 전투가 벌어지지 않았다. 물론 이순신이 피동적으

로 적극성을 가지지 않은 데에는 그 나름대로 생각이 있었을지는 모르나 조정에서 세자를 남쪽으로 내려보내 이순신을 독려하여 전투를 하도록 조치하기까지 이르렀던 것으로 보아 이순신이 전투에 있어 소극적이었다는 것은 사실로 보인다.

묻혀 버린 원균의 전공

제1부 「선조수정실록은 누구의 기록인가」의 〈칠천량 해전 패배의 책임 소재〉에서 밝힌 『선조수정실록』 선조 30(1597)년 7월의 기록을 보면 칠천량 해전에서의 패배는 모두 원균의 탓처럼 되어 있는데, 과연 그러했을까?

먼저 장병들이 원균을 따르지 않은 이유를 원균이 이순신이 만들어 놓은 제도를 바꾸면서 법도가 서지 않았기 때문이라 했는데, 이는 직접적인 이유가 되지 못한다. 오히려 자신들의 수장인 이순신과 오랜 공로 다툼으로 반목하던 원균이 그 자리를 대신하게 되자 반발하여 따르지 않은 것이라 볼 수 있다.

그 다음, 원균이 적을 두려워하여 싸우지 않기에 권율이 매를 쳤다는 대목이다. 당시 원균이 머뭇거린 이유는 주변 정세로 보았을 때 바다와 육지에서 동시에 공격하는 수륙병진이 아니고서는 적을 물리치기 어려운 상황이었기 때문이었다. 당시 원균은 이런 정황을 조정에 올렸고 비변사에서도 그 타당성을 어느 정도 인정했다는 내용이 『선조실록』권 87에 기록되어 있다. 그러므로 원균이 적을 두려워하여 머뭇거렸다는 것은 맞지 않는 내용이라 하겠다. 결국 원균은 자신의 의견이 받아들여지지 않는 상황에서 강압에 못 이겨 해전을 치른 것이니 모든 잘못을 그의 탓으로 돌릴 수는 없는 문제이다.

이와 관련하여 후에 선조 또한 원균의 행적이 정당하게 밝혀지지 못함을 안쓰러워 한 사실이 『선조실록』권 163에 실려 있다. 칠천량 해전 외에도 원균이 전투에 어떻게 임하였는지 그리고 그밖에 사실과 달리 전해진 오해들은 무엇인지 임진왜란 초기의 해전으로 돌아가 보자.

전쟁 시작 당시 원균에게는 단지 배가 한 척뿐이었다는 말이 있는데 그렇다면 한 척의 배로 김해에서 일본 전선 30척을 격파하였단 말인가 라는 반문이 나올 수밖에 없다. 그러한 말은 원균을 악평하기 위한 편견에서 고의로 조작한 것에 불과하다는 답이 나온다.

그것은 아무리 용맹무쌍한 장군이라고 해도 단 한 척의 배로 개미

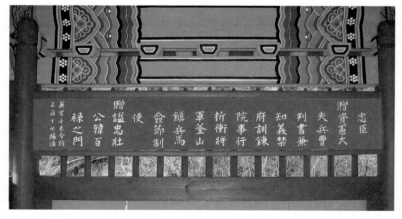

춘천에 있는 한백록 충신 공신록

떼 같은 적을 공격하여 30척이나 격파한다는 것은 쉽게 이해되지 않기 때문이다.

이순신이 왕명으로 합동작전을 하고 나서 첫 보고를 한 '제1차 거제 옥포 승첩을 아뢰는 계본' 중의 기록을 가지고 훗날 누군가 필주筆 誅한 것으로 보여지는데 아마도 『임진장초』에 있는 「옥포 승첩을 아뢰는 계본 7」에서 아래와 같은 기록을 인용한 것 같다.

> 초 6일 8시에 원균이 자기 구역 내인 한산도로부터 단지 한 척의 전선을 타고 왔습니다. …(중략)… 경상 우도의 여러 장수들 즉 남해 현령 기효근, 미조항 첨사 김승룡, 평산포 권관 김축金軸 등이 판옥선 한 척에 같이 타고 오고, 사도蛇島 만호 이여념李汝恬, 소비포所非浦 권관 이영남 등은 각각 협선狹船을 타고 오고 영등포 만호 우치적, 지세포 만호 한백록韓百祿, 옥포 만호 이운룡 등은 판옥선 2척에 같이 타고 속속 도착하였습니다.

기록을 보면 판옥선과 협선이 모두 7척이 등장하는데 이순신이 자필로 쓴 장초 보고에서도 원균의 배나 군관이 있음을 시인한 것이다.

또 대사헌 김간은 「원균 장군 행장」에서 전쟁 시작 당시

> 원균 장군의 휘하에는 단지 4척의 배가 있었을 뿐이다.

라고 기록하고 있다. 그리고 『임진장초』 「제3차 한산도 승첩을 아

뢰는 계본 9」에는

    깨어진 전선 7척을 수리하여 거느리고 왔다.

라고 기록하고 있어 이순신
스스로가 증명해 주고 있는 것
이다. 이러한 기록들은 한결같
이 대맹선大猛船의 수만을 말
한 것이고 중맹선과 소맹선,
협선 등의 숫자는 제외된 것으
로 보여진다.

춘천에 있는 한백록 묘역 가는 길의 표지판

그러므로 원균의 휘하에는 10척 내외의 전선이 있었으나 그의 관할
구역이 격전지였던 만큼 한 곳에 집결해 있지 못하고 거제 각 포의 요
충지를 수비하고 또는 적진에 가까이 가며 계속하여 적의 동향을 탐
색하는 임무 등으로 각지에 배치되어 방어 태세를 갖추고 있었다는
증거이다.

이와 같은 사실들을 무시한 채 이식은 이순신이 '단지 전선 한 척
(지승일척전선只乘一隻戰船)'이라고 표현한 그 한 구절을 인용하여 원균
휘하에는 단지 한 척의 배만이 있어서 아무 전투 능력도 없었다는 암
시를 주고자 한 대목은 편견에 빠진 기록이라 아니할 수 없다.

이와 같은 오류가 생기게 된 배경을 알기 위해서는 이순신의 시장
을 확인해 볼 필요가 있다. 이식은 원균에 대하여 다음과 같이 기록

하고 있기 때문이다.

경상 우수사 원균이 그가 거느린 수군을 모두 잃어버리자 사람을 보내어 원병을 청하였다. 이순신은 즉시 병력을 이끌고 나아가서 옥포 만호 이운룡과 영등포 만호 우치적으로 하여금 뱃길을 인도케 하여 옥포에 이르자 먼저 30척의 왜선을 격파하였다. …(중략)… 처음에 원균은 단 한 척의 배로 공에게 의지하였으며 연명으로 승전 보고를 올렸으나 조정에서는 이순신의 공이 더 큰 것을 살펴서 통제사로 올렸다.

하였으니 어처구니없는 기록의 차이라고 하겠다.

왜 원균과 이순신이 조선왕조 5백 년사에 연명으로 선조에게 올린 장계가 없는가.

앞에서 밝혔듯 이순신의 기록에서 최초로 거제에서 원균과 만날 때에 7척의 배가 원균 휘하에 있음을 확인하였다. 그러나 임진왜란 당시 9살이었던 이식은 죽기 4년 전인 1643년(인조 21) 이순신의 시장을 쓰면서 원균에게는 단 한척의 배 밖에 없었다고 기록함으로써 조선의 정사正史를 혼돈으로 몰고 간 것이다.

그리고 원균의 직속 하관으로서 거제에 있는 이운룡과 우치적을 논하면서 상관인 원균을 제쳐 놓고 이순신이 직접 지휘한 것으로 표현한 것도 인위적으로 조작된 기록으로 보인다. 이순신은 원균 몰래 전공 장계를 올리면서 원균의 군공이 없다고 보고하였는데 이식은 이순신이 원균의 이름을 함께 쓰지 않았음에도 이 사실을 왜곡하여 '연명으로 장계를 올렸다'고 기술한 것은 없는 사실을 거짓으로 꾸민 것이 아닌가.

이식은 『선조수정실록』을 쓰면서도 그리하였지만, 이순신의 시장을 쓰면서는 더 한층 악랄하게 원균을 매도하고 비판했다. 후세의 일부 사람들이 이것을 그대로 믿고 마치 정사인 것처럼 왜곡하고 더욱 날조를 가하여 원균의 실제 이미지는 난도질 된 것에 다름 아니다.

이순신의 『난중일기』에 다음과 같은 기록이 있다.

> 계사(1593, 선조 26) 8월 30일
>
> 원元 수사가 또 와서 영등(거제도 영등포라는 말)으로 가자고 독촉한다. 참으로 음흉하다. 그가 거느린 25척의 배는 모두 내보내고 다만 7~8척을 가지고 와서 이런 말을 한다.

라고 해 1593년에는 원균의 전함이 30여 척으로 증강된 것을 알 수 있다.

이순신은 원균이 25척의 배를 다 내보내고 7~8척만 거느리고 왔다고 해 음흉하다고 하였는데 이것은 원균이 관할하는 경상 우수영 전 지역이 격전지라는 사실을 감안했을 때 적절한 표현이라 할 수 없다. 이 지역의 방어 책임을 지고 있는 경상 우수영의 방패는 거제로서, 경상 우수영의 병력은 요충지를 수비하고 경계에서 적의 동태를 살피거나 첩보 활동 등을 위해 전 지역에 걸쳐서 분산 배치되고 있었을 것이기 때문이다. 그리고 이순신이 거느리는 전라 좌수영의 수군도 이 지역에 들어와서 합동작전을 전개하고 있는 실정이었으므로 그 외 전선은 이순신 옆에 모여 작전 명령을 기다리고 있는 상황이었다.

『난중일기』에서도 볼 수 있듯이 일본군의 상황을 이순신에게 설명하는 사람은 원균으로서

수로를 설명하고 안내하는 일도 경상 우수영이 담당하고 있다.

라는 기록이 있다. 적의 동정을 살피기 위해서는 병력의 집결은 곤란한 것이다. 그런데 그와는 반대로 이순신의 병력은 항시 집결되어 있었는데 그것은 합동작전으로서 적을 공격하는 활동이나 방어전 외에는 응원 부대로서 할 일이 없고 지역 경비나 적진에 근접하는 활동은 경상 우수영의 책임이므로 전라 좌수영의 병력을 분산 배치할 필요가 없었던 것이다.

이순신이 이와 같은 상황을 무시하고 거제에 있는 원균을 음흉하다고 말한 것은 전쟁 발발 이후 두 장군에게 쌓여온 감정의 한 가닥 표현이라고 볼 수밖에 없다.

이순신이 지원군으로 옥포 해전에 출전하기까지

옥포 해전은 임진왜란이 발발한 해인 1592년 5월 7일에 있었다.

1592년 4월 13일 일본군이 부산 앞바다에 도착해서부터 23일 후에 왕명으로 연합함대로서 처음 치른 전투가 거제 옥포 해전이다.

거제의 옥포 해전을 연합함대로서 치르게 된 배경은 일본군이 부산에 침공하자 경상 우수사로 있던 원균이 혼자의 힘으로 350여 척의 일본 함대를 격멸할 수 없으므로 4월 15일부터 18일까지 대여섯 차례나 이순신에게 이영남을 보내 나라를 구할 수 있도록 원병을 청하면서 시작된다. 그러나 이순신이 "각기 지키는 구역이 다르다"고 하여 응하지 않자 이에 원균은 할 수 없이 조정으로 작전 계획을 상신하였고, 조정에서는 유지諭旨를 이순신에게 내려서 원균을 도우라고 명령한 것이다.

한편 이순신이 움직이지 않자 광양光陽 현감 어영담魚泳潭과 순천 부사 권준이 출동할 것을 강력히 권고하였다. 그럼에도 이순신이 움직이지 아니하므로 녹도 만호 정운이 이순신을 칼로 베려고까지 하였다. 이순신은 그제야 비로소 출동하여 5월 7일에 옥포 해전을 치르게 됐다는 기록도 있다.

옥포 해전의 실전 상황에 대해서는 우선 각 문헌의 기록들이 많이 있다. 『선조실록』 선조 36(1603)년 4월에는

순신은 임진(1592)년에 전라 좌수사로서 전함을 거느리고 경상 우수사 원균과 더불어 거제 앞바다에서 싸워서 적을 대파하였다. 그 해전에서 적선 50여 척을 무찔렀으니 변란 후에 제일 큰 공이었다. 그때에 작전 계획과 선봉은 모두 원균이 한 것이었으며 이순신은 특별히

도와주는 처지에 있었다.

라고 기록하고 있으며 또 『선조수정실록』 선조 25(1592)년에는 다음
과 같이 기록되어 있다.

이순신이 드디어 원병을 내어 거제 앞바다에서 원균과 만났는데 원
균이 이운룡과 우치적을 선봉으로 삼았다. 옥포에 이르러 적선 30척
이 있는지라 진격하여 크게 무찌르니 남은 적은 뭍으로 올라가서 달
아나 버렸다. 적선을 남김없이 태워버리고 돌아왔다.

대사헌 김간은 원균의 행장에서 다음과 같이 기록하였다.

원균 장군은 이순신 장군이 도착하기 이전에 수차 왜적과 교전하여
적선 10여 척을 불사르고 빼앗으니 군성이 점차로 떨치게 되었다. 5
월 6일에 이르러 비로소 이순신 장군이 전함 24척을 거느리고 전라도
우수사 이억기 장군과 더불어 거제 앞바다에 모이고 7일 새벽에 3도
주사가 일제히 옥포 앞바다로 진격하니 진을 치고 있던 적선들이 개
미 떼와 같이 몰려 있었다. 원균 장군이 북을 울리며 곧바로 진격하여
적의 중앙을 공격하고 이순신 장군 등이 일시에 승세를 타고 공격하
여 적을 무너뜨렸으며 이때에 불살라 버린 적선이 백여 척이고 불타
죽은 자와 물에 빠져 죽은 자는 그 수를 헤아릴 수 없었다.

우의정 정탁은 이순신을 추천하였고 또 그를 구하기 위해 선조에게 신구차를 올렸는데 그 내용 중에도 이순신은 원균에게 미치지 못하였다는 기록이 있다.

『이충무공전서』 하권 183쪽과 『선조실록』 권 30에는 다음과 같은 신구차의 내용이 있다.

처음 진병하여 적을 칠 때에 돌격과 선등의 용기는 이순신이 원균에게 미치지 못하여 사람들의 의심을 산 일은 사실입니다.

또 도체찰사 이원익이 선조에게 다음과 같이 아뢴 기록이 『선조실록』 권 29에 다음과 같이 나와 있다.

순신이 따라가서 곁에 서 있으면서 비록 스스로 적을 잡지는 않았으나 그의 막하 장령들이 적을 잡은 수는 또한 많았습니다. 원균 장군이 전쟁에 임할 때에는 항상 선봉에 세우는 휘하의 장령이 있었는데 옥포 만호 이운룡과 영등포 만호 우치적이었습니다.

『선조실록』 권 27에는 그들에 관한 기록이 다음과 같이 적혀 있다.

비변사에서 계를 올렸다. 원균의 관하 장령인 우치적과 이운룡 등은 왜란이 일어난 시초부터 항상 죽음을 무릅쓰고 역전을 하였다. 그들은 왜장이 탄 배를 모조리 사로잡았다. 전후에 걸쳐서 적을 참살한 수가 심히 많았으며 적선에는 누구보다도 먼저 뛰어올라 가서 적을 무찔렀다. 그리하여 적선에 사로잡혀 있던 우리 백성들을 구출해 내고 또한 왜적도 많이 사로잡았다.

인조 때 『선조수정실록』을 편찬하여 역사의 흐름을 흐려놓은 이식은 원균의 휘하에 있던 이운룡의 비문 또한 썼는데 원균의 명예를 훼손시키는 구절은 많이 쓰면서도 거제에 수영을 둔 경상 우수영군의 전공은 시인했다.

　…(중략)… 옥포 해전에서부터 안골포 해전에 이르기까지 그 수많은 해전에서 이운룡을 비롯하여 경상 우수영의 장령들, 영등포 만호 우치적과 거제 현령인 김준민金俊民 등은 큰 역할을 수행하였다.
　…(하략)…

하겸진河謙鎭이 쓴 이운룡의 비문에서도 임진왜란 해전의 승전은 호남 수군의 지원을 받은 경상 우수영의 수군이 주동적으로 수행하였다고 기록하면서 경상 우수영의 수군이 아니었으면 전라도를 보전하지 못하였을 것이며 그러한 결과는 오로지 이운룡의 공이라고 기록하였다.

이상 여러 문헌에서 살펴본 결과를 정리하면 옥포 해전의 계획은 원균에 의해 이루어졌고, 비록 전함의 수는 적었으나 원균과 그 휘하 장령들 중 특히 거제의 장군들이 합동 함대의 선두에서 먼저 돌격하였고, 적 선단의 중앙을 공격하여 깨뜨려 버렸으며, 그 승세를 타고 호남의 군사들이 일제히 진격하여 적선을 쳐 깨뜨리는 당파 작전을 수행하였음을 알 수 있다.

원균은 이와 같이 자신의 계획에 의하여 자신의 관할구역 내에서 이루어지는 전투이니 만큼 당연히 먼저 돌진해야 했을 것이고 또한 그 작전을 책임지는 장수로서 이운룡과 우치적을 선봉장으로 삼았던 것이며 이순신은 객장客將으로 멀리서 보고 지원했던 것이다.

당시 해전에서 당파라는 말이 자주 나오는데 이 전법은 글자 그대로 부딪쳐 깨어 버린다는 말이다. 즉 배와 배를 충돌시켜서 격파한다는 말인데 당시의 두 나라 전함의 구조를 보면 우리 수군이 매우 유리하였다. 우리의 전함은 육중한 육송陸松으로 만들어져 속도는 느렸으나 매우 견고하여 충돌하여도 부서지지 않았는데 반해 일본군의 배는 삼나무로 얇게 만들어졌기 때문에 속력은 빨랐으나 우리 배가 들이받으면 쉽게 부서져 침몰하였다.

그래서 임진왜란이 발발한 1592년부터 정유재란이 있던 1597년 7월 15일까지는 이와 같은 충돌 전법을 원균이 많이 사용하였는데 우리 수전사水戰史에 많이 나오는 당파란 이것을 말하는 것이다. 일본군은 원균의 충돌 전법이 무섭다는 것을 알고 나서는 그 전법을 방어하기 위해 배의 앞, 뒤, 옆에 쪽 판자를 달고 다니다가 그래도 효과가 없자 6백 척의 배를 두텁게 만들어서 정유재란에 투입하게 된다.

이때 원균은 우리 배 백 척을 가지고 일본군의 6백 척 전선에 대해 이전과 같이 당파 작전을 시행하였으나 일본의 배는 그전과 같이 부서지지 않았다.

그 당시 원균이 전투하는 양상을 설명한 기록에서 선조는 〈전투가 벌어지면 항상 앞장을 선다〉 하였고, 의병장 조경남은 〈함대의 수는 적으나 돌격을 잘한다〉 하였으며, 정탁은 〈싸움에 임하면 이를 피하지 아니하고 당파를 잘한다〉, 대사헌 김간은 〈북을 울리며 쏜살같이 나아가 적의 중심부를 깨뜨려 버린다〉 또 〈돌격을 잘해서 능히 적은 함선으로 적을 깨뜨리니 그가 가는 곳에 대항할 적이 없었다〉라고 기술하고 있다.

이와 같은 기록들은 원균이 거느린 배 등이 해전에서 항상 선봉에서 돌격을 하고 당파를 해 깨진 전선이 많았던 것으로 우리 수군이 진격의 계기를 마련했음을 설명해 주는 증거이다. 아무리 적의 전선이 약하다고 해도 수없이 들이받는 전법으로 돌격하여 그 배가 격침되는데 조선의 전함인들 성할 수가 있었겠는가 말이다.

그런데도 불구하고 이식이 쓴 수정실록은 원균은 안전한 후방에서 죽은 적의 머리만 줍고 있었다 라고 기록하고 있다.

원균과 이순신의 공훈 다툼

원균과 이순신 두 사람이 최초로 접촉한 것은 전라도 후방에 있는 이순신에게 전방에 있던 원균이 통문을 보내면서부터 시작된다.

이순신은 일본군이 침입한 다음날인 1592년 4월 15일에 원균의 통문을 받는다. 원균은 일본군의 침입을 이순신에게 알리고 협력해서 조국을 위해 적을 공격하자고 5~6차례에 걸쳐 이영남을 보냈다. 그러나 이순신은 그 청원에 응하지 않았을 뿐 아니라 원균의 관하에 있는 남해현의 군비 창고를 불태워 버렸다. 강덕룡을 시켜서 군사를 모집하고 한참 전쟁 준비에 골몰하고 있던 원균은 남해 현령 기효근으로부터 이 보고를 받고 노발대발하였다. 후방에서 일본군의 얼굴도 아직 보지 않은 이순신의 명령에 의해 아무런 보고 없이 경상 우수영 관할인 남해 현진을 불태워 버렸으니 설명은 충분할 것이다.

『선조실록』권 76을 보면 좌의정 김응남이

"원균이 당초에 사람을 보내어 이순신을 불렀으나 오지 않으므로 원균이 통곡하였다고 합니다."

라고 말한 구절이 있다. 기록들을 하나하나 살펴보다 보면 원균이 세운 공과 그에 반대되는 악평이 얼마나 큰 격차를 보이는지 알 수 있다.

경상 우수사 원균은 부산 경상 좌수사 관할에 있던 일본군을 눈앞에 두고 53세의 노장군으로서 같이 적을 공격하자고 5차례가 넘게 연락을 하여도 이순신이 오지 않자 충성심에 불타 통곡을 하였다고 하는 것이 맞을 것이다. 원균이 할 수 없이 조정으로 장계를 올려 싸워서 죽을 각오를 하고 충정을 보였기에 조정에서도 원균의 장계를 보고 이순신에게 유지를 내린 결과가 그 증거라 할 것이다.

원균이 각 포의 군사를 이끌고 바다로 내려가서 기세를 올리고 있으며 적을 공격할 계획이라 하니 이순신은 원균을 도우라.

는 왕명을 보면 일의 전후가 들어맞는다.

이 유지를 받은 이순신의 기분이 썩 좋지는 않았을 것이다. 우선 원균의 작전 계획에 있어서 이순신으로서는 반대하고 출동치 않았던 일을 원균의 장계로 인하여 후방에서 전쟁터로 출동하게 되었고, 또한 공로에 대한 경쟁의식이 있는 무장으로서 원균에게 기선을 빼앗기고 말았다는 굴욕감도 있었을 것이기 때문이다.

이순신이 말한 관할 밖이란 과연 무엇을 말하는가. 관할이란 업무를 효율적으로 수행하기 위해 만들어진 구역을 가리키는 것이다. 고금의 우리 인간사를 통해 볼 때 권한이 미치지 않는 지역에까지 손을 뻗쳐 권력을 남용함을 막기 위해 나누어 놓은 구역임에는 틀림이 없다. 우리들이 일상생활에서 보고 느끼듯이 권력의 대소, 자신들의 위치에 상관없이 평상시에는 경쟁을 하더라고 외부의 위기가 닥치게 되면 내부적으로 다시 결속을 다지는 것이 사람들이 살아가는 이치이다. 그러나 임진왜란 당시 백척간두에 놓인 국가의 위기를 앞에 두고 그곳은 나의 관할이 아니니 도울 수 없다, 혹은 자리를 떠날 수 없다고 했다는 것은 떳떳한 변명은 될 수 없을 것이다.

이와 같은 갈등의 원인을 내포한 두 장군은 5월 7일 왕명으로 옥포 해전에 임하여 원균이 장수가 되어 선봉에 서고, 이순신은 객장으로서 원균을 지원하여, 결국 옥포 해전을 승리로 이끈다. 그런데 그 다음에 두 장군의 사이를 갈라놓는 결정적인 사건이 발생한다.

『선조실록』 선조 36(1603)년 4월의 기록을 보면

이순신은 임진년에 전라 좌수사로서 전함을 거느리고 경상 우수사 원균과 더불어 거제 앞바다에서 싸워서 적을 대파하였다. 그 해전에서 적선 50여 척을 무찔렀으니 그 공이 변란 후에 제일 큰 것이었다. 그때에 작전 계획과 선봉은 모두 원균이 한 것이었으며 이순신은 특별히 도와주는 처지에 있었다. 대첩이 있은 뒤 원균은 그 결과를 조정으로 보고할 것을 이순신에게 상의하였더니 이순신은

"장군과 더불어 왜적을 무찔렀으나 아직 왜적을 다 죽이지는 못 하였소. 이를 적은 첩보를 조정에 알릴 필요가 있겠소. 내가 전라도로부터 급작스럽게 달려오느라고 미쳐 병기도 다 갖추지 못하고 왔고 장차 적장의 머리를 얻은 다음에 다시 의논함이 좋을 것입니다."

라고 하였다. 원균은 그 말에 따르기로 하였다. 그러나 이순신은 비밀히 사람을 조정으로 보내어 싸움에서 얻은 병기와 적선에서 빼앗은 금병풍, 금부채 등의 물건을 곁들여 전공을 모두 스스로가 세운 공처럼 과장해서 장계를 올렸다. 조정에서는 방금 위급한 처지에서 그러한 보고를 받고 크게 기뻐하며 이순신을 통제사로 삼고(계사癸巳 1593년 8월 15일) 원균으로 하여금 그의 지휘를 받게 하니 원균은 이로부터 크게 상심하여 서로 협력하지 않았다.

『선조수정실록』 선조 25(1592)년 6월에 기술한 내용을 보면

처음에 원균이 이순신에게 원병을 청하여 왜적을 공파하였다. 그때 원균은 연명으로 장계를 올리자고 하니 이순신이 말하기를 천천히 보고하자 하여 놓고 밤을 타서 스스로 장계를 올리면서 원균이 실군失軍하였을 뿐 아니라 적을 공파한 공도 없다고 보고하니 원균이 두 달 후이를 듣고 크게 유감으로 생각하였다. 이로부터 각자 따로 따로 장계를 올리게 되었을 뿐만 아니라 두 사람이 서로 틈이 벌어지게 되었다.

이상과 같이 두 장군의 사이가 벌어지게 된 직접적인 동기는 이순신이 원균을 속이고 단독으로 승전 장계를 올리면서 모든 전공을 자기의 것으로 돌리고 도리어 원균은 실군하였다고 거짓 보고한 데 있다고 하겠다.

장계를 받은 조정에서는 육전에서 연전연패하며 일본군을 막아냈다는 소식을 듣지 못하던 차에 왕명으로 내린 합동 해전에서 승리한 승전 첩보를 받게 되자 보고 받은 그대로 이순신을 비롯한 전라 좌수영의 여러 장수들을 모두 승진시키고 포상을 내렸다.

그러나 주동 역할을 하고 선봉에서 적을 공격하고 적선을 당파한 경상 우수영의 장수들에게는 아무런 포상이 없었다. 원균은 7월 중순에 이르러 이러한 사실을 알게 되었고, 그제야 비로소 장계를 올리게 된다. 이 장계는 8월에 의주의 행조行朝에 도착하게 되었으나 그 장계의 내용은 큰 동감을 얻지 못하였다. 그러나 그 장계에 의하여 경상 우수영의 장령들에게 시상한 기록이 남아 있다. 『선조실록』 선조 25(1592)년 8월 24일자에는 비변사에서 계를 올렸다.

"경상도 원균이 올린 승전 장계는 전일 이순신이 올린 한산도 등지의 싸움과 같은 장계입니다. 싸움의 대소에 따라 반드시 차등이 있어야 하겠는바 여기서는 정확히 알 수 없으나 적을 베인 것으로 기준해 보면 전력을 다하여 혈전을 하였음은 의심할 여지가 없는 듯하오니 관직을 한 등급 올려주고 따로 상도 주는 것이 옳을 듯합니다."

라고 기록되어 있다. 이렇게 해서 시상이 이루어졌으나 전라 좌수영에 내린 포상에 비하면 아주 미미한 것이었으며 선봉장으로서 누구보다도 공이 컸던 거제의 이운용과 우치적은 포함되지 않았다. 이렇듯 포상의 격차가 크므로 거제에 본영을 둔 경상 우수영과 전라도 여수에 본영을 둔 전라 좌수영 간에는 크게 물의가 일어나게 되었으며 원균은 자신의 포상은 제쳐 놓고 지휘관으로서의 권위마저도 잃게 되었으며 따라서 부하들은 사기가 떨어져 갔다.

원균은 이때부터 공격형으로 군사 작전을 논하기 시작한다.

실록을 통해 본 원균의 공적

임진왜란의 싸움 중 1592년 5월 7일 왕명으로 치른 옥포 연합 해전 이후로 1595년 말에 원균이 충청 병사로 전임되기까지 약 3년간 무려 5차례의 대소 해전을 치렀는데 그 모든 해전이 이순신, 이억기, 원균의 연합작전이었다. 지금까지 전술한 임진왜란 해전사를 정리하자면 임진왜란이 발발한 1592년 4월 14일부터 5월 7일까지는 거제가 조국 방어의 유적지가 되어 23일 동안 거제에서 출전한 경상 우수영 소속 군사만으로 국토를 방어했다.

거제의 옥포 해전부터 웅천 해전까지 열한 번의 전투는 경상 우수영 관할에서 경상 우수사 원균이나 전라 좌수사 이순신 외에도 전라 우수사 이억기가 이끄는 세 수영군水營軍이 합동작전을 했다는 것이고 거기다 이순신, 이억기, 원균 세 사람이 서로에 대해 이래라 저래라 할 수 있는 통제사의 권한은 없었다. 부산 등지는 경상 좌수영 관할이었지만 경상 좌수영은 그림자도 안보이니 1593년 7월에 이르기까지 경상 우수사인 원균의 작전 계획에 따를 수밖에 없었다.

여기서 좌수영, 우수영이라고 하는 것은 서울에서 남쪽을 향하여 오른쪽을 우수영이라 하고 왼쪽은 좌수영이라고 한 것이다. 그런데 경상 좌수영과 경상 우수영의 관할 경계는 경상 남북을 합했을 때 낙동강을 경계로 경상 좌수사 박홍은 다대포多大浦 부산 해운대와 울산 등지를 관장하였고 원균은 낙동강 하구에서 서쪽으로 전라도 경계까지 경상 우수영을 관할하였으며 그 본영은 거제의 오아포이다.

왕명으로 거제 옥포 해전에 온 각 수군절도사는 통제사 없는 전라 우수사 이억기와 전라 좌수사 이순신 그리고 경상 우수사 원균이었다. 이들은 ▶거제 옥포(1592년 5월 7일) ▶합포(1592년 5월 7일) ▶적진포(1592년 5월 8일) ▶사천(1592년 5월 29일) ▶거제 당포(1592년 6월 2일) ▶1차 당항포(1592년 6월 5~6일) ▶율포(1592년 6월 7

일) ▶거제 한산도(1592년 7월 8일) ▶안골포(1592년 7월 10일) ▶부산포(1592년 9월 1일) ▶웅천(1593년 2월 1일~3월 8일)까지 총 열한 번에 걸쳐 경상 우수사 관할 땅에서 싸우게 된다.

이순신은 1593년(선조 26) 8월 15일부터 삼도수군통제사가 된다. 그런데 이상과 같이 열한 번의 해전에서 이순신이 통제사로 있었다고 왜곡하려거든 1593년 8월 3일부터라는 것을 알고 기술해야 할 것이며, 통제사는 단독 점유직이 아니기 때문에 이후 원균이나 이운룡 또한 통제사를 역임하였다는 것도 기술되어야 할 것이다.

이순신이 통제사가 된 1593년 8월 15일부터는 큰 해전이 없었다. 그리고 그로부터 7개월 후 경상 우수사 원균은 충청 병사로 가서 청주의 상당산성에서 방어 작전을 한다. 이때 경상 우수사 자리는 육도삼략六韜三略의 병법으로 일본군을 무찌른 배설이 배명을 받았다.

다시 거슬러 원균의 행장을 통해 전란을 요약해 보면 그는 이순신이 도착하기 전에 몸소 수차례 적과 교전하여 적선 10여 척을 불사르고 빼앗으니 군성이 점차로 떨치게 되었다. 그리고 왕명으로 연합한 옥포 해전 때는

> 7일 새벽에 …(중략)… 공(원균)이 북을 높이 울리며 곧바로 진격하여 적의 중앙을 공격하고 이순신 등이 일시에 승세를 타고 공격하여 적을 무너뜨리니 불살라 버린 적선이 백여 척이고 타 죽은 자와 물에 빠져 죽은 자는 그 수를 헤아릴 수 없었다. …(중략)… 공이 적진으로 돌격을 잘하여 많지 않은 병력으로 능히 많은 적을 격파하니 공이 향하

는 곳에 대적할 적이 없었다. …(중략)… 적을 곤양 근처에서 격파하고 사천 앞바다까지 추격하여 이를 모두 섬멸해 버렸다. …(중략)… 동도 앞바다까지 적을 추격하여 북을 울리며 용감하게 싸워서 적장 5명이 함께 탄 배를 붙잡았고 거제의 율포와 가덕 전투에서도 완전한 승리를 거두었다. 전후 전투에서 공이 붙잡은 적선이 모두 55척이요, 목 베인 적이 모두 103급이었다. …(중략)… 임금이 이 일을 들으시고 글월을 내려 칭찬하시니 그 내용은 대략 다음과 같다. …(중략)… 당항포에서 수십 차 결전하니 참수한 적의 머리가 강을 막았고 한산도에서는 적선 70여 척을 불태우니 고래가 머리를 바쳤도다. 위급한 때를 당하여 기발한 계책을 냈다함을 옛이야기로 들었더니 소수의 군사로써 큰 적을 무찌른 일은 오늘에 이르러서 볼 수 있었도다. …(중략)… 7월 6일에 공이 이순신과 또다시 노량에서 모여서 적선 63척을 불태우고 안골포 앞바다에 이르러 적선 40척과 조우하여 우리 군사가 번갈아 공격하여 베이고 빼앗은 것이 더욱 많으니 적은 지탱하지 못하고 거제와 부산으로 도주하여 다시는 나오지 못하였다.

라고 기록되어 있다. 다음 「원균 봉작교서封爵敎書」 중에

적진을 무찌름이 날마다 10여 개가 넘을 뿐만 아니라 전투를 함에는 한 달에 세 번씩 승전 첩보를 올렸도다. 전후하여 왜선을 격파한 것이 130척에 이르고 적을 베인 것이 수백이요 물에 빠져 죽은 자는 그 수를 헤아릴 수 없으며 기타 적의 장졸들의 목을 베인 것이 237급이라.

전공은 하뢰下瀨에 새기고 이름은 복파伏波보다 중한지라. 군성이
이로 인하여 더욱 높아지고 군기와 사기는 더욱 드높아지도다.

라고 선조가 교서를 내린 부분이 있다. 아래는 『선조실록』에 나와
있는 기록을 나열한 것이다.

남쪽 변방에서 수사 원균이 여러 장수를 거느리고 그들과 힘을 합하
여 적을 붙들어 놓고 있다.

『선조실록』 권25 6조

원균의 관하 장령인 우치적과 이운룡 등은 난이 일어난 시초부터 항
상 죽음을 무릅쓰고 역전하였다. 그들은 왜장이 탄 배를 모조리 사로
잡았다. 전후에 걸쳐 적을 참살한 수가 심히 많으며 적선에는 누구보
다 먼저 뛰어 올라가서 적을 무찔렀다. 그리하여 적선에 사로잡혀 있
는 우리 백성들을 구출해 내고 또한 왜적도 많이 사로잡았다.

『선조실록』 선조 27(1594)년 12월 6일

승정원에 이르기를 원균이 여러 번 병기를 올리고 이번에 또 대소 조
총을 보내 70여 자루에 이르니 이로 보아도 그 전공을 알 수 있다. 벼
슬을 올려줌이 마땅하다. 그것을 가지고 온 원사웅(원균의 아들)에게
직을 제수하라.

『선조실록』 선조 27년 4월

이때 원사웅은 20세의 장군으로서 이순신이 첩의 자식으로서 12세라고 보고한 것이 사실이 아님이 드러나게 된다.

상기 가로되 내가 보건대 원균이 하는 일이 가장 훌륭하여 가상하도다. 지난번에 남방에서 돌아온 자에게 들으니 그는 오래도록 바다에 있어서 습창으로 고생을 하면서도 조금도 싫어하지 아니하고 스스로 죽기를 결심하고 싸우고 있다하니 그 뜻이 가상하도다. …(중략)… 정탁이 가로대 소신이 남방에 가서 들으니 왜적들은 우리 수군을 심히 두렵게 여긴다고 합니다. 원균으로 말하면 사졸들도 그를 따르는 가장 훌륭한 장수이며 이순신도 또한 예사로운 장수가 아니더이다.

『선조실록』 선조 27년 11월

『선조실록』 선조 27년 11월의 기록에서 앞의 발언은 선조가 원균을 인정하며 한 말이고, 뒤는 이순신이 하옥되었을 때 구출하고자 노력한 지중추부사 정탁의 발언이다. 정탁 또한 원균의 전공을 높이 평가했음을 알 수 있다. 또 『선조실록』 선조 27년 11월의 기록에서

비변사에서 장계를 올려 말하기를 이순신은 변란 초에 병선을 모아 적이 쳐들어오는 길목을 막았고 적의 머리를 많이 베어 올렸으며 원균은 처음에 이순신과 더불어 힘을 합하여 싸웠을 뿐 아니라 선봉에 서서 적을 꺾어 버린 공이 있으니 두 장군의 충성스런 노고는 아울러 가상한 일입니다.

하여 원균은 선봉장으로 공격하고 이순신은 뒤에서 방어하는 전투 사항을 말해 주고 있으며 12월에는 사간원에서 계를 올려 말하기를

이순신과 원균은 함께 당대의 명장인데 서로 화협하지 못하므로 같은 수장직에 있기 어렵다고 말하나 원균이 이순신과 그 공은 같은데도 상費이 다르니 원균으로서는 마음이 스스로 좋지 못한 것입니다.

라고 한 것은 두 장군의 불화를 조정에서도 알고 있었음을 말해 주는 것이다.

이 밖에 여러 문헌과 관련 비문 등을 다 추려서 원균의 군공을 열거하자면 아직도 상당한 양을 기록해야 할 것이다. 지금까지 열거한 기록들을 보면 당시 조정에서는 이순신과 원균의 군공을 대등하게 평가하고 있으나 선조는 원균의 군공을 먼저 꼽고 있으며 또한 원균의 계속되는 공적이 기록상에 나오는 것을 볼 수 있다.

그럼에도 원균의 군공이 현재까지 심하게 왜곡된 것은 우선 앞에서 밝혔든 이순신이 원균 몰래 장계를 올렸고 둘째로, 이식이 원균 휘하의 장군 이운룡의 비문을 지으면서 의식적으로 원균의 공을 철저하게 배제하고 필주한데 큰 원인이 있다.

그러나 원균이 죄가 있는 것처럼 말하면서도 휘하 장수들의 공은 높이 평가하고, 경상 우수영의 장병이 해전의 주전 역할을 하였다고 해 원균 진영의 공을 인정하고 있어 날조하면서도 시인하는 전후 기록상의 모순을 스스로 드러냈다.

세 번째 이유는 비문이나 개인의 기록 또는 수정실록 등을 기준으로 하여 후세에 작성한 『임진전사壬辰戰史』 등의 사서史書에서도 원균을 왜곡하여 바라보게 된 것이다.

『선조수정실록』 권 26권의 기록과 이순신이 저술한 「임진일기」, 「계사일기」, 간지干支 없는 일기의 겉장, 「정유일기」, 「무술일기」 등 7년분을 누군가 찢어 버리고 655일 즉 1년 10개월분을 가지고 7년간의 일기라고 한 점은 참작해야 할 것이다.

이 기록들이 후세로 오면서 더욱 확대되고 또는 편견을 거듭하며 오늘날 원균의 왜곡된 인간상을 만들어 대중들에게 고착화 되었다. 거기다 더해 이운룡의 묘비명에 해전에 관계되는 부분에 있어서

이 해 5월 초 10일[13]에 이운룡이 전라 좌수사 이순신과 만나 옥포 해전에서 적을 치고 왜선 50척을 불태웠다. 또다시 영등포에서 10여 척을 분멸했다. 그는 수륙을 왕래하면서 적선을 저지하다가 곧 전라 좌수와 다시 만나 사천으로 진격하여 대포를 쏘아 적의 누선을 깨뜨리니 드디어 적이 크게 무너졌다. 적의 대장이 탄 배는 큰 무선이며 휘장과 깃발이 쳐 있고 화려하게 바다에 비치니 보는 사람의 눈이 부셨다. 이운룡은 우치적과 더불어 종일 분전하여 적장이 탄 배를 깨뜨리니 남은 적들이 당황하여 물에 빠져 죽은 자는 그 수를 헤아릴 수 없었다. 날이 저물자 사졸들이 피로해 하였다. 그러나 이운룡은 더욱 싸

---

13) 5월 7일의 오기인 듯하다.

우기를 재촉하면서 쇠줄로 적선을 걸어서 바다 한복판으로 끌고 가서 전복시켜 버렸다. 적선은 크게 패하니 다음날 새벽에 해전이 끝났다. 7월에 적선 수백 척이 견내량을 건너려 하였다. 그 병세가 아주 강했다. 이운룡은 다른 장수들에게 계책을 주어서 거짓으로 달아나는 체 하면서 적선들을 외양外洋으로 끌어내었다. 그리하여 적이 외양에 나오자 갑자기 뱃머리를 돌려서 사방에서 적을 들이치니 이순신의 수군이 그때를 틈타서 뒤따르며 적을 쳤다. 포화는 바다를 들끓게 진동하고 급기야 적선은 거의 모두 분멸하였다. 그 해전에서 바다는 모두 붉은 피로 변했다. 또다시 안골포에서 적선 30척을 분멸하니 적선은 김해 내양內洋으로 들어오지 못하였으며 이로써 전라도의 해로는 보존되었다.

이상과 같이 이 비문에서도 거제에 본영을 둔 경상 우수영의 활약상을 사실로써 기록하고 시인한 것은 원균의 행장 등과 거의 일치되는 부분이다. 예나 지금이나 군인은 계급 사회이다. 이운룡이 당시 31세의 장군으로서 자신의 상관이자 자신보다 22세나 많은 원균의 명을 무시하고 자신의 마음대로 군사를 데리고 전투를 치르지는 않았을 것이다.

제5부

원균과 이순신을 중심으로 한
임진왜란 해전사

칠천량 해전 상황은 |
원균의 공적 상황표 |
임진왜란 중의 대소 전투표 |

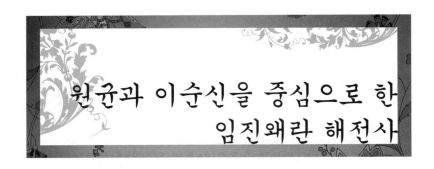

원균과 이순신을 중심으로 한 임진왜란 해전사

최초의 해전 옥포 해전玉浦海戰

원균이 여러 차례 지원을 요청한 후인 1592년 5월 6일, 이순신이 이억기와 함께 원균의 군사와 합세하기 위해 거제 앞바다로 수군을 이끌고 왔다. 이튿날인 5월 7일 전라도와 경상도의 장수들이 한산도

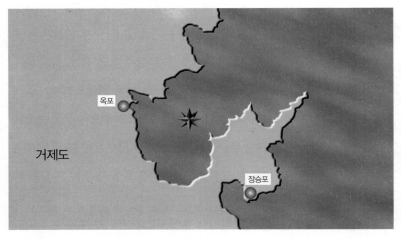

옥포 해전도

에 모여 작전을 짜고 송미포松未浦에서 결전을 준비했다. 새벽이 되자 전 함대가 동시에 출항하여 옥포 앞바다에 이르러 전열을 가다듬고는 포구에 정박된 적선 50여 척을 향해 일제히 공격을 시작했다. 이때 원균은 주장이 되어 이운룡, 우치적을 선봉으로 삼아 적의 중앙을 곧바로 공격해 들어가니 일본군이 놀라 흩어지기 시작했다. 이런 여세를 몰아 이순신과 이억기가 합세하니 대포와 활을 쏘며 대항하던 일본군들은 사방으로 흩어져서 도망쳐 버렸다. 조선군은 남은 적선 26척을 격파하고 포로로 잡혀 있던 조선인 3명을 구출해 내며 임진왜란 발발 후 최초로 대승을 거두었다.

> 1592년 5월 7일의 전적 – 세력: 아군 91척, 적군 50여 척
>
> 전과: 적선 26척 격파

합포 해전合浦海戰

옥포에서 승리한 우리 수군은 전열을 가다듬기 위해 거제도의 영등포 앞바다에 결집하였다. 이때 멀지 않은 곳에 일본의 대형선 5척이 지나간다는 급보가 전해져 오자 원균과 이억기의 지휘로 수군은 다시 적선을 격퇴하기 위해 출동했다. 조선 수군의 추격을 받고 달아나던 일본군들은 합포 바다에 이르자 뭍에 올라가 조총을 쏘아대며 반격을 가해 왔으나 이에 밀리지 않고 싸운 우리 수군은 적의 대형선 4척과

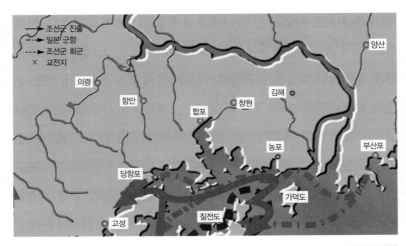

합포 해전도

소형선 1척을 격파하는 승리를 거두었다. 합포 해전은 옥포 해전을 치른 날 오후 4시 정도에 벌어진 전투이다.

적진포 해전赤珍浦海戰

5월 7일 옥포와 합포 해전에서 31척의 적선을 격파한 우리 수군은 창원 남포藍浦 앞바다에 진을 쳤다. 임진왜란 후 처음으로 거둔 큰 승리에 기뻐하던 수군에게 이튿날인 8일 이른 아침에 진해 고리량古里梁이라는 곳에 적선이 정박해 있다는 정보가 들어왔다. 이에 사기가 충천한 우리 수군은 곧바로 남포를 출발하여 돼지섬(저도猪島/ 현 경남 마산시 구산면)을 지나 적진포에 다다랐고 일본군들이 함선 13척을 정박시켜 놓고 있는 것이 확인되었다. 이에 원균과 이억기의 지휘 아래 맹렬한 공격을 퍼부은 우리 수군은 대선 9척과 중선 2척을 분파하는 성과를 거두었다. 옥포와 합포 해전에 연이어 해전에서의 3번째 승리를 거둔 우리 수군의 사기는 점점 높아졌고 이는 이후 해전을 승리로 이끄는 데 밑거름이 되었다.

사천 해전泗川海戰

사천 해전은 거북선을 최초로 이용한 해전이다. 1592년 5월 29일 이순신이 거북선을 포함한 전선 23척을 이끌고 노량으로 향하던 중 하동선창에서 원균이 이끌고 온 전선 3척과 합세하여 사천으로 향하는 일본의 전선 1척을 발견하고 그 자리에서 격파하였다. 그리고 사천 선창에 일본군이 있다는 소식을 접하고 사천에 도착했을 때 적은 전선 12척을 정박해 놓고 산 위에 올라가 전투 태세를 갖추고 있었다. 이순신은 조수가 나가 배의 활동이 자유롭지 않음을 알고 퇴각하려는 듯한 태세로 적을 외양으로 유인해 내기 시작했다. 그러자 일본군 약

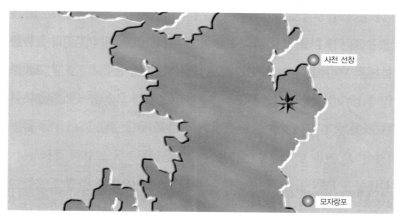

사천 해전도

2백 명이 내려와 반은 배를 지키고, 반은 언덕 아래에 진을 치고 포와 총을 쏘았다. 조선군은 조수가 밀려올 때 거북선을 앞세우고 일본 전선의 중간을 향해 돌진해 일본군의 전선을 모두 불지르고 파괴했다.

1592년 5월 29일의 전적 - 세력 : 아군 26척, 적군 13척	
전과 : 적선 13척 격파	

율포 해전栗浦海戰

1592년 5월 29일 이순신과 원균의 연합 함대는 사천에서 일본 선박 13척을 격파한 것을 시작으로 같은 해 6월 2일에는 당포에서 적선 21척을 전멸시켰고, 6월 5일과 6일에는 전라 우수사 이억기와 합세해 당항포에서 적선 26척을 전멸시키는 큰 성과를 올렸다. 6월 7일에 3도道 수사의 연합 함대 51척은 거제도 영등포 앞바다에 이르렀다. 마

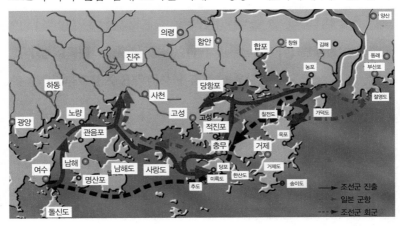

율포 해전도

침 일본의 대선 5척과 중형선 2척이 율포에서 나와 부산진으로 가는 것을 본 우리 수군은 바로 뒤를 쫓아갔고 이를 본 일본군들은 함선에 싣고 있던 짐들을 바다에 던져 넣어 길을 막고는, 배를 언덕 쪽으로 급히 몰아 육지로 도망치려 했다. 그러나 원균과 이억기의 지휘 아래 우리 수군은 끝까지 적을 뒤쫓아 갔고, 결국 적선 7척을 전멸시키는 승리를 거두었다.

한산도대첩閑山島大捷

1592년 7월 임진왜란 초기 일본군은 부산에서 한반도의 서남 해안을 돌아 육해 병진陸海竝進 작전을 펴려다가 실패했다. 이에 일본군은 육상으로 전라도를 공격하여 조선 수군의 후방을 교란하는 작전으로 우리의 총역량이 전라도에 집중된 사이 반격하기 위하여 웅천 방면에 있던 와키사카 야스하루(협판안치脇坂安治)가 73척을 이끌고 출동하고

한산도 해전도

구키(구귀가강九鬼嘉隆)가 42척을 이끌고 뒤를 따랐다. 1592년 7월 6일 이러한 일본 수군의 동향을 탐지한 조선 수군은, 전라 좌수사 이순신이 전라 우수사 이억기와 함께 전라 좌우 도의 전선 48척을 이끌어 노량에 이르렀고, 경상 우수사 원균이 7척의 배를 이끌고 합류했다. 7월 7일 적의 함대 70여 척이 견내량에 머무르고 있다는 정보를 받은 이순신은 7월 8일 아침 견내량으로 진공했다. 그런데 견내량의 지세는 포구가 좁고 암초들이 많아서 함대로 판옥선을 많이 가졌던 조선에 불리했으며, 일본군에게는 위급하면 육지로 도망갈 수 있는 길이 열려 있었다. 따라서 이순신과 원균은 견내량으로부터 일본군을 유인하여 한산도 앞바다로 이끌어낼 계획을 세웠다. 그리하여 먼저 판옥선 약간으로 일본의 함대를 유인하여 한산도 앞바다로 이끌어 내고는, 급히 뱃머리를 돌려 학익진을 치고 각종 총통을 발사해 적선 2~3척을 쳐부수었다. 이에 당황하여 도망가는 일본군을 맹렬히 공격하여 47척을 침몰시키고 12척을 나포했으며 무수한 적을 섬멸하는 전과를 올렸다. 일본군 장수 야스하루는 남은 전선 14척을 이끌고 도망가고, 한산도로 도주한 일본군 4백여 명은 간신히 탈출할 수 있었다. 조선 수군은 이 싸움으로 일본 수군의 주력을 크게 대파하여 남해안의 제해권을 장악했으며, 남해안의 제해권을 잃은 일본 수군은 해로를 통한 수륙병진 계획을 포기했을 뿐 아니라, 육군에게 식량도 공급하지 못하게 되어 일본 육군의 활동에도 커다란 타격을 주게 되었다. 한산도대첩은 진주대첩, 행주대첩과 함께 임진왜란 3대 대첩의 하나로 역사에 기록되었다.

부산포 해전釜山浦海戰

이후 삼도의 연합 함대는 1592년 7월 8일 한산도에서 적선 47척을 분파하고 12척을 나포하는 성과를 올렸으며 이어 10일에는 안골포에서 적선 20척을 분파하는 승리를 거두면서 남해는 더 이상 일본군의 근거지가 될 수 없었다. 그러나 일본군이 부산에 모여 있으며 쉽사리 물러날 기미를 보이지 않자 결국 우리 수군은 일본군의 근거지를 섬멸하기 위해 그해 8월 24일 부산포로 향했다. 이순신은 전라 우수사 이억기와 함께 전라 좌우 도의 전선을 거느리고 출전했으며, 도중에 경상 우수사 원균을 만나 합세해 함께 낙동강 하구로 향했다. 9월 1일에 166척의 함선을 이끌고 화준구포花樽龜浦, 다대포, 서평포西平浦, 절영도 등을 거치면서 적선 24척에 불을 지른 우리 수군은 일본군의 근거지인 부산포 내항으로 거북선을 앞세우고 돌진했다.

이어 470여 척의 함선에 모여 있던 일본군들이 바다와 육지에서 총포와 화살을 난사하며 맹렬하게 반격해 오자 우리 수군은 상륙해 싸우는 것은 승산이 없다고 판단해 적선 백여 척을 격파한 뒤 함선을 가덕도 방향으로 돌려 동도同島 앞바다에 돌아왔다. 이 전투에서 일본군의 피해는 헤아리기 어려울 정도로 많은 반면, 조선 수군의 피해는 전사자 6명, 부상자 25명뿐이었다. 이 전투로 근거지를 잃은 일본군은 그 후 해전을 꺼리고 육상전에 주력하게 된다.

당항포 해전唐項浦海戰

1592년 6월에 이곳에서 큰 승리를 거둔 우리 수군은 2년 뒤인 1594년 3월, 일본 선박 31척이 당항포로 이동 중임을 알아내고 이를 격파하기 위해 출항했다. 견내에 전함 20여 척을 배치해 적의 반격에 대비한 우리 수군은 증도甑島 근해에서 일본 선박의 길을 가로막고 이억기와 원균의 지휘 아래 적의 선박이 정박해 있는 당항포로 돌진해 적선 10척을 격파했고, 이튿날 나머지 21척을 모두 불태워 버렸다.

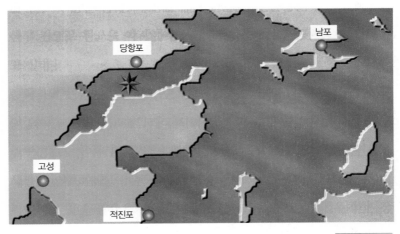

1592년 6월 5일의 전적– 왜선 26척 전멸

1594년 3월 4일의 전적– 적선 30척 분파

당항포 해전도

원균이 순국한 칠천량 해전漆川梁海戰

일본은 명과의 화의가 결렬되자 1597년 1월에 조선을 다시 침략했다. 일본의 전선은 속속 조선으로 몰려들었으며 또다시 조선은 위태로워졌다. 그 즈음 경상도 통제사인 원균은 주변 정세상 수군 단독으로는 일본군을 막기 어렵다고 판단하고 조정에 수륙병진을 건의하며 적을 공략할 절호의 기회를 노리고 있었다. 그러나 원균의 뜻은 쉽사리 받아들여지지 않았다. 그러던 중 7월 8일 일본의 전선 6백여 척이 부산 앞바다에 정박하고, 적장인 도도 다카토라(등당고호藤堂高虎), 가토 요시아키(가등가명加藤嘉明), 와키사카 야스하루(협판안치) 등이 가덕도를 향해 웅천으로 가자 조정에서는 서둘러 출전할 것을 명했다. 결국 원균은 한산도 본영에서 경상 우수사 배설에게 웅천을 급습하도록 했으나, 패하여 군량미 약 2백 석을 잃고 배 10척을 불태우고 말았다.

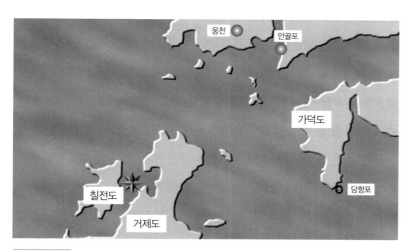

칠천량 해전도

그러자 도원수 권율은 원균이 머뭇거리며 전투를 꺼린다는 이유로 곤장을 치기에 이른다. 결국 원균은 안골포와 가덕도의 일본군을 배후에 둔 채로 승리를 자신하기 어려운 전투에 출전하게 된다. 7월 14일 삼도 수군의 전선 160여 척을 총출동시킨 원균은 부산으로 사력을 다해 진격했다. 그러자 일본군은 짐짓 약세인 것처럼 위장하여 우리 수군을 자신들의 진영으로 유인해 들어갔으며 숨어 있던 적선 6백여 척이 일시에 반격을 가하고 때맞춰 풍랑이 일어나 조선의 함선들은 뿔뿔이 흩어졌다. 간신히 가덕도로 돌아온 우리 수군은 다시 적선의 추격을 받고 거제도의 영등포로 후퇴하였고, 격전으로 피로해진 우리 수군은 밤에 보급품을 구하려고 영등포에 상륙했다가 복병에게 급습을 당해 군사 약 4백 명을 잃고, 추원포로 후퇴하게 된다. 그러나 적군은 밤을 틈타 우리 전선에 배를 지르며 수륙 양면에서 공격해 왔으며 이에 원균은 죽음을 각오하고 군사를 독려하여 끝까지 싸웠으나 결국 적군을 막아내지 못하고 전라 우수사 이억기, 충청 수사 최호와 함께 전사하고 만다.

원균은 비록 칠천량 해전에서 패하고 전사했지만 임진왜란 발발부터 10여 차례의 큰 해전에서 공을 세웠다. 혹자는 칠천량 해전에서 패했다 하여 패장으로 치부하기도 하지만, 어쩔 수 없는 강압에 못 이겨 출전을 했던 만큼 모든 잘못을 그의 탓으로 돌릴 수는 없을 것이다. 조선이 수년을 끌며 계속되던 임진왜란을 이겨낼 수 있었던 것은 발발 초기부터 이순신과 더불어 해상을 든든히 지켜주던 원균이 있었기에 가능한 것이었다. 위기에 처한 나라를 위해 싸우다 전사한 원균은

그 공이 인정되어 사후인 1604년 이순신, 권율 등과 함께 선무공신 1
등으로 책정되었고 원릉군原陵君으로 추봉되었다.

1592년 7월 14~16일의 전적 – 세력 : 아군 1백여 척, 적군 6백여 척

전과 : 처음이자 마지막으로 참패

당일의 일기日氣는 어떠했는가

먼저 칠천량 해전 당시 그날의 일기를 살펴보면

1597년(선조 30) 7월 14일

원균이 절영도 앞바다에 이르니 풍랑은 몹시 거세어졌다. 이미 밤
은 깊어지고 바람은 더욱 세차게 불어 배를 정박할 곳이 없었다.

원균元均이 배를 돌리게 하니 거센 물고비를 넘어 노를 저어도 소용
이 없었다.

1597년 7월 15일

바람이 몹시 험악하여 온천溫川으로 진을 옮겼다.

1597년 7월 16일

초저녁에 비바람이 더욱 사납게 몰아쳤다.

이는 당시 백의종군으로 경상도 초계 지방에 머물고 있던 이순신의 『난중일기亂中日記』 기사에서도 이때 며칠간 일기가 계속 불순하고 큰 비가 내렸음을 알 수 있다.

이는 우리 수군이 출진한 항로를 보아 강한 계절풍인 역풍, 즉 동풍 내지 동남풍이 불었음을 증언한다. 이러한 일기의 급변은 일본군을 맞아 앞에서 불어오는 강한 바람을 안고 싸워야 했을 뿐 아니라 적의 추격을 더욱 용이하게 해 우리 수군에게 치명적인 피해를 입혔으며, 결국 패전의 가장 결정적인 요인 중 하나가 되었던 것으로 사료된다.

물때란 무엇인가

해면 즉 수위는 달과 태양의 인력이 원인이 되어 주기적으로 높아지기도 하고 낮아지기도 하는 조석 현상이 일어나는데, 이때 해면의 고저 변화(조고朝高)는 물론 물의 흐름도 변하게 된다. 조석의 주기는 대체적으로 약 24시간 50분으로 약 6시간마다 바뀌며, 하루에 2번씩 만조에서 간조가 되는 사이의 썰물과 간조에서 만조가 되는 사이의 밀물 등 조석 현상의 파악과 예측은 예로부터 해양 활동을 위한 가장 필수적인 지혜에 속했다. 더욱이 넓은 대양에 비해 섬이 많은 연안에서는 조류가 강하고 그 영향이 매우 컸기 때문에 약 4백 년 전의 범선 시대인 임진왜란 당시의 항해 및 해전에서의 물때 이용은 수군 전략의 기본이었을 것임은 자명하다.

칠천량 해전이 치러졌던 음력 16일은 간조의 차가 매우 크고 조류도 강한 사리(여섯물, 턱사리) 때이며, '보름 사리가 그믐 사리보다 크다'는 이곳 해안 토착민들의 속설로 보아서도 한 달 중 가장 큰 한사리(일곱물, 17일)의 전날임을 알 수 있다. 그리고 조석 조견표潮汐早見表에 의해 환산하면 이곳 칠천량의 음력 7월 16일 간만 시간은 약 02시 22분(1차)과 14시 28분(2차) 경이며 만조시간은 약 08시 42분(1차)과 21시(2차) 경으로 나타난다.

당시 일본군이 대공세를 펴 내습한 시간으로 전해지는 오전 05시 경(5경更)은 동쪽에서 서쪽으로 흐르는 유속이 가장 빠른 밀물 때이며 그리고 강한 동(남)풍까지를 감안한다면 이러한 조류와 바람을 이용하여 빠른 속도로 몰래 우리 수군에 기습 공격해 온 저돌적인 일본군의 대공세로 인해 이미 초기 격전을 제압당하고 말았던 것으로 보인다.

그리고 칠천량에서 서남쪽으로 퇴각하여 칠천량 해전의 항로 중에서 가장 좁은 수로인 가조도加助島 해협에 다다랐던 시간은 오전 11시 경으로 추정된다.

이 시각에는 조류가 반대로 서쪽에서 동쪽으로 흐르는 유속이 가장 빠른 썰물 때인데, 사리 때의 조류 반대 방향으로 좁은 해협을 거슬러 항해해야만 했던 우리 수군은 다시 일본군에 추격당한 것은 물론 이제 적의 포위망을 벗어날 수 없는 지경에 이르게 되어 그 피해는 더욱 치명적이었을 것으로 분석된다.

칠천량 해전 상황은

정유재란 당시 일본군의 본거지에 총집결한 일본의 수군을 전면 공격하기 위해 그해 7월 14일 부산 앞바다로 출정하였으나, 날씨의 급변으로 거센 풍랑이 일어 결국 해전을 한번도 제대로 치르지 못한 채 회항하게 된다. 이때 절영도 외양에서 심한 역풍과 격랑으로 표류하여 망실된 우리 수군 전선은 20여 척이었으며, 회군하던 중 약 4백여 명의 수군이 가덕도에서 피습되었다.

＜칠천량 해전 개요도＞

해전	추정시간	비고
칠천량 해전	05시경	어온포於溫浦 앞바다에서 일본군에게 기습당함.
진해만鎭海灣 해전	11시경	수사 이억기, 최호 전사함.
가조량加助梁 해전	12시경	수사 배설 견내량으로 퇴각(전선 12척 인양)
춘원포春原浦 해전	16시경	통제사 원균 춘원포 상륙, 퇴각 및 전사

다음날인 1597년 7월 15일 거제도 북단 영등포에 이르렀으나 더욱 심하게 몰아치는 역풍과 격랑으로 전선들이 내습을 받을 경우 심한 앞바람을 마주하고 싸워야 하는 불리한 전세로 인하여 다시 서남쪽의 칠천량 해협 안의 개구석(포구浦口)으로 깊숙이 진을 옮겼다. 이때 진을 친 위치는 이곳 토착민의 구전과 지형 및 그 후 해전 양상으로 미루어

어온개(어온포)였던 것으로 분석된다. 그리고 그날 밤 22시경(2경)에 우리 복병선 4척이 적선 5~6척에 기습당하고 불태워졌다.

그러나 연 이틀 간 풍랑과 격랑에 시달리며 원거리 항해에 지친 우리 수군들은 다음날인 7월 16일 새벽 5시경(5경, 계오鷄鳴) 다시 조류가 가장 빠른 새벽 밀물을 이용한 일본군의 대규모 전면전의 공세를 받게 되었다. 우리 수군은 기습을 당하여 화급하게 응전을 계속하였으나, 마주하는 강한 동풍과 밀려오는 빠른 조류 또한 전세를 더욱 불리하게 했다. 한편 이러한 승세를 타고 헤아릴 수 없이 수많은 일본군들이 전선 6백여 척으로 서너 겹을 에워싸며 공세를 감행해 오자 그 엄청난 적의 위세에 밀려 퇴각하고 만다.

이때 먼저 퇴각을 한 전라 우수사 이억기 및 충청 수사 최호 등이 그 후 계속 수차례의 좁은 목인 장고지(장곳長串), 배암고지(사곳蛇串), 대문동아구지(대문동大門洞 입구)를 지날 때마다 수많은 전선의 항해가 정체되어 후미의 경상 우수사 배설과 통제사 원균 등은 일본군과 계속 접전을 하며 퇴각해야 하는 처절한 상황이 전개되었다. 이로 인하여 적의 기습을 받은 어온개에서 장고지, 배암고지 등을 돌아 대문동아구지, 즉 칠천도 최남단까지 약 7킬로미터의 해협을 겨우 벗어난 시간은 만조 시간에 가까운 08시경으로 추정된다. 항해 속력은 당시 비록 위급하여 퇴각을 서둘렀던 것으로 보이긴 하지만, 피로에 지친 격군들과 유속이 점점 멎어지는 조류 시간 그리고 근접전으로 돛을 올리지 못한 채 항해를 계속하였을 뿐 아니라 싸우면서 물러나야 했던 전황 등을 감안하여 1시간에 3킬로미터로 계산한 것이다.

결국 수사 이억기와 최호 등은 칠천량을 먼저 **빠져나와** 관하 전라 우수영 및 충청 수영의 수군들을 이끌고 곧장 서북쪽의 진해 앞바다로 퇴각하였다가(11시경) 이곳 진해만 해전에서 모두 패하여 전사하였다.

그리고 후미에서 계속 일본군들과 접전을 벌이며 물러나던 경상 우수사 배설, 통제사 원균 등은 서남쪽의 한산진으로 퇴각하였다. 그 후 11시경에야 가까스로 가조도 해협에 다다랐으나 이곳 좁은 수로 중간의 멍에섬(가도駕島)과 노루섬(장도獐島) 사이의 약 150미터 해협을 유속이 가장 **빠른** 사리 썰물을 거슬러 항해해야 하는 위급한 상황에 처하여 다시 거리가 좁혀진 일본군과 접전을 치르게 된다. 이 격전은 가조도 해협을 통과한 직후까지도 계속되었으며, 이때 수사 배설은 남은 전선 12척을 이끌고 먼저 탈출하여 견내량을 거쳐 결국 한산진으로의 퇴각에 성공한다. 그 후 이 12척의 전선은 통제사 이순신에 의해 수습되어 명량 해전에서 대첩을 거두는데 일조를 한다.

한편 통제사 원균 및 전라 좌수영 관하 수군들은 밀리면서도 최후까지 적의 공격을 방어하기에 사력을 다했으며, 한산진 조방장 김완金涏 등은 접전 중 일본들이 전선에까지 기어올라와 칼을 휘둘러 배 위를 점령당하게 되자 결국 바다에 떨어져 표류하다가 가까운 어리도於里島에 상륙하여 비바람이 사납게 몰아치는 그날 밤을 지새고 다음날인 17일 저녁 때 뗏목을 하나 만들어 다시 진해 앞바다를 지나 구사일생으로 창원 마산포에 상륙하였다가 일본군에 나포되었던 것이다.

그리고 통제사 원균은 남은 관하 수군들을 이끌고 뒤늦게(13시경) 다시 퇴각을 시도하였으나, 한산진으로 통하는 유일한 길목인 견내량

입구의 형도荊島 근처까지 일본 함대가 가득히 깔려 이미 퇴로마저 차단됐음을 알고는 하는 수 없이 고성현으로 향하는 지름길인 춘원포(추원포秋原浦)가 있는 서북쪽으로 방향을 바꾸어 다시 퇴각을 서두르게 된다. 그 후에도 싸우며 물러나는 처절한 추격전은 계속되었으나 결국 최후의 춘원포 해전(16시경)에서 우리 수군은 불타는 전선들을 모두 버리고 가까스로 이곳 춘원포에 상륙(18시경)하여 고성현으로 퇴각하기에 이른다. 다시 육전의 치열한 추격전에서 통제사 원균은 선전관 김식, 순천 부사 우치적 등의 일행에서 홀로 남겨져 결국 뒤따라오던 일본군 6~7명을 맞아 싸우다 최후를 맞게 되었던 것이다.

끝으로 칠천량 해전에서 패전한 원인을 분석하면 먼저 전술적 측면으로는 당시 경상도 해안 곳곳에 진을 치고 웅거한 배후의 적을 두고 무리하게 감행된 출정, 회항 중 경계의 실패, 수군 지휘부와 참모들 간의 불화 그리고 일기불순 및 역풍 등의 요인을 들 수 있겠다. 그리고 전략적 측면으로는 삼도의 수군들을 통섭하는 지휘관을 전시 중에 교체함으로써 전임자의 막료였던 장수들과의 알력으로 인한 지휘 통제에 심각한 문제가 야기되었으며, 장수가 전장에서 수차례 건의한 수륙병진책을 무시한 채 일방적으로 수군만의 단독 출정을 강요하여 사지로 밀어 넣은 조정의 지휘 체계에도 그 원인이 있다고 할 것이다. 결국 당시 최후까지 싸우다 춘원포 해안에 상륙하여 전사한 통제사 원균 또한 지휘 장수로서의 실책에 책임을 면할 수는 없다고 하더라도 나라를 위해 목숨을 바친 훌륭한 용장이었음에는 틀림이 없다고 하겠다.

원균의 공적 상황표

일자	해전지	지휘 장수	조선함 선수	일본함 선수	내용
1592년 5월 7일	옥포	원균 · 이순신 · 이억기	91척	500여 척	적선 26척 격파
1592년 5월 7일	합포	원균 · 이억기	91척	약 5척	적선 5척 격파
1592년 5월 8일	적진포	원균 · 이억기	91척	약 13척	적선 11척 격파
1592년 5월 29일	사천	이순신 · 이억기 · 원균	26척	13척	적선 13척 전멸
1592년 6월 2일	당포	이순신 · 이억기 · 원균	26척	21척	적선 21척 전멸
1592년 6월 5~6일	당항포(1차)	이순신 · 이억기 · 원균	51척	26척	적선 26척 전멸
1592년 6월 7일	율포	원균 · 이억기	51척	7척	적선 7척 전멸
1592년 7월 8일	한산도	이순신 · 이억기 · 원균	72척	73척	적선 47척 분파, 12척 나포
1592년 7월 10일	안골포	원균 · 이억기	72척	40여 척	적선 20척 분파
1592년 9월 1일	부산포	이순신 · 이억기 · 원균	166척	470척	적선 1백여 척 격파
1593년 2월 1일~3월 8일	웅천	원균 · 이억기	–	–	5차례 적선 공격
1594년 3월 4일	당항포(2차)	원균 · 이억기	약 60척	약 40척	적선 30척 분파
1597년 7월 14~16일	칠천량	원균 · 이억기	1백여 척	6백 척	패전 원균 · 이억기 전사

임진왜란 중의 대소 전투

일자	전투지	장수 조선	장수 일본	전투 결과
1592년 4월 13일	부산	정발	소서행장	부산 함락, 정발 전사
1592년 4월 14일	동래	송상현	소서행장	동래 함락, 송상현 전사
1592년 4월 18~19일	밀양	박진朴晉	소서행장	밀양성 함락
1592년 4월 19일	김해	서예원徐禮元	흑전장정黑田長政	김해성 함락
1592년 4월 21일	경주	박의장朴毅長	가등청정	경주성 함락
1592년 4월 24일	상주	이일	소서행장	이일 패주
1592년 4월 26일	문경	신길원申吉元	소서행장	신길원 패주
1592년 4월 26일	탄금대	신립	소서행장	신립 전사(자살)
1592년 4월 23~28일	거창·신창·추풍령	조경	흑전장정	일본군 다수 사살
1592년 5월 2일	한강	김명원	가등청정	한강 방어 실패 도주
1592년 5월 7일	옥포	이순신	등당고호	왜선 30척 격파
1592년 5월 7일	합포	이순신	협판안치	왜선 5척 격파, 왜군 패주
1592년 5월 8일	적진포	이순신	협판안치	왜선 11척 격파
1592년 5월 18일	양주	신각	?	조선 육전 첫 승리
1592년 5월 18일	임진강	김명원	가등청정	임진강 방어 실패
1592년 5월 22일	여강	원호元豪	모리길성毛利吉成	일본군 50명 사살
1592년 5월 29일	사천	이순신	협판안치	왜선 12척 격파
1592년 6월 2일	당포	이순신	?	왜선 20척 격파
1592년 6월 5일	당항포	이순신	?	왜선 26척 격파

일자 \ 구분	전투지	장수 조선	장수 일본	전투 결과
1592년 6월 5일	용인	이광李洸	협판안치	삼도의 근왕병 패전
1592년 6월 5일	회양	김연광金錬光	모리길성	조선군 패전
1592년 6월 6일	무계	김면	촌상경친村上景親	일본군 다수 살상
1592년 6월 7일	율포	이순신	내도통구来島通久	왜선 1척 격파
1592년 6월 12일	철령	이혼李渾	모리길성	조선군 퇴각
1592년 6월 15일	예천 부근	우벌룡禹伐龍	길천광가吉川廣家	왜군 격퇴
1592년 6월 18일	평양	윤두수	소서행장	평양 함락
1592년 6월 19일	금화	원호	도진충풍島津忠豊	원호 전사
1592년 6월 25일	운암	양대박梁大樸	?	일본군 격파
1592년 6월 말경	마진	손인갑孫仁甲	모리휘원毛利輝元	일본군 격파, 손인갑 전사
1592년 7월 8일	웅치	이복남	소조천륭경小早川隆景	조선군 패전
1592년 7월 8일	이치	권율	소조천륭경	일본군 격퇴
1592년 7월 8일	한산도	이순신	협판안치	왜선 73척 격파
1592년 7월 9일	금산	고경명	소조천륭경	고경명 전사
1592년 7월 10일	안골포	이순신	구귀가륭九鬼嘉隆	왜선 40척 격파
1592년 7월 10일경	우척현	김면	소조천륭경	일본군 격파
1592년 7월 17일	평양	(조승훈)	소서행장	조승훈 패주
1592년 7월 18일	해정창	한극성韓克誠	가등청정	조선군 패전
1592년 7월 27일	영천	권응수	복도정칙福島正則	영천 수복
1592년 7월 말경	의령	곽재우	소조천륭경	정암진에서 일본군 격파
1592년 7월 말경	현풍	곽재우	우시수승羽柴秀勝 휘하 부대	일본군 격파

※ ( ) 안의 인물은 명나라 장수를 뜻한다.

구분 일자	전투지	장수		전투 결과
		조선	일본	
1592년 7월 말경	영산	곽재우	우시수승 휘하 부대	일본군 격파
1592년 7월 말경	안성	홍계남	복도정칙	일본군 격파
1592년 8월 1일	평양	김명원	소서행장	조선군 패전
1592년 8월 1일	청주	조선趙憲 · 영규靈圭	봉수하가정蜂須賀家 政의 일부 병력	청주 수복
1592년 8월 2일	경주 노곡	김호金虎	석전강승石田康勝의 부병部兵	일본군 격파
1592년 8월 3일	거창 부근	김면	소조천륭경의 부장部將	일본군 격추
1592년 8월 18일	금산	조헌趙憲 · 영규	소조천륭경	조헌 전사
1592년 8월 20일	경주	박진	다천내기多川內記	조선군 패전
1592년 8월 21일	성주	김면	계원강桂元綱	조선군 퇴각
1592년 8월 22일	봉화	유종개柳宗介	모리길성	조선군 패전
1592년 8월 25일	영원산	김제갑金悌甲	모리길성	조선군 패전
1592년 8월 28일 ~9월 2일	연안성	이정암	흑전장정	연안성 대첩
1592년 9월 1일	부산	이순신	?	일본 수군의 해상 활동 제지
1592년 9월 11일	성주	김면	계원강	일본군 격파
1592년 9월 16일	경성	정문부	가등우마윤加藤右馬允	일본군 격추
1592년 9월 20~30일	인동 부근	장사진張士珍	화하중현禾下重賢	일본군 격퇴
1592년 9월 27일	노현 · 창원	유숭인柳崇仁	?	조선군 패퇴
1592년 10월 6일	진주	김시민金時敏	목촌중자木村重玆	진주대첩
1592년 10월 18일	삭녕	심대沈岱	가등광태加藤光泰	조선군 패전
1592년 10월 30일	길주 · 장평	정문부	이동우병伊東祐兵	일본군 격파
1592년 10월 9일 ~11월 10일	함흥 부근	성윤문	가등우마윤	일본군 격파

일자 \ 구분	전투지	장수 조선	장수 일본	전투 결과
1592년 11월 12일	이원	이성임李聖任	과도직무鍋島直茂	조선군 패전
1592년 11월 ○일	상주 용화동	정기룡	?	일본군 격파
1592년 12월 ○일	중화	임중량林仲樑	?	조선군 패전
1592년 12월 10일	길주 쌍포	정문부	소서행장의 부장	일본군 격파
1592년 12월 7~14일	성주	김면	가등우마윤	일본군 격파
1592년 ○월 ○일	함창	정기룡	?	일본군 격파
1593년 1월 8일	평양	(이여송)·김명원	소서행장	평양 탈환
1593년 1월 19일	길주성 남문 외	원충서元忠恕	가등청정의 부장	일본군에게 피해를 줌
1593년 1월 23일	단천	구황具滉	가등여좌加藤與左	일본군 격파
1593년 1월 27일	벽제관 부근	(이여송)	우희다수가	조명군 패전
1593년 1월 28일	백탑교	정문부	가등우마윤	일본군 격파
1593. 1월 30일	죽산	변이중邊以中	복도정칙	일본군에게 피해를 줌
1593년 2월 12일	행주	권율	우희다수가	행주대첩
1593년 2월 30일	상주	황진黃進	복도정칙	일본군 격파
1593년 3월 25~27일	노원평·우관동	이시언李時彦	우희다수가 휘하군	일본군 격파
1594년 3월 4일	당항포	이순신	협판안치	일본군 격파
1594년 9월 29일	장문포	이순신	복도정칙	일본군 격파
1594년 10월 1일	영등포	이순신	도진의홍	일본군 격파
1594년 10월 4일	장문포	이순신	복도정칙	쌍방 간에 전과 없음
1597년 7월 15일	칠천량	원균	도진충풍	조선군 패전, 원균 전사
1597년 8월 15~16일	고령	정기룡	소조천계추 小早川秊秋	일본군 격파

구분 / 일자	전투지	장 수		전투 결과
		조선	일본	
1597년 8월 16일	남원	(양원楊元)	우희다수가	남원 함락
1597년 8월 17일	황석산성	곽준	가등청정	황석산성 함락
1597년 9월 7일	소사	(해생)	흑전장정 · 모리수원	일본군 격파
1598년 1월 ○일	도산성	(마귀)	가등청정	마귀 패주
1593년 8월 6일	경주	(왕필적王必迪) 고언백	가등청정 · 모리길성	일본군 격파
1593년 8월 29일	함안 · 웅천	안민녕安民寧 선거이宣居怡	과도직무	일본군 격파
1593년 11월 ○일	진주 · 영선	이빈 黃	소서행장	쌍방 피해
1593년 9월 14일	금구	원신元愼	우희다수가	일본군 격파
1593년 9월 16일	명량	이순신	등당고호	왜선 30척 격파
1593년 9월 20일	보은	정기룡	가등청정	일본군 격파
1593년 12월 2일	안강	고언백	가등청정	일본군 격파
1593년 12월 18일	광양	이광악	소서행장	일본군 격파
1598년 4월 8일	무주	이광악 · (이녕李寧)	도진의홍	일본군 격파
1598년 6월 ○일	순천 부근	륭승복隆承福	소서행장	일본군 격파
1598년 9월 22~25일	도산성	(마귀) · 김응서	가등청정	일본군에게 피해를 줌
1598년 9월 17일 ~10월 1일	사천성	(동일원董一元)	도진의홍	조선군 패전
1598년 9월 19일 ~10월 24일	왜교성	(유정) · 권율 · 이순신 · (진린)	소서행장	일본군 퇴로 요청
1598년 11월 18일	노량	이순신	소서행장	이순신 전사

『한국민족문화대백과사전』에 나온 〈임진왜란 중의 대소 전투〉 표
에 의한 공적 상황을 보면 임진왜란의 발발부터 종전까지의 6년 7개
월 동안 그리고 원균이 전사할 때까지 5년 3개월 2일 동안 주요 해전
에서 원균의 이름이 빠진 것을 볼 수 있다. 그의 주요 공적은 묻어 놓
고 1597년(선조 30) 정유재란 때 칠천량 해전에서의 전사와 패전의 기
록만 부각시켜 남기는 것은 역사의 왜곡임에 분명하다. 또 상대적으
로 수많은 해전에서 승리한 장군들의 이름도 거명되지 않고 있으며,
원균이 참전한 해상 전투 10회 중 9번의 전투에서 일본 함대 97척을
격파하는 등 일본군의 해상 활동을 제지시킨 부분에 대해서는 오직
이순신 한 사람의 공적인 것처럼 기록하여 공식적인 사료로 내놓았다
는 것은 부끄러운 일이다. 임진 해전의 공은 어느 한 사람의 몫으로
돌릴 수 없는 일이다.

임진 해전은 거제를 중심으로 한 경상 우수영과 이곳에 왕명으로
온 전라 좌수영 또는 전라 우수영 수군들의 동등한 전공으로 보는 것
이 정당하다는 것이다. 선조 때에 공훈을 평가하는데 있어서도 실제
로 공평하게 평가를 받아 이순신과 원균이 함께 선무공신록에 선무일
등공신으로 책훈된 것이 그 고증이라 할 것이다. 원균은 자신의 관할
구역에서 벌어진 적과의 싸움에 있어서 이순신보다 책임도 훨씬 무거
웠을 것이고 또 그 책무를 완수하기 위해서도 적극적이고 능동적이었
으므로 항상 선봉에 서서 적을 대면한 것이다. 또 합동작전이 없을 때
에는 경상 우수영의 함대로 하여금 독자적으로 적을 쫓아 공격하도록
하였다.

『선조실록』권 26을 보면 전쟁 초기에는 원균의 군비가 허약하였으므로 당연히 전라 좌수영의 지원이 없었다면 승리는 이루지 못하였을 것이다. 한편 경상 우수영 장령들은 적의 선봉을 꺾는 기세로 전략하고 공격하였으니 그 공격이 없었다면 역시 큰 전과를 올리기 어려웠을 것이다.

제6부

임진왜란 패전의 전말

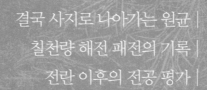

임진왜란
패전의 전말

패전의 기류는 좁혀 오는데

원균이 통제사로 부임해 돌아오자 조정에서는 이순신을 하옥시켰
다가 합천군 초계에 있는 권율 밑에 있도록 하였다. 조정은 도원수 권
율을 시켜서 즉시 부산 앞바다로 진격할 것을 명령했다. 부산이 일본
군의 본거지였기 때문에 공격 목표는 부산이었으나 수군만으로 부산
을 공격하는 것은 대단히 무모하고 어려운 일이었다. 당시 이순신이
나 원균 모두 수륙 협동작전을 펴서 육군은 뱃길 연안에 응거하는 적
병을 몰아내고, 수군은 차례로 이들을 소탕하며 부산으로 진격해야
한다는 전략적 작전법이 상식으로 되어 있었다.

이러한 계획은 원균이 통제사로 부임한 후의 생각이 아니라 그가
경상 우수사로 있을 때 조정으로 올린 장계에서도 밝혀지고 있다.

1593년(선조 26) 6월 3일 올린 장계에서 원균은

경상 우수사 원균이 계를 올립니다. 신과 전라 수군이 이미 바다에 나아가 싸우고 있으나 웅천, 창원의 적들은 여전히 웅거해 있고 웅포의 적은 점차로 더 들어와서 전보다도 배가 많아졌습니다. 그들은 험한 지형에 웅거하여 밖으로 나오지 아니하며 부산에 이르는 길을 막고 있으니 이들 적의 근거지를 그대로 두고 깊숙이 부산으로 진격한다면 앞뒤의 적이 우리의 전후를 협공할 것이니 실로 위태한 일입니다. 신의 생각으로는 육군으로 하여금 급속히 진격케 하여 수륙 양면에서 함께 공격하는 것이 가장 좋은 계책이라고 생각합니다.

라고 하였는데 이는 그가 통제사로 부임하기 4년 전에 올린 것이다. 그러나 원균이 수장의 직에서 떠나고 통제사로 다시 부임하기까지의 기간 동안 일본의 수군 병력은 대폭 증강되었고 겸하여 부산으로 이르는 수로 요충을 일본군들이 전부 장악하고 있어서 수군의 활동은 그전보다도 더욱 어렵고 위태로운 상태로 변하였다.

이러한 상황에서 통제사 원균은 1597년(선조 30) 3월 29일에 상세한 작전 계획을 수립하여 상신한다.

신이 해진海鎭에 부임한 후 살펴보건데 거제도 앞 가덕도와 안골포, 죽도 및 부산 등지로 드나드는 적들이 서로 가까이 있으면서 성세聲勢로 연락을 의지하고 있는 듯하나 그 수는 몇 만 명에 불과하여 병력의 수가 외로운 것 같으며 형세도 약한 듯합니다. 그중에서도 안골포와 가덕도에 있는 적들은 그 수가 불과 3천~4천 명이 못되어서 기세가 매우 외롭고 단조로운 듯하였습니다. 그러므로 만약 우리 육군으로 하여금 그들을 몰아내 주도록 한다면 수군이 이를 섬멸해 버리는 일은 아주 쉬운 일이겠습니다. 그런 후에 우리 군사가 거제의 장승포 등으로 진을 치면서 나아간다면 조금도 후고의 염려가 없을 것입니다. 그런 다음에 날마다 계속해서 다대포, 서평포, 부산포로 진격한다면 이것이 잃어버린 강토를 회복하는 제일의 계책이 될 것입니다.

그렇지 아니하고 지금과 같이 서로 오래도록 마주보고만 있으면 1년이 못가서 우리 군사가 먼저 피곤해질 것입니다. 그러한 상태는 내년에는 더욱 심해질 것이고 내후년에는 더 한층 심하게 될 것입니다. 군병은 쇠약해지고 군량은 떨어진 후에 지혜로운 자가 비록 적을 치려고 한들 어떻게 할 수 있겠습니까?

어리석은 신의 망령된 생각으로는 우리나라 군병의 수가 많지는 않으나 노약자를 제외하고도 가히 30만 명은 얻을 수가 있을 것 같사옵니다. 지금은 3월이라 비가 오지 않아서 땅이 굳어 있어서 말을 달려 싸움하기가 매우 좋은 때이오니 반드시 4~5월 사이에 수륙의 군사가 대거하여 한판 승부를 걸어보는 것이 좋지 않을까 생각합니다. 만약에 시일을 미루다가 7~8월이 되어서 비가 내리고 장마가 지면 진흙땅이 되어서 진군하기가 어려워 육전이 불가능하게 될 것입니다. 또한 가을이 되면 바람이 점차 세어지고 파도가 높아져서 수군이 움직이기 매우 어려워 해전이 불가능하게 될 것입니다.

신이 4~5월 이내 거사를 하자는 뜻이 그러한 일들을 염려하는 까닭인 것입니다. 또한 유키나가와 요시라 등이 거짓으로 화평을 하고 있어 그 결과는 헤아릴 수 없는 일입니다. 이때를 타서 수륙이 함께 나아가 적을 쳐서 남김없이 섬멸해 버림으로써 그들로부터 받은 수모를 조금이라도 씻어야 할 줄로 생각하오니 조정에서는 급속히 선처해 주시옵소서.

이 계획은 용병에 있어서의 계절적인 기후조건 그리고 적의 동태와 병력 등을 종합적으로 판단하여 결전의 시기를 정하였고, 이로써 본영을 섬멸하여 그들로부터 받은 수모를 씻어버리자는 계획이며 통제사로서의 용장다운 기개와 정확한 판단력을 엿볼 수 있는 대목이다.

이 장계에 대하여 비변사에서도 원균이 적을 섬멸하고자 하는 뜻이 장쾌하다고 찬동하고 있으나 4~5월까지 30만의 병력을 동원하기는 어려움을 들어 그 뜻을 체찰사와 도원수에게로 보내고 사세를 잘 살펴서 다시 장계를 올리라고 지시하였다.

그러나 권율은 원균의 계획에 반대하였고 수군이 단독으로 출전할 것을 주장하였으며, 육군은 움직이지 아니하고 수군만으로 출전할 것을 심히 독촉했다. 이는 스스로 적의 포위망 속으로 들어가는 것이라고 예측한 원균은 출병하지 않았다. 이렇듯 권율과 원균 사이에 의견 차이가 계속되고 한편으로는 출병을 독촉 받는 사이 때는 6월이 되었고, 원균은 또다시 조정에 장계를 올렸다.

1597년(선조 30년) 6월 11일 『선조실록』에 수록된 원균의 장계 내용은

신이 안골포를 먼저 공격할 계책을 세워 상달하고 명령을 기다리는

사이에 시일이 흘러서 이제는 앉아서 때를 놓치게 되었으니 심히 민망하고 염려스럽습니다. 우리 수군이 적을 배후에 남겨둔 채 부산 앞바다로 나아가서 적과 싸워 꼭 섬멸할 수 있다고 믿기 어렵습니다. 설사 대거해서 부산까지 갈수는 있다 해도 그곳에는 배를 머무르게 할 만한 곳이 없으며 또한 물러서려고 할 때에는 배후(육지)에 적이 있으므로 이것은 실로 병가兵家의 승산이 될 수 없는 것입니다. 반드시 수륙이 병진해서 공격해야 승산이 있사오니 조정에서는 속히 지시를 내려 주소서.

라고 되어 있다. 여기서 상관인 도원수와의 합의가 이루어지지 않아 원균은 수륙 양공 작전을 조정의 지시를 받아 시행하려 하였고, 수군 단독으로 부산을 공격하면 반드시 패한다는 확신을 가지고 장계를 올린 것이다.

원균의 장계는 조정에 보고되어 비변사에서도 지형상으로 보아 수군만으로 공격하면 원균의 의견대로 적이 뒤를 엄습할 염려가 없지 않으며 도원수가 진공을 두려워하는 것도 그 나름대로 보는바가 있을 것인데 진중의 장수들까지도 의견이 맞지 않아 때를 놓치게 되니 유감스럽다 하였으며 남쪽의 장수들이 근일에는 도원수나 체찰사에게 품신하여 처결을 받지 아니하고 직접 조정으로 처결해 주기를 바라고 있으니 이는 계통이 서지 않은 까닭이라고 개탄하면서 그러한 사연을 도원수와 체찰사에게 하유하시도록 선조에게 건의하였으며 선조는 비변사의 계대로 시행을 명하였다.

결국 사지死地로 나아가는 원균

선봉에 서서 돌격하며 적선을 당파하던 원균이 왜 그다지도 출동하는 것을 꺼려하였을까? 우선 그가 말한 대로 배를 머무르게 할 만한 곳이 없고, 물러서려면 후고의 염려가 있으므로 승산이 없다고 한 것이 타당한지 타당하지 않은 것인지를 우선 판단할 필요가 있다.

그런데 이와 같은 의견은 원균 혼자만의 주장이 아니었다. 이와 같은 상황을 간파한 이순신도 수륙병진을 주장한 바가 있었고 또 비변사에서는 1597년(선조 30) 6월 11일 계에서 다음과 같이 말하고 있다.

> 신 등이 또한 지도 위에서 지형을 살펴서 그곳 해변의 형세를 잘 알고 있으며 사람들이 말하기를 안골포에서 김해와 죽도에 이르는 사이가 심히 가깝고 또한 지형이 바다 안으로 뻗어 나와 육로를 따라 공격하면 우리의 뒤를 적이 엄습할 염려가 없지 않다.

이는 원균이 내린 판단과 똑같은 것이다. 원균을 미워하던 영의정 유성룡도 그의 저서 『징비록』에서 그것이 사실이었음을 기록하고 있다.

> 원균이 모든 함선을 이끌고 전진하니 바닷가 언덕 위에 있는 왜영에서는 우리 배가 나아가는 것을 내려다보고 서로가 그 상황을 연락하였다.

극도로 비밀이 보장되어야 할 수군의 동태가 낱낱이 적에게 감시를
당하고 적이 만반의 준비를 하고 반격의 태세를 갖추고 있는 가운데
쳐들어간다는 것은 무모한 일로써 패배를 예측하지 않을 수 없다.

이러한 상황에서 권율은 원균에게 출전을 불같이 독촉하였다. 이때
각 수장들의 동향 중 경상 우수사 배설이 한 말을 『선조실록』에서는
다음과 같이 기록하고 있다.

> "비록 군율에 의해서 내가 홀로 죽음을 당할지언정 어찌 군졸들을 사
> 지로 끌고 갈 것인가."

배설 또한 육도삼략의 병법을 알고 있으면서 정확한 작전 판단을
한 것이다. 이후 칠천량 해전에서 배설의 말대로 피습을 받아 육지로
상륙하였으며 결국 패하고 만다.

또 『선조실록』 선조 34(1601)년 1월 17일자에는

> 통제사 원균과 전라 우수사 이억기, 충청 수사 최호 등이 모여서 조정
> 에서 진군을 재촉한다는 말을 듣고 서로 말하기를
> "명령을 어기면 우리 세 사람이 죽을 뿐이다. 명령에 따라 진군하면
> 나라일이 크게 욕될 것이다."
> 라고 하였다.

고 기록되어 있다. 이와 같이 당시의 각 수사들은 남해안의 사정에

밝아서 수군만의 단독 진군은 오직 죽음과 패전이 있을 따름이라는 결과를 판단하고 있었는데 도원수 권율은 그 사정을 무시하고 단독 출전을 빗발같이 재촉하니 진퇴양난에 봉착하게 된 것이다. 이식 또한 대제학이 되어 이순신의 시장을 쓸 때에

조정에서는 다만 해군이 여러 번 승첩한 것만 보고 그저 싸우라고만 독촉하고 또 균均도 패하고야 말 것을 알면서도 어쩔 수 없이 나가 기어코 실패를 보게 된 것이니 이것이 모두 다 멀리 앉아 지휘하려고만 했던 때문에 생긴 실패였다.

라고 분명히 고증하고 있다.

그러나 결국 도체찰사 이원익으로부터 파견된 남이공南以恭의 독촉으로 원균은 할 수 없이 백여 척의 함대를 이끌고 부산을 목표로 가덕도 앞바다로 진군해 나갔다.

『선조실록』 선조 30년 6월 28일자에 기록된 권율의 장계를 보면 지휘관인 권율이 후방 안전한 곳에서 군명만 내렸음을 바로 알 수 있다.

통제사 원균이 매양 육군이 먼저 안골포 등의 적을 공격하라고만 주장할 뿐 그는 바다에 나아가 병세를 떨치고 몰려오는 적을 칠 생각을 아니하니 신은 분함을 이기지 못하여 혹은 전령을 보내고 혹은 그의 전략을 가지고 온 자에게 자세히 의견을 개진하였을 뿐 아니라 엄하게 질책도 하였습니다. 또한 군관을 도체찰사에게 세 번이나 보냈더

니 체찰사의 명을 받은 남이공이 한산도에 가서 출전을 독촉하였습니다. 그렇게 심한 출전 독촉이 있은 다음에야 원균은 부득이 18일에 이르러 비로소 백여 척의 전함을 이끌고 가덕도 앞바다로 나아갔습니다. 이와 같은 출전은 모두 남이공의 힘이었으며 어찌 원균의 마음이라 하겠습니까. 그러나 이와 같이 번갈아 가며 후자는 가고 전자는 오고 하면 적이 의심하고 두려워해서 감히 바다를 건너지 못할 것이며 비록 그들이 돛을 올렸다 하여도 또한 가히 파도에 부딪혀 깨지게 될 것이니 이곳에 있는 적이 외롭고 식량이 부족하여 진퇴가 어려울 것입니다. 이때에 명나라 군사와 합세하여 공격하면 어찌 승리할 수 없겠습니까. 신은 사천에 머물러 있으면서 해상 소식을 기다리겠습니다.

판단 착오는 돌이킬 수 없는 결과를 낳고

그런데 권율이 올린 장계를 살펴보면 그가 크게 두 가지 사항을 잘못 판단하고 있는 것을 알 수 있으며 그 판단 착오는 후에 원균이 이끄는 우리 수군을 괴멸의 구렁으로 몰아넣는 결정적인 요인으로 작용하게 된다.

권율이 패전의 책임에서 자유로울 수 없는 첫째 이유는 일본의 수군을 과소평가했다는 점이다. 일본의 수군은 임진왜란 초기 해전에서 배와 배끼리의 충돌로 큰 손실을 입자 정유재란에서는 전선을 견고하게 대형화시키고 화력도 증강하였으며 전함의 수도 6백여 척으로 증강하고, 전술에 있어서도 장기간 해전에서 얻은 경험으로 많이 발전되어 있었음에도 권율은 '비록 그들이 돛을 올렸다 하여도 가히 파도에 부딪쳐 깨지게 될 것이다' 라고 오판하였다.

둘째로는 우리 수군이 왕래하는 각 수로 요충에 적이 진지를 구축하고 우리 군의 동정을 감시하며 자신들의 본영 부산으로 신속한 연락을 하고 있는 상황에서, 그 앞에서 번갈아 가고 오면 적이 우리를 의심하고 두려워해서 바다를 건너오지 못할 것이라고 오판한 것이다. 그것도 우리의 기동을 전부 감시당하고 있는데 어떻게 양동작전이 성공을 거둘 수 있었겠는가.

결국 1597년 6월 말 출전한 원균은 이곳저곳에서 싸우다 7월 8일에 웅천에 이르러 모여 있는 적선을 발견하고 공격하여 10여 척을 분멸하였다.

그러나 뱃길 양 언덕에서 우리를 감시하던 일본군이 즉시 이 상황을 자신들의 본영 부산으로 연락하여 증원 부대가 물밀듯이 몰려 들어왔다. 백여 척의 함선으로는 도저히 대적할 수 없던 원균은 함대를 보강하기 위하여 일단 병력을 거두고 통제영이 있는 거제의 한산도로 철수를 하였다.

그런데 원균이 철수한 사실을 알게 된 권율은 군관을 보내서 원균을 잡아다가 곤장을 쳤다. 통제사를 잡아다가 곤장을 친다는 것은 일반적으로 납득이 가지 않는다. 권율이 원균의 곤장을 친 데에는 여러 가지 복합적인 사유가 내포되고 있는 듯 싶다.

대사헌 김간은 원균의 행장기에서 다음과 같이 기술하고 있다.

> 권율은 원균이 머뭇거리면서 때를 놓쳤다 하여 그를 군문에 잡아들
> 여 곤장을 쳤다. 원균은 일이 돌이킬 수 없이 잘못되어 가는 줄 알면
> 서도 그의 상사인 도원수로부터 죄를 받았으므로 부득이 수군을 이
> 끌고 부산 앞바다로 곧바로 나아갔다.

이것이 표면적인 이유이다. 그러나 그 이면에는 보다 복잡한 사연
들이 잠재하고 있다. 오랜 시간을 두고 원균과 권율은 작전상의 의견
차이로 여러 번의 설전이 오고 갔으며 원균은 자신의 작전 계획이 받
아들여지지 않자 직속상관인 권율을 제쳐 놓고 직접 조정으로 장계를
올려 수륙 양면 작전을 건의하였으며 연달아 원균의 장계가 다시 비
변사를 통하여 바로 권율에게로 하달되어 결국은 원균이 권율 휘하의
육군 병력을 출전시키게 됨으로써 자존심의 문제가 결부되었기 때문
이다.

그러나 그 도원수 관하 초계에서 있던 이순신은 『난중일기』 1597년
6월 17일자에 다음과 같이 기록하고 있다.

> 원수 권율에게 갔더니 원균이 나쁘다고 말하면서 비변사에서 내려
> 온 공문을 보여 주는데 원균의 장계 중에 수륙에서 함께 공격하여 안
> 골포의 적을 먼저 무찌른 연후에 수군이 부산 등지로 진군하겠다고
> 하며 안골포를 육군으로 하여금 공격하게 해달라는 것이었다.

권율의 장계에는 '통제사 원균이 나아가 싸우기가 싫어서 안골포의 적을 먼저 공격해야 한다는 구실로 움직이지 않으며 수군의 여러 장수들 중에는 딴 마음을 품고 있는 사람이 많아서 원균은 틀어박혀 나오지도 아니하고 여러 장수들과 의논도 같이 하지 않으니 일은 제대로 되지 않을 뿐더러 결국은 일을 망쳐 버리게 될 것이 뻔한 일이다'라고 말하였다.

이와 같이 작전 계획에 있어서의 갈등, 출병의 지연 등으로 원균을 나쁘다고 하였으며 좋지 않은 감정을 가졌던 것으로 보인다. 그러던 차에 원균이 출전했다가 다시 경상 우수영이 있는 본부가 아니라 삼도수군 통제영이 있는 거제의 한산도로 철수하니 이것저것 심기가 불편하던 원균을 잡아다가 곤장을 친 것으로 추측된다.

원균은 곤장을 맞은 후 패전할 것을 알면서도 할 수 없이 다시 진군을 하였다. 그는 함대를 이끌고 안골포, 가덕도 등 각 수로의 요충에서 적의 감시를 받아가며 부산 앞바다로 진격하였으니 이를 사전에 알고 있는 6백여 척의 일본 전선은 우리 함대가 부산으로 진출하는 것을 기다렸다가 일시에 반격을 가하여 우리 수군은 예측대로 크게 격파당하였다.

거기다 임진왜란 초기와 달리 정유재란에서는 일본 전선의 강도가 보강되어 우리 수군의 당파 전법으로 도저히 승부를 볼 수 없었으며, 우리의 전선은 불과 백여 척이었던 데 반해 그들의 배는 6백 척에 달하여 수적으로도 비교되지 않을 만큼 열세인 상황이었다.

그 당시 해전에 관한 보고로는 선전관 김식金軾의 「정유년 장계」가 있고 또 대사헌 김간이 쓴 「원균 행장기」가 있는데 둘 모두 상세하게 묘사하고 있다.

- 원균은 함대를 거느리고 곧 부산 앞바다로 공격해 들어갔다. 적은 약한 채 하며 우리 수군을 유인했다. 우리 수군이 급히 적을 쫓아 날카롭게 공격하여 들어가니 어느덧 적진 중으로 깊숙이 들어간 것을 깨닫지 못하였다. 그때 뱃사람이 수령水嶺을 넘었다고 고함을 치므로 원균은 크게 놀래어 급히 배를 돌려 퇴군할 때 전라 좌수사의 배는 벌써 물결에 떠밀려 동해 바다로 나가 버렸다.

일본군은 우리 군사가 기세를 잃어버린 것을 보고 신구 병선을 전부 동원하여 나는 듯이 마구 쳐들어왔으며 또 은밀히 가벼운 배를 거제 영등포 섬 쪽으로 보내어 잠복시켜 두었다가 우리 군사가 영등포로 퇴각하여 배에서 내려 나무와 물을 보충할 때에 갑자기 대포를 쏘고 사방에서 달려들어 장검을 휘두르며 좌우로 마구 찔러대므로 할 수 없이 항구를 떠나서 온라도로 후퇴하였다. 이미 바다 위는 어두워지고 추격해 오는 적은 바다를 덮어 군사들의 마음은 더욱 위급하였다. 원균은 여러 장수들을 불러 의논하고 말하기를

"오늘의 전투 계획은 오직 일심一心으로 순국할 따름이니라."

하며 최후 결전을 기록했다.

- 이날 밤에 적은 어둠을 타고 작은 배로 하여금 우리 전선 사이로 뚫

고 들어오게 하고 또한 큰 병선으로 첩첩이 밖을 포위하였다. 이때의 적선은 1천5백 척이었다고도 한다.

─7월 16일 날이 밝자 갑자기 우리 배에서 불이 일어나므로 원균은 급히 바라를 쳐서 변고를 알렸으나 그때 돌연히 사방에서 적이 공격해 오고 적탄이 비 오듯 날아왔다. 적의 함성은 하늘을 진동하고 그 기세는 산을 무너뜨리고 바다를 말아올릴 듯하니 도저히 대항해서 싸울 수 없는 형편에 이르렀다. 경상 우수사 배설 장군은 먼저 닻을 거두어 작전상 후퇴하는데 우리 수군은 드디어 무너지고 말았다. 원균 장군도 할 수 없이 배에서 내려 작전상 물으로 올라갔는데 매복되어 있던 왜구 6~7명이 달려들어 오리지간五里之間을 싸우다 끝내 힘이 모자라 목을 베어 갔다. 이때 원균 장군의 나이 58세였다.

이와 같이 우리 수군은 완전히 적의 계략에 말려들고 말았다. 우리 수군이 절영도 쪽으로 나아가는 기세를 적의 초소병들이 발견하자 미리 대마도에 대기하고 있던 적선 1천 척이 급거히 출동하도록 하여 부산에 있던 5백 척과 합세해서는 1천5백 척의 일본 전선이 공격해 오니 원균은 1백 척의 수군으로서는 도저히 맞싸울 수 없으므로 급히 거제의 한산도로 철수하여 그곳을 지키면서 병력을 증강하고자 하였는데 원균이 우려한 대로 후퇴하는 각 포구마다 일본의 전선이 먼저 와서 공격하니 전열을 정비하지 못한 우리 수군은 무너지고 말았다.

원균은 할 수 없이 남은 병장들과 육지로 올라갔는데 거기에서도 그가 일찍이 우려하던 대로 매복한 적의 육병들이 우리의 퇴로를 지키고 있었으므로 우리의 수병들이 육지로 올라가서 전열을 가다듬을 사이도 없이 공격을 당함으로써 원균을 비롯한 대부분의 군사들이 전사하고 말았다.

칠천량 해전 패전의 기록

원균이 해전에 출전하여 승전할 수 없는 상황을 판단하고 육지로 올라서자 그가 도망가기 위하여 육지로 올라갔다고 모함하는 무리들이 있었다.

이식은 이순신이 전사한 지 45년이 흐른 뒤 인조에게 호소하여 이순신의 시호를 충무공忠武公이라 하고 이를 하사받기 위하여 이순신의 시장을 쓸 때

원균은 군이 패하자 도망가다가 죽었다.

라고 사실과 다르게 기록을 남겨 원균은 도망가다 죽은 겁쟁이 장군이라고 하는 편파적인 통론을 만들어 놓았다.

원균은 분명 마지막 출전에 즈음하여 여러 장수들과 나눈 대화에서 이미 최악의 경우를 각오하고 있었으며

"하늘이 순리를 돕지 아니하니 이제 어떻게 할 수가 없는 일이다. 오직 한마음으로 최선을 다하여 싸우다가 나라를 위하여 순국할 뿐이다."

라고 결연히 말하였다. 경상 우수사 배설이

"승산이 없는 싸움을 하느니 보다 일시 피하는 것이 옳다."

하였으나 원균은 『선조실록』에 고증되어 있듯이 크게 성을 내면서

"오직 나라를 위하여 죽음이 있을 뿐이다. 그대는 더 이상 말하지 말라."

고 말한 점 등으로 보아 이미 죽음을 각오하고 있었음을 알 수 있다.

다음은 선조 30(1597)년 7월 22일 어전회의에서 영의정이자 비변사의 책임자인 유성룡은 패전 상황을 왕에게 보고하는 자리에서 다음과 같이 말하였다.

"…(전략)… 우리 군사가 고성으로 향해 가서 상륙을 하였는데 그때에 벌써 왜적이 먼저 그곳을 점령하고 진을 치고 있었기 때문에 우리 군사들은 미처 손을 쓸 겨를이 없어 모조리 죽음을 당하고 말았다고 합니다."

여기서 영의정 유성룡의 보고를 검토하면 아군은 부득이 고성 땅으로 올랐다고 한 것인데 이는 집단적인 군사가 뭍으로 올라간 것을 의미하는 것이고 원균 혼자서 도망하였다는 말이 아니다. 실제로 원균이 육지로 올라갔을 때에는 순천 부사 우치적과 선전관 김식이 함께 작전상 후퇴한 상황이었다. 다음으로 적이 이미 먼저 진을 치고 있으면서 공격을 가해 와서 싸움이 불가능하였다는 것 또한 알 수 있다.

그리고 선조 34(1601)년 1월 17일자 『선조실록』을 보면 영의정 이덕형이 이순신과 원균의 공적을 조사하기 위해 현지로 내려갔다 돌아와서 다음과 같이 선조에게 보고한 사실이 기록되어 있다.

> 신이 지난해 남방에 가서 그곳 사람들의 말을 들어본즉 그들 모든 사람들이 말하기를
> "원균은 국사國事를 위하다가 죽은 사람이다."
> 라고 하였습니다.

라고 보고하였다. 또 의병장 조경남은 그의 『난중잡록』에

> 원균이 비록 싸움에 패하여 죽었으나 그가 불충하고 불의한 사람이 아닌데도 뒷날 그를 비방하는 자가 많으니 어찌 옳고 그름을 헤아리는 것이 그다지도 불공평한가.

라며 왜곡하여 기록한 자들을 원망하였다. 그리고 송준길宋俊吉이

"숭정기해崇禎己亥(1659년) 봄에 조정에서 충무공 이순신의 비를 노량묘露梁廟에 세울 때에 나에게 글씨를 부탁하였는데 그 글 중에 통제사 원균이 군사가 패하자 달아나다가 죽었다는 것은 택당 이식이 지은 이순신의 시장에서 옮겨 쓴 것이다. …(중략)… 원元 통제사의 교서나 제문이 모두 상감의 말씀인데 당시의 대언大言(승지承旨)하는 신하들이 어찌 감히 털끝만큼인들 허위로 과장하였을 것인가. 그의 자손들이 원통하다고 말하는 것은 당연한 일이다."

하며 통탄한 것은 이식이 쓴 이순신의 시장이 잘못되었다는 것을 시인하고 경고한 것이다. 그리하여 송문길은 이순신의 비문을 거절하였다. 『이충무공전서』 권9에

공은 전라 우수사 김억추를 불러 병선을 거두어 모으게 하고
…(후략)…

라고 기록되어 있으며 같은 책 권 10에

7월 16일 원균이 패하고 이억기도 죽으므로 권율 도원수가 이순신을 진주로 보내어 흩어진 군사를 거두게 했던 바 조정에서 다시 공으로서 통제사를 삼았다. 공이 진주로부터 보성에 이르러 장수들을 약간 모으고 군사 백여 명을 얻어 회령포에 도착하니 경상 우수사 배설이 다만 전선 8척을 가졌고 …(하략)…

송시열 초상

하는 구절이 있으며 김억추에 대하여도 『이충무공전서』권 16 부록 15의 6행을 보면 1795년(정조 19) 현무공顯武公으로 시호 받은 것이 고증되어 있다. 이로써 김억추나 배설이 도망갔다는 누명은 벗어진 셈이며 이순신이 『난중일기』에 도망갔다고 표현한 것이 사실이 아님도 입증되었다.

그렇지만 송준길이 비문 쓰기를 거절한 것과 달리 우암 송시열은 여러 비에 '원균이 패하여 죽었다' 거나 또는 '도망가다 죽었다' 라고 써넣었다.

그러나 당시 제학 이민서李敏敍가 쓴 「명량대첩비문鳴梁大捷碑文」을 보면

원균이 이미 공(이순신)을 대신하여 많은 군사로 왜적과 싸우다 마침내 져서 군사와 무기와 군량을 모조리 잃어버리고 한산 섬도 벌써 무너진 뒤였다.

라고 기록하여 원균이 달아났다는 것을 부인하고 있다. 칠천량에서 패전하자 선조는 대신들에게

원균이 일찍이 절영도 앞바다로 나가는 것은 참 어렵다고 하더니 이

제 과연 그렇게 되고 말았다. 무슨 일이나 그때의 정세를 보고 할 일이며 또 요충지를 튼튼히 지키고 있는 것이 제일인데 도원수(권율부權慄部)가 원균을 독촉해서 이렇게 되었다.

라고 말 한 것이 『선조실록』 선조 30년 7월 22일자가 고증하고 있다. 또 같은 해 11월 1일자의 기록을 보면 사헌부에서 상소를 올려 칠천량 해전의 패전 책임이 권율에게 있으니 논죄해야 한다고 탄핵한 것을 알 수 있다.

도원수 권율은 이미 군을 통제하라는 사명을 맡았으니 마땅히 밤낮으로 적을 칠 생각을 하고 있어야 함에도 오래도록 적과 대치하고 있으면서 한번도 대책을 세워서 대응하는 일이 없었고 더욱이 지난번 수군의 싸움에서는 비록 조정의 명령이 있었다 하더라도 원수 된 자로서 병력을 헤아리고 시기를 살펴서 능히 적을 당하기 어려운 형편이면 조정에 장계를 올려 그와 같이 후회되는 일이 없도록 함이 마땅하거늘 그러한 계책도 내리지 못하고 경솔하고 망령된 생각으로 원균에게 곤장 형을 가하여 출전을 독촉하였으므로 인하여 마침내 6년 동안이나 경영하여 겨우 확보한 수군을 여지없이 패하게 하였습니다. 또한 그 많은 산성을 하나도 지키지 못하여 적으로 하여금 호남으로 들어오게 하여 군사와 백성들이 무너지고 흩어져서 남원이 함락되고 전라도의 전부가 적의 수중에 떨어지고 호서湖西의 각 읍도 또한 짓밟힌바 되어 적의 칼날이 지나는 곳에 백골이 들판에 가득하여 지난 임진년의 참상보다도 더욱 심하였고 왜적들이 경기 지방에 박도함에 도성이 거의 함락하게 되었으니 이는 나라를 망하게 한 원수입니다. …(중략)… 청하옵건대 다시 조정에게 명하시어 잡아와서 국문하시고 법에 의하여 죄를 정하게 하소서.

그러나 사헌부에서 이 탄핵 상소를 올린 때는 아직 치열한 전쟁이 계속되고 있었던 때이므로 그 시행이 보류되었다. 이와 같이 선조나 당시 조정의 공론들은 칠천량 해전의 패전 책임이 원균에게만 있다기보다는 도원수 권율의 책임 비중이 더 크다고 생각하였다.

이순신이 아직 죄인으로서 백의종군하다 통제사 원균이 전사하자 권율의 군령으로 회령포에서 김억추와 배설을 만나 두 장군이 만든 거북선으로 1597년 9월 16일 명량 해전에서 승리하자 선조는 그로부터 두 달 후인 11월 16일 사형을 면제하는 면사첩을 이순신에게 내렸다.

전란 이후의 전공 평가

전란이 끝나고 3년 후인 1601년(선조 34) 3월부터 공신 책정의 논의가 시작되었으며 이 작업은 1604년(선조 37) 10월에 매듭지어 졌으니 무려 3년 7개월이란 긴 시일이 걸렸다.

그동안에 공신도감 및 군공청과 의정부에서는 공을 논하여 등급을 결정하는 데 있어 실적과 공의에 따라서 공정한 판단을 하기 위해 명재상으로 손꼽히는 한음 이덕형, 오성鰲城 이항복, 오리梧里 이원익 등과 여러 조정의 중신들이 공의를 거듭하여 수십 차례의 회의를 거쳤으며 실증을 수집하고 남긴 고증을 모아 공신록을 정하였다. 이렇듯 조선왕조의 충신들이 책임을 지고 심의 결정한 공신 서열은 빈청과 의정부의 심의를 다시 거친 다음 마지막으로 임금에게 품하여 재가를 받아 선조의 옥새를 찍는 절차를 거쳤다. 이렇게 임진왜란에서 전사하거나 생존하여 나라를 구한 충신에게 내린 것이 이름하여 선무공신, 선무원종공신, 호성공신이다.

이렇게 임진왜란이 끝난 지 6년이 지난 후 여러 우여곡절을 겪은 끝에 전공 평가가 마무리 되었다. 일본과 싸운 선무공신록宣武功臣錄에서 선무공신 1·2·3등 18공신과 선무원종공신록宣武原從功臣錄의 선무원종공신 1·2·3등 9,056공신, 호성공신록扈聖公臣錄의 호성공신 2,554공신 전부 11,628명의 구국 충신들에게 공신 교서를 내리고 포상하였다.

임진왜란 7년의 맞수 이순신과 원균 그리고 권율은 함께 선무일등공신으로 책록되었다. 그리고 원균의 관작을 높여서 자헌대부 지중추부사 증효충장의 적의협력 선무공신 숭록대부 의정부좌찬성 겸 판의금부사 원릉군資憲大夫知中樞府事贈效忠仗義迪毅協力宣武功臣崇祿大夫議政府左贊成兼判義禁府事原陵君으로 추봉하였으며 조정에서는 예관을 파견하여 원균의 가묘家墓에 예장하였다.

아래는 선조가 원균을 어떻게 생각하고 평가하였는지에 대한 기록이다.

원균이 패전한 뒤에 사람들이 그를 비방하지만 나의 의견은 그렇지 않다. 원균은 참으로 용맹스럽고 지혜로운 사람이다. 우리나라의 일반적인 공론의 관습은 한 가지에 능하면 모두 칭찬하고 한 가지에 실패하면 모두를 나쁘다고 하는 경향이 있다. 그러나 영웅이란 한두 가지 실패를 가지고 논할 수는 없는 것이다.

원균으로 말하면 내가 그를 만나보지는 못했으나 지난 임진년 초에 왜란을 당하였을 때에 이순신과 더불어 협력하여 왜적을 쳤으며 싸움에는 반드시 앞장을 섰으니 그가 용감하게 싸운 것을 가히 알 수 있다. 그가 칠천량에서 패전한 후에 모두들 다투어 원균에게로 책임을 돌리려 하지마는 그 패전은 원균의 책임이 아니며 사실은 조정에서 너무 재촉해서 밀어낸 탓이다. 그가 올린 장계를 보니 안골포의 왜적이 뱃길을 막고 있어서 마음 놓고 나아갈 수 없으니 육군으로 하여금 먼저 그곳의 적을 몰아내 준 다음에야 가히 나아갈 수 있다고 하였는데도 도원수는 원균을 잡아다가 곤장을 치면서 출전을 재촉만 하였으니 비록 반드시 패전할 것을 알면서도 그로서는 어쩔 수 없이 나아간 것이니 이것이 과연 원균이 스스로 패한 것이라 할 수 있겠는가?

뒤에 들으니 조정에서 부산 앞바다로 출전할 것을 재촉한다는 말을 듣고 전라 우수사 이억기와 충청 수사 최호와 더불어 서로 말하기를 "명령을 어기고 출전을 안 하면 우리 세 사람이 죽을 뿐이겠으나 명령에 따라 출전하면 나라를 욕되게 함이 적지 않으리라."

하였다 하니 그와 같은 말을 한 그들에게 패전의 책임을 씌운다는 것은 옳은 일이 아니다. 이 문제는 내가 평소에 매우 마음이 편치 않아서 말하는 것이다. 이에 대해 외부의 공론들은 어떠한가.

『선조실록』선조 34(1601)년 1월 27일

이때 병조판서 이덕형은

이덕형 초상

"신이 지난해 남쪽에 가서 들어 보
았더니 그곳 사람들이 말하기를 원
균은 나라를 위하여 죽을 장수라고
하였습니다. 이순신이 잡혀온 뒤에
원균을 그곳에 보냈더니 그때 제장
들은 모두 이순신의 부하였으므로
그들은 원균과 더불어 서로 협력을
하지 않아서 원균은 고립되고 있었습니다. 부체찰사인 한효순이 어
떠한 조치를 취하려 하였는데 그전에 패전하고 말았습니다. 여러 장
수들(이순신의 부하)의 말을 비록 진실로 받아들일 수 없습니다마는
배를 젓는 결군들의 말은 가히 믿을만 하다고 생각합니다."

라고 선조에게 아뢰었다. 이는 이덕형이 남방에 가서 해전의 진상
을 조사하기 위해 여러 사람들의 말을 듣고 와서 보고한 것으로 원균
을 고립시켰던 여러 장수들이 자신들의 책임을 모면하기 위해 여러
변명과 더불어 원균에게 책임을 전가하는 말이 많았다는 것을 지적한
것이다. 이덕형의 말을 들은 선조는

"병서에 대장을 죽게 하면 차장을 벤다 하였으니 원균이 패하여 죽었으니 그 휘하에 있던 자들을 모두 다 죽이지는 못할 망정 법에 따라 심사하여 처벌함이 옳은 것인데 그때 원균의 휘하에 있었던 자들이 지금은 고관대작이 된 자가 많다. 그들은 그대로 두고 패전의 죄를 모두 원균에게만 돌리니 나는 원균의 충성된 마음이 후세에까지 밝혀지지 아니할까 두렵게 생각된다. 그렇게 되면 지하에 있는 원균이 어찌 그 죄에 복종할 것이며 또한 원통하게 생각하지 않을 것인가. 원균의 용맹함은 삼군에 으뜸이었을 뿐만 아니라 그 지혜로움 또한 제일이었다."

하며 한탄 섞인 발언을 하였다. 이상의 기록을 보면 원균에게 패전 책임이 있지 않다고 단언하는 선조의 확고한 의중을 알 수 있다.

이 대화를 통해 알 수 있는 또 하나의 중요한 사실은 원균을 따돌리고 고립시켰던 이순신의 부하였던 여러 장수들이 통제사와 수사들이 전사한 해전에서 살아남아 고관대작이 되었으며 이제는 자신들의 죄를 면하기 위해 패전의 책임을 모두 원균에게로 뒤집어씌우는 일에 가담하고 있다는 것이다.

그렇게 하지 아니할 경우 선조의 말과 같이 그들이 대장인 통제사와 수사를 죽게 한 죄로 자신들이 참형을 당해야 하기 때문이다. 그들은 원균이 통제사로 부임하자 그를 따돌리고 "적을 만나면 오직 달아남이 있을 뿐이다"라고 입버릇처럼 말하던 사람들이었으니 과연 그들이 전력을 다하여 싸웠다고 생각할 수 없으며 이러한 그들의 행동은 칠천량 해전 패전의 치명적 요인의 하나로 작용한 것으로 보아야 할 것이다.

『난중일기』 선조 30(1597)년 7월 22일자를 보면 처음에 이순신의 부하였던 이들이 원균이 전사하자 이순신에게로 달려가서

"대장 원균이 적을 보자 먼저 육지로 달아나고 여러 장수들이 모두 육지로 달아나서 이 지경에 이르렀다. 그의 살점이라도 뜯어먹고 싶다."

고 하였으며 이순신조차도 그들이 말하는 것을 차마 입으로 옮길 수 없다고 기록하고 있다. 이 일에 대해 조경남은 그의 『난중잡록』에

만약 원균이 전사한 것을 두고 불충한 사람이라고 죄를 준다면 그의 위급한 처지를 보고도 이를 구하지 아니하고 구차스럽게 살아남겠다고 달아나서 목숨을 보전한 그자들에게는 무슨 죄로 다스려야 할 것인가.

라고 하며 비판하였다.

한편 공신도감에서는 일본군과 싸워서 크게 공을 세운 장수 중에서 그 공이 가장 두드러진 몇 사람의 명단을 올렸는데 『선조실록』 선조 35(1602)년 4월 20일에는

우리나라 장수 중에 난을 당했을 때에 왜군을 평정한 자 중에서도 가장 공이 두드러진 자를 가려서 녹훈치 아니하면 아니됩니다. 그와 같은 자로는 권율, 이정암, 이순신, 원균을 현저한 유공자라고 하겠습니다.

라고 하였으며, 다음해 2월 12일자의 기록에는

그간의 장계들을 살펴보니 이순신은 그의 휘하인 권준, 이순신李純信, 안위, 배흥립裵興立 등의 전공이 두드러진다 하였고 원균은 그의 휘하인 이운룡, 우치적이 다른 장수보다 공이 뛰어난 자라 하였습니다.

하고 공신도감에서 품신할 때 선조는

"그건 그러려니와 우리나라에서 왜적을 무찌른 장수 중에 해전에서 이긴 자로는 이순신과 원균의 공이 제일 두드러진다."

라고 강조하였다. 여기에서 보는 바와 같이 이운룡, 우치적은 분명히 원균의 휘하에서 용전분투하였으며 그의 상사인 원균이 그들의 전공을 조정으로 보고하였음을 알 수 있다.

그런데 이식은 이운룡의 비문을 쓰면서 이운룡이 이순신의 휘하에서 용전분투한 것처럼 묘비명 병서에 원균에 대해 17차례나 기명하면

광명시에 있는 이순신李純信 묘

서 악담하였다.

『선조실록』 선조 37(1604)년 6월 21일자에서 빈청賓廳에 올린 공훈 심사 보고를 보면

> 이순신과 원균 두 장군 휘하에 있었던 장령들 중에서 이순신李純信
> 은 순신의 관하 장령이었으며 이운룡과 우치적은 원균의 관하 장령
> 이었습니다. 이 네 사람은 모두 해전에서 이긴 자들인바 그 우열을 논
> 할 수 없을 정도로 일체의 공이 같아서 경중을 구분하기 어렵습니다.

하였으며 또한 사초를 기록하는 사관들은 다음과 같이 기록하고 있다.

> 원균과 이순신이 해상에서 세운 공은 오히려 권율보다 더 크다.

이상 선조를 비롯하여 4도 체찰사인 이덕형, 조경남 그 외 군공청과 공신도감에서부터 말단 관리인 사관에 이르기까지 원균과 이순신의 공을 비교적 동등하게 평가하고 있으나 공신도감에서 작성한 최후안에서는 원균이 칠천량 해전에서 패전한 것은 타의에 의한 부득이한 것이었으나 수군을 통솔하는 대장으로서 그 책임을 면할 수 없다 하여 선무 2등 공신으로 분류하였다. 이를 안 선조는

> "나는 일찍이 원균은 지智와 용勇을 겸비한 장수로되 그 운명이 때를 잘못 만났으므로 공은 이지러지고 일은 패하게 된 것으로 생각하며 그의 충성된 마음과 공적이 자취가 밝혀지지 못하게 된 것이다. 오늘날 논공을 함에 있어서 원균을 도리어 2등으로 하겠다 하니 어찌 원통하지 아니한가. 그렇게 되면 원균이 또한 지하에서 눈을 감지 못할 것이다."

이와 같이 말씀하시고 비망기를 내려 원균을 선무 1등 공신으로 책훈하였다. 서열은 이순신, 권율, 원균의 순이다.

춘파당春坡堂 이성령李星齡은 『춘파당 일월록』에서

> 원균이 비록 싸우다 죽었으니 망했다고 하나 이것은 불충불의의 소치가 아니거늘 후세에 말하기 좋아하는 사람들은 딴소리들만 한다지만 그 당시의 장수로서 원균보다 뛰어난 자 몇 명이나 있었던가? 그 후에 논공행상에서 원균이 역시 선무공신 원훈의 한 사람으로 되

었으니 아아! 왕법은 역시 공명정대하고나.

하였다. 다른 수군 장령들은 전라 좌수영 이억기가 선무 2등 공신으로 책훈되고, 원균 휘하 장령 중 처음에는 이운룡, 우치적, 기효근, 이광악 등 네 사람이 공신 후보로 올랐으나 최종 단계에서 우치적은 탈락하고 세 사람만 선무 3등 공신으로 책훈됐으며 이순신 휘하에서는 권준과 이순신李純信 두 사람만이 선무 3등 공신으로 책정되었다.

이와 같은 공신 책훈으로 보았을 때 경상 우수영의 장령들이 전라 좌수영의 장령들보다 우대를 받았으며 그 공을 인정받았음을 알 수 있다. 사헌부 대사헌 김간은

"아아 슬프도다. 원균은 충성스럽고 순박하여 진중에서 죽겠다는 뜻을 품고 처음에는 북쪽 오랑캐를 토벌하는 데 공을 세워 나라 안에 그 명성을 떨치더니 바다 오랑캐와 만나 싸워서 여러 진영이 와해되는 날에 분발하여 몸을 돌보지 아니하고 장병을 격려하였으며 이순신과 마음과 힘을 합하기를 청하여 적과 싸움에 불태우고 빼앗고 붙잡고 베인 공이 이순신에게 뒤진바 없도다.

정유재란을 당함에 조정이 왜적에게 속아서 원균으로 하여금 군사를 패하게 하고 끝내는 목숨을 잃게 하였는데도 원균이 죽은 후에 그를 비방하는 말들이 분분하니 원균의 충성과 공적이 아주 묻혀버리고 나타나지 못할 뻔하였으나 선조께서 그의 억울한 사정을 깊이 살피시고 전후해서 공정한 유지를 내리셨을 뿐 아니라 그의 녹훈 교서

에서 원균의 공적을 더욱 명백히 하시었다.

선조께서는 이에 더하여 원균의 원통한 일에 대하여 옛날의 가서한 哥舒翰과 양무적楊無敵[14]의 예를 들어 말씀까지 하였으니 아아 크시도다. 임금의 말씀이시여! 이는 영세永世에 공증公證이 되기에 족하리라. 만일 원균의 영혼이 아는 바 있다면 반드시 지하에서 흐느껴 울 것이오 또한 이학사李學士가 지은 원균 전기와 우재尤齋 선생(송준길)의 말씀으로 그 당시에 믿을 만한 인정을 받았으니 이는 능히 내세에 충분한 고증이 될 수 있으리라."

하였다.

---

14) 가서한哥舒翰은 중국의 장수로서 강제로 전쟁터로 나갔다가 전사하였으며 양무적楊無敵 또한 협박으로 인하여 싸우다 억울하게 죽음을 당하였다.

제7부

왜곡된 원균의 일생

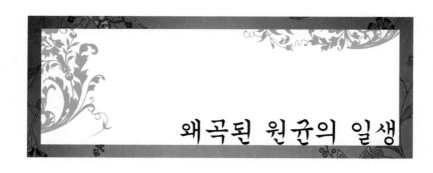

왜곡된 원균의 일생

이미 갈고 닦여져 있는 보석보다는 묻혀 있던 보석을 발굴하였다면 이를 갈고 닦는 데 심혈을 기울이게 되고 더 큰 관심을 갖게 되는 것이 인지상정인 것과 같이, 이순신은 이미 그 공적이나 인품이 널리 알려져 있고 심지어는 왕조의 정사인 『선조실록』을 수정하여 변형된 수정실록을 남기면서까지 흠잡을 데 없는 성웅적인 인물로 묘사하였으니 이순신의 공적을 더 이상 무엇이라 찬양할 수 있겠는가.

그러나 이순신과 더불어 목숨을 바치고 혼신의 힘을 다해 조국을 위해 싸우고 당대의 선조로부터 그 공적을 똑같이 인정받아 일등 공신의 책록을 함께 받은 원균은, 당파의 발길에 짓밟히고 정략의 칼날에 난도질 되어 진흙 속에 묻혀 버렸으니, 이제 그 보석을 꺼내어 뒤집어쓴 오물을 털어 내고 닦고 보전하여 제 모습을 찾도록 하는 것이 옳은 일일 것이다.

이는 묻혀 짓밟힌 보석의 실체를 드러내어 진실을 바로 세우기 위함이며 좁게는 묻혀 있는 한 사람의 애국 충절을 바로 밝히고, 넓게는 역사 바로 세우기의 한 가닥으로 받아들여지기 바라는 마음 간절하다.

임진왜란 이전의 원균

원균의 본관은 원주이며, 자는 평중이다. 원균은 고려 개국공신 병부령 원극유의 후손이며 고조는 증 군자감정 원몽元蒙, 증조는 증 병조참의 원숙정元叔貞, 조부는 증 호조참판 원임元任이다.

원균의 아버지는 증 영의정 원준량으로서 증 영의정 평원부원군平原府院君 경상 좌병사이며 모친은 증 정경부인 양씨梁氏로 남원南原 희증希曾의 딸이다. 1540년(중종 35) 1월 5일 경기도 진위현(현 평택) 도일동에서 출생한 원균은 집안 대대로 내려오는 무신의 피를 이어받아 어려서부터 비범하고 용맹과 무술에 뛰어났으며 일찍이 무과에 급제하여 선전관이 되었다. 북변의 국경 지역인 함경도 조산造山 만호로 있을 때는 여진족 토벌에 큰 공을 세워 부령富寧 부사로 특진되었다.

이렇듯 원균은 무과에 급제한 뒤 주로 북방의 여진족을 토벌하며 큰 공을 세웠다. 종성으로 옮겨서는 병사 이일을 따라 여진족들의 근거지인 시전부락時錢部落의 오랑캐를 격파하여 북쪽 변방의 국방을 튼튼히 하는데 다시 한 번 큰 공을 세웠다. 그는 북방 오랑캐를 토벌할 때 언제나 선두에서 공격하는 맹장으로서 그에 대하여 실록에서는 다음과 같이 기록하고 있다.

병조 참의 조인득은 어전에서 말하기를 소신이 일찍이 종성에 가서 보니 원균은 비록 적군이 만 명이나 되어도 그들 앞에 종횡으로 돌진해 들어가려고 하더이다. 그 행군 또한 심히 진실할 뿐 아니라 탐욕 따위는 알지 못하더이다.

『선조실록』 선조 29(1596) 년 10월 21일

　　그러다 53세 되던 1592년 1월에 임진왜란이 일어나기 3개월 전에 경상 우수사로 임명되었다. 경상 우수사로 부임한 원균은 함경도 종성에 있다가 1592년 초에 왕명을 받았으므로 후임자와의 사무 인계와 거리 등을 고려할 때 실제로 경상도에 도착한 것은 1592년 2월 말이나 3월 초가 될 것이다.

　　그가 부임해 현지 사정을 살펴보니 전선이 채 10척도 되지 않았고, 전구 또한 변변치 못했다. 수군의 기강도 해이해져 있어 이를 바로잡는 것이 시급한 문제였다.

　　북쪽 끝 함경도 부령에서 여진족 토벌에 큰 공을 세우며 육장으로서 용맹을 떨치던 그가 선조의 명을 받고 불원천리 험한 길을 달려 남쪽 끝 경상 우수영에 이르렀을 당시 쓸 만한 배라고는 8~9척에 불과한 상황이었다. 문약文弱에 빠진 조정으로 인하여 의무병 제도는 거의 허물어져 버려 병역제도는 말뿐이었고 군사적으로는 공백기 상태가 되어 육군의 진영이나 수군의 관포官浦[15]에는 상비병이란 형식적 상근 병력이 소수가 있었을 뿐이었다.

---

15) 관포官浦: 고어로서 해안에 위치한 수군의 관아를 말한다.

유성룡은 그의 『징비록』에서도

정병 3백 명을 선발하여 전선에 보내려고 병조에서 선병을 하려 하였
더니 그들은 모두 여염집이거나 시중 백도이거나 서리 유생이 반이
라 임시로 점검을 하니 유생들은 관복을 입고 손에는 책을 들고 나왔
으며 서리들은 머리에 평정건을 쓰고 있어 제각기 모면만 하려는 자
가 뜰에 가득하니 데리고 갈 만한 자가 없어 3일이 지나도록 떠나지
를 못하였다.

고 기록하고 있다. 선조는 그때 우리나라가 문약에 빠져서 군병이
라고는 거의 없는 상태였다고 다음과 같이 개탄하였다.

우리나라의 유생들은 무인을 보기를 이단시하여 박대하였고 문폐文
弊는 극도에 이르렀으며, 그러한 현상은 경상도가 더욱 심했다. 전에
윤탁연으로부터 들은 말에 의하면 영남의 요충지인 상주에는 오로
지 세 사람의 활쏘는 군사가 있었을 뿐이라고 하였다.

『선조실록』 선조 26(1593)년 6월 17일

이런 상황에서 일본이 1592년 4월 13일 부산 바다에 와서 4월 14일
부산진성釜山鎭城을 침공해오기 한 달 전에 일본의 침범을 예측하여
믿을 만한 장수를 원균이라고 판단하고 최전방인 거제에 있는 경상도
우수영의 경상 우수사로 왕명을 내린 선조와 조정의 용단이 보인다.

일본과의 전운이 짙어지자 조정에서는 우리나라 제일 북쪽 북변北辺에서 용맹을 떨치던 원균을 적이 침공하는 길목으로 보내 우수사로서 전력을 다하도록 했다는 기록이 있다.

경상도 해안 특히 부산포 앞바다는 전라도 쪽보다는 일본에서 가깝고 겨울에도 얼어붙지 않는, 아늑한 자연 방파제를 이루고 있는 천혜의 항구적 요건을 갖춘 대륙 진출의 관문으로서 일본의 주 공략 목표가 되었다.

그 외에도 우리나라는 지리적으로 북으로는 드넓은 대륙에 접해 있고 동서남의 삼면이 바다에 접해 있으며 동해의 거센 물결은 일본 열도가 병풍처럼 막아서 있고, 후련히 터진 남해의 길목에는 제주도가 그 길목을 지키고 있다. 기후가 온화하고 사계절이 뚜렷하며 지진이나 천재지변이 잦거나 심하지 않은, 동방의 살기 좋은 나라로 예로부터 정평이 나 있었던 것이다.

그리하여 항상 잦고 큰 지진과 폭풍의 길목에서 시달리며 사는 일본은 호시탐탐 한반도의 땅을 넘보아 왔으며 특히 가까운 대마도의 왜구들은 수시로 남해안 일대에 출몰하여 재물을 노략질하고 아녀자들을 괴롭혀 왔다.

일본의 행악질이 날로 심해지고 조직화되며 심상치 않은 조짐이 보이자 위급을 느끼게 된 조선은 경상도 앞바다를 지켜야 할 용장이 필요하다는 조정의 격론을 거쳐 1592년에 이르러 함경도 부령 부사로 있던 원균을 경상 우수사로 임용하게 된 것이다.

또 풍부한 어장과 곡창지대인 전라도의 앞바다를 지키기 위해 당시

정읍 현감으로 있던 이순신을 조유용과 정탁의 추천으로 전라 좌수사로 파격적인 초배를 받도록 하였다. 현감에서 수사로 무려 여섯 품계를 뛰어넘은 이 파격적인 임용을 두고 사간원에서는 크게 반발을 하고 나섰으나 선조의 신임으로 결국 수사직에 등용되었다.

당시의 『선조실록』 선조 24(1591)년 2월 5일자에는

> 이순신은 사관으로서의 경력이 얕을 뿐만 아니라, 또한 여러 사람들의 중망을 채우기에는 흡족하지 못합니다. 비록 나라에 인재가 드물다 할지라도 한낱 현감을 수사로 임용함은 관작의 남용이니 속히 갈으로서.

라고 한 기록이 보인다. 그러나 선조는 며칠 뒤인 2월 13일

> "그는 족히 그 임무를 감당할 수 있으므로 임용한 것이니 관작의 고하를 따지지 말라."

한 기록이 있으며 그 후에도 사간원에서는 또다시 반대하는 상소를 올렸으나

> "두 번 다시 거론치 말라."

하여 결국 파격적인 초배로 수사직에 나아가게 된 것이다. 이때가

임진왜란이 일어나기 1년 2개월 전의 일이다.

한편 원균에게 경상도는 아주 생소했던 지역은 아니었다. 임진왜란이 발발하기 15년 전에 거제 현령으로 근무한 일이 있음을 『거제읍지巨濟邑誌』에서 고증하고 있다. 원균이 임지에 부임해 보니 이운룡이 3년 전에 거제 옥포 만호로 와 있었다.

부임 두 달 만에 발발한 임진왜란

선조의 명으로 경상 우수사로 임명되었으나 그로부터 세 달도 못되어 미처 군비를 늘리거나 구체적인 전략을 세울 겨를도 없는 상황에서 임진왜란을 맞이하고 말았다. 이때 전쟁의 상황을 제일 먼저 조정에 알린 사람은 원균이었다.

금 4월 13일 신시申時, 왜선 10척이 좌도 구이도를 경과하여 부산포로 향하며 연속하여 출래出來하였습니다.

라고 전하였으며 두 번째 보고로

왜선 150여 척이 해운대 부산포로 향하고 있습니다.

라고 임진왜란의 급보를 올렸다. 철저한 준비 끝에 조선을 침략한 일본과는 달리 제대로 대비하지 못한 우리 군은 수세에 몰릴 수밖에 없었고 백성들은 모두 피난하여 뿔뿔이 흩어졌다. 이런 상황에서 4월 14일 박홍이 이끄는 경상 좌수영군이 일본과의 교전도 없이 궤멸되자, 원균이 관할하는 경상 우수영의 장병들도 대부분 흩어지고 말았다. 이에 원균은 흩어진 장병들을 모으는 한편 우후 우응진에게 본영을 지키게 하고, 옥포 만호 이운룡과 영등포 만호 우치적, 남해 현감 기효근 등으로 하여금 곤양 해구를 지키도록 하였다.

이 당시 일본 전선은 350여 척에 달하였다. 배 한 척이 차지하는 범위를 생각할 때 실로 바다를 온통 배로 메운 듯이 새까맣게 깔려 있다는 표현이 옳을 것이다. 그러나 원균에게는 짧은 준비 기간에 마련된 큰 전선 4척과 이에 쓸 만한 보조 전선까지 합하여 10척도 안 되는 배를 보유하고 있을 뿐이었다. 그럼에도 이 전선을 끌고 일본 함대를 향해 정면으로 당파하여 적선 10여 척을 깨부수고 불살라 버리면서 거제도 방면으로 진출하려는 일본군을 이순신의 지원 함대가 오기까지 20여 일간이나 단독 방어를 했다. 이때 원균이 일본 함대와 제대로 대적하지 못했다면 일본군은 불과 며칠 만에 전라 좌수영인 여수 근처까지 진격을 하였을 것이다.

그럼에도 불구하고 일본은 20만의 수륙 병력을 동원하여 우리나라를 침범한 다음날인 1592년 4월 14일 부산 동래 등을 함락시키고, 5월 초에는 이미 서울을 함락시키고 말았다. 불과 상륙한 지 보름 남짓하여 서울이 함락되었으니 원균이 길목을 지키고 있는 바다의 상황은 어떠했겠는가.

일본의 계획은 틀어지고

　일본 수군은 한강이나 대동강에서 육군과 합류하여 손을 잡기로 하였으나 4월 14일 개전 벽두부터 원균이 지휘하는 수군의 당파 전법에 힘을 못 썼으며, 5월 7일부터 이순신과의 합동작전으로 벌인 옥포 해전 때까지 약 20일간을 한강은커녕 거제도 일부에 진출하였을 뿐 더 나아가지를 못하였다.

　일본의 계획은 육군이 서울과 평양을 진격하는 동안 수군은 부산으로부터 거제도와 여수를 거쳐 서해를 돌아서 한강과 대동강에서 합류하고 수로를 따라 육군의 보급과 병력 등을 운반할 계획이었으나 좌절되고 만 것이다.

　만약 원균의 당초 요청대로 초전에 이순신이 청군에 응하여 합동작전만 이루어졌다면 임진왜란의 양상은 크게 달라졌을 것이고, 또한 전 국토가 유린당하는 참상을 면하게 되었을지도 모른다.

　개전 초 일본 전선들은 숫자는 많았으나 약하고 얇은 삼나무로 만든 배였고 또 먼 뱃길을 오느라 수병들은 피로한 상태에 병기는 조총과 칼뿐이었던 데 반해 우리 전함은 육중하고 질긴 육송으로 만들어져 속도는 느리지만 매우 견고하여 충돌해도 부서지지 않았기 때문에 당파 전법에 능하였을 뿐 아니라 활과 화전과 대포를 보유하고 있었으며 해전의 전략 전술 등이 모두 우세하여 일본의 수병은 막상 맞닥뜨리면 이리저리 도망하고 육지로 피해버리기가 일쑤였기 때문이다.

　처음 원균이 원병을 요청했던 1592년 4월 15일이나 16일경에 일본의 본영을 공격했다면 그때는 미처 일본군이 육지에 올라가 교두보를 확보하지 못하였을 때였고, 만일 육병이 상륙한 후라 하더라도 전쟁 도구와 보급품은 아직 해상에 있었을 것이므로 이를 공격하여 격파했다면 보급이 두절된 육병은 부산에서 꼼짝도 못한 채 북진의 기력을 잃었을 것이 확실하다. 이렇게 됐다면 우리는 시간적 여유를 얻을 수 있었을 것이고, 보다 조직적이고 효과적인 전쟁을 할 수 있게 되어 나라의 임금이 폭우가 쏟아지는 진창길에 횃불을 들고 평양으로까지 피난을 떠나야 하는 수모는 겪지 않았을 것으로 생각된다.

역사에는 만약이라는 가정은 없고 오직 하나의 사실만이 있을 뿐이므로 원통하지만 만약이란 가정은 부질없는 일일지도 모르나 역사는 현재와 미래를 밝힐 수 있는 거울이 될 수도 있다는 점에서 판단해 볼 수 있을 것이다.

일본군의 정세를 살피던 원균은 홀로 막는 것이 어렵다고 판단해 이순신에게 지원을 요청하였으나 이순신은 관할 구역을 지키는데 한계가 있다는 이유로 몇 차례의 지원 요청에도 쉽게 응하지 않았다.

1592년 5월 6일 조정으로부터 출전하라는 명령을 받은 이순신이 드디어 전선 24척을 거느리고 전라 우수사 이억기와 함께 거제 앞바다로 집결하였고 이튿날인 5월 7일 3도의 수군이 합동하여 옥포로 진격하였다. 원균이 으뜸 장수로서 적의 중앙을 곧바로 공격하자 이순신이 그 기세를 몰아 합세하여 일본군을 크게 무찔렀다. 그 공으로 조정에서 이순신에게는 자헌대부를, 원균에게는 1품계 아래인 가선대부를 내리면서부터 둘 사이에 불화가 싹트기 시작했다. 그러나 원균은 이후로도 이순신, 이억기와 함께 합포, 적진포, 사천, 당포, 당항포, 율포, 한산도, 안골포, 부산포 등 여러 해전에 참전하여 적선 수십 척을 불태우고 적군을 섬멸하는 등 전투를 승리로 이끌었다.

당시 남방에 선전관으로 파견되어 있다가 돌아온 민종신에게 남방의 상황에 대해 선조가 묻자 민종신은

"남방에서 원균이 적선 30여 척을 공파했습니다."

라고 한 기록이 『선조실록』 선조 25(1592)년 5월 10일자에 있다.

당시 왜병이라는 말만 들어도 달아나 버리려는 군병들의 사기를 생각할 때 원균이 결사적으로 돌격하는 모습은 아직 해전에 경험이 없던 전라 좌수영 휘하 수군들에게 큰 용기와 자신을 심어 주었으며 군율의 엄격함을 일깨워 주는 계기가 되었다.

또한 원균 행장기와 실록의 기록, 기타 문헌을 종합 검토해 보면 1592년 5월 6일 이순신이 거느린 24척의 원병을 맞은 원균은 눈물로 사례를 했다고 되어 있다.

그는 이렇게 하여 만난 이순신과 합동작전 계획을 세운 다음 관할 수사로서의 책임감 등에서 스스로 선봉에 섰다. 이운룡과 우치적을 좌우에 앞세우고 그의 외동아들인 당년 18세의 원사웅과 함께 최선봉의 선상에 서서 적을 향해 물길을 헤쳐 나갔다. 드디어 옥포 앞바다에서 적의 첫 선단 30여 척과 맞서게 되자 합동 함대는 전열을 다시 가다듬어 곧 전투 준비에 들어갔다.

원균은 이미 수차례의 당파 분멸 전법 등으로 해전의 경험이 있었기에 어느 정도 자신이 있었다. 우선 배의 튼튼함에서 일본 전선은 상대가 되지 아니하였고, 무기 역시 마찬가지였다.

그는 망설이는 병졸들에게 돌진 명령을 내리다가 그에 따르지 않는 자가 있으면 가차 없이 단칼에 내리쳤으므로 원균은 전쟁에 미쳤다는 원성까지 들었다고 한다. 그가 얼마나 죽기를 각오하고 용맹스럽게 전쟁을 수행하였는가 하는 것을 가히 짐작할 수가 있다.

그 때의 상황을 이덕형은 이렇게 보고하였다.

> 원균이 전에 경상 우수사로 있을 때에 전쟁에 임하여 주저하는 자가
> 있으면 가차 없이 칼로 내리쳤다. 그러므로 그는
> "원수사는 미쳤다."
> 는 소리를 들었다.
>
> 『선조실록』선조 34(1601)년 1월 17일

선봉장의 기세가 이와 같으니 따르지 않는 자 없이 죽기를 각오하고 싸우게 되어 기백은 충천하고 기세 또한 등등한지라 적은 기가 꺾이고 중앙은 무너지기 일쑤였다. 경상 우수영의 함대는 적장이 탄 배를 노획하고 적장인 우시축전수羽柴筑前守의 목을 잘랐으며 그 적장의 배에서 금 부채와 금 병풍 등 많은 노획물을 얻었다. 이때에 노획한 금 부채와 금 병풍을 이순신이 원균을 속이고 밤을 새워 단독 장계를 써서 선조에게 올리면서 함께 노획물로 바친 것이다.

그러나 이후 승전이 거듭되면서 이순신은 1593년 8월 삼도수군통제사에 임명되었고, 원균은 9월에 자헌대부 지중추부사로 승진하였다. 그러나 이순신과의 갈등이 커지면서 1595년(선조 28)에는 충청 병사로 1596년에는 전라 좌병사로 전임되었다.

어긋나는 화평 협의와 불리해지는 전쟁

지루한 전쟁이 계속되던 1597년(선조 30), 조정에서는 더 이상의 피해를 막기 위해 일본과 화평할 것을 협의하고 있었는데, 일본 장수들 간의 의견이 서로 달라 진전이 어려운 상황이었다. 이때 화평을 주장하던 고니시 유키나가가 강경론을 주장하던 가토 기요마사를 제거하기 위해 첩자인 요시라를 통해 경상 우병사 김응서에게 기요마사가 한 척의 배로 바다를 건너올 것이니 지키고 있다 잡으라는 정보를 알려왔다. 조정에서는 즉시 이순신에게 명해 기요마사를 잡으라 명하였으나, 이순신은 적의 계략인 것으로 여겨 여러 날 지체하다 결국 기요마사를 놓치고 말았다. 조정에서는 이 일의 책임을 물어 이순신을 압송하고, 대신 원균을 경상 우수사 겸 경상도 통제사로 임명하였다.

한편 조정에서는 원균에게 부산 앞바다로 공격할 것을 지시했으나, 당시 주변 정세로 보아 수군 단독으로 공격하기에는 무리가 따랐다. 이에 원균은 수륙병진을 조정에 건의하였는데 그 뜻이 받아들여지지 않았다. 하는 수 없이 기회를 엿보며 기다리던 원균은 7월 11일 머뭇거리며 공격을 하지 않는다는 이유로 도원수 권율에게 불려가 곤장을 맞기에 이르렀다.

　결국 군령을 어길 수 없었던 원균은 수군을 이끌고 부산 앞바다 칠천량으로 공격해 들어갔고 일본 선박을 격파하며 쫓아가던 수군은 뒤늦게 적의 진중으로 깊숙이 들어가 있음을 알고 영등포로 후퇴하였으나 숨어 있던 일본 전선이 공격을 가해 오자 급히 온라도로 후퇴하였고 계속되는 일본군의 추격을 피해 추원포에 진을 쳤다. 그러나 밤을 틈타 일본군이 침입해 전선에 불을 지르니 죽기를 각오하고 대항했던 우리 수군은 결국 무너지고 말았다. 원균은 하는 수 없이 배를 버리고 해안으로 올라갔으나 뒤따라온 적에게 죽임을 당하였다. 이때가 1597년(선조 30) 7월 16일로 그의 나이 58세였다.

원균의 죽음 뒤에 남겨진 오명들

　『이충무공전서』 권 9 부록에 원균의 전사에 대한 기록 중 『난중잡록』의 일부를 가져다 쓴 글이 있다.

　　원균이 몸뚱이는 살찌고 장대했는데 한 끼니에 한 말 밥을 먹었고 또 생선이면 다섯 뭇씩 그리고 닭이나 꿩은 서너 마리씩 먹었다고 사람들이 모두 풍자했다.

라며 원균의 모습을 비판적으로 말했지만 원균의 행장 및 선조의
교서 등을 볼 때는 다르다. 그 교서 중에 선조는

> "생각건대 그대는 농우隴右 땅의 뛰어난 인물이오, 산서山西 고을의
> 장한 장수라. 이 경기(경기輕騎는 이광李廣의 호)의 긴팔처럼 재치 있
> 는 패거리를 모두 쏴 맞혔고, 반정원班定遠의 굴센 머리 같이 만리에
> 뻗친 고기를 먹었도다. 뱀 같은 창을 쓰는 것이 웅장하고 표범 같은
> 계략은 신기함이 많았도다. 청백한 양반이 전쟁을 평정하고 뛰어난
> 명예를 지닌 이가 갈라지는 땅을 평온케 하였도다. 붉은 인수印綬는
> 북녘 땅 변두리에 휘감으니 초목도 그 이름을 알 만했고 푸른 투구는
> 남녘 산등성이에 걸어 두니 여우, 너구리가 자취를 감추었도다. 나쁜
> 운수는 1003에 속하고 재앙은 106에 해가 되어 바닷물에는 고래 떼가
> 무리지어 뛰는데 사나운 독수리는 물든 속세를 쪼았도다."

하였다. 그의 사후에도 원균을 비웃음거리로 만들려는 이들이 많았
으나 선조는 그의 충정을 깊이 헤아렸음을 알 수 있다. 임진왜란이 끝
나자 조정에서 공신을 책정하였는데 원균을 2등 공신으로 책봉하려
하자 선조는 그의 공을 말하며 훈1등勳一等 제3인第三人에 책봉하였다.
그리고 1604년(선조 37) 4월에는 효충장의 적의협력 선무공신效忠仗
義迪毅協力宣武功臣의 호를 하사하고, 숭록대부 의정부 좌찬성 겸 판의
금부사 원릉군崇錄大夫議政府左讚成兼判義禁府使原陵君으로 추증되었다.
선조는 그 이듬해인 1605년(선조 38) 예부랑 유성柳惺을 보내어 가묘에

제사를 지내도록 하였으며 또한 원균의 부인에게 급료를 주어 공양하게 하였는데, 광해군 대에 이르러 중단되었다가 인조반정仁祖反正 이후에 다시 급료를 하사하였다. 원균의 아내는 파평 윤씨坡平尹氏로 증 참판 윤언성尹彦成의 딸인데, 1547년(명종 2) 출생하여 1642년(인조 20) 96세의 나이로 별세하였다.

원균 사후에 당쟁은 거듭되었고, 역사의 소용돌이 속에서 진실은 점점 왜곡되어 갔다. 선무 1등 공신에 책정될 정도로 큰 공을 세웠던 원균의 업적은 빛을 잃었고, 오히려 이순신을 모함한 겁장이라는 오해를 받기에 이르렀다. 이에 학사 이선李選이 장군의 전기를 편찬하면서 기술하기를

원균이 거느린 군사의 수가 아주 적고 그 세력이 심히 약하였으므로 이순신에게 구원을 청하였으나 그가 도착하기 이전에 이미 적선을 불태워 깨트렸고 이 공으로 인하여 승급하였다. 이순신과 합세한 후에도 반드시 스스로 선봉이 되어 곧바로 적진에 돌진하여 적과의 싸움에 모두 승리하였으며, 비록 패전하였을 때에도 오히려 적선 10척을 깨트렸은즉 그 충의의 공열이 탁월하여 족히 일세의 호신虎臣이었다. 후세에 이순신을 위하여 문자를 희롱하는 무리들이 편벽한 소견으로 원균을 여지없이 공박하니 원균이 이순신에게 비교하여 성패의 자취는 약간 다를지언정 나라를 위하여 죽은 절개는 다름이 없었거늘 어찌하여 혹은 억누르고 혹은 찬양함이 이다지도 판이할 수 있겠는가.

하며 진실을 밝히려 노력했다. 하지만 이순신이 영웅으로 추앙 받는 분위기 속에서 이순신과 반목했던 원균은 상대적으로 저평가될 수밖에 없었고 안타깝게도 그 당시 생겨난 오해들은 지금까지도 이어져 내려왔다.

그러나 그 무엇으로도 진실을 가릴 수는 없다. 수많은 기록들이 아직도 생생히 남아 원균의 우국충정을 말해 주고 있기 때문이다. 원균은 젊어서는 육지에서 북방의 오랑캐를 막았고, 임진왜란이 일어나자 바다에서 일본군에 맞서 용맹스럽게 싸웠던 뛰어난 장수였다. 한 평생 나라를 위해 싸우다 결국 전장에서 최후를 맞았던 원균. 그는 진정 조선의 영웅이었다.

역사의 기록은 보탬도 줄임도 없는 저울대와 같아야 한다. 우리 범인들의 일상생활 속에서도 평소에 남에게 환영받지 못하던 사람이 막상 세상을 떠난 마당에서는 그 사람에 대한 평소의 미움을 덮어 주고 좋았던 일, 칭찬해야 할 일들만을 이야기하며 미담으로 덕담을 나누는 것이 상례이다.

하물며 개인의 욕망을 충족코자 함이 아니요, 어느 집단의 이익을 충족코자 함도 아니며, 오직 백척간두 위기에 처해 있는 나라와 민족의 운명을 수호하기 위해 불철주야로 노심초사하며 망망대해를 지키다 자신들을 불사른 원균과 이순신 두 분 장군의 희생적 정신에 후세에 살아가는 우리들이 미담으로 두 분의 영정을 빛나게 하는 것이 옳다. 그럼에도 그릇된 사관으로 충신과 간신, 선과 악, 극과 극으로 상반된 평가를 하여 배은의 죄를 범하면서, 더욱이 후손들에게까지 이를 교육의 지표로 삼아서는 안 되겠다는 생각을 떨쳐 버릴 수 없다.

울음밭과 애마총愛馬塚

원균에 대한 선조의 신뢰를 알 수 있는 하나의 일화가 있어 간략하게 싣고자 한다. 원균의 묘로부터 동북쪽으로 약 1킬로미터 거리에 원균이 생장한 집터가 있는데 이 터를 울음밭이라고 한다.

『선조실록』권 62에서 1595년(선조 28)의 기록을 보면 선조가

> 원균이 전마戰馬를 얻고자 하니
> "이제 내구마內廐馬 두 필을 보내 주되 한 필은 원균에게 주고 한 필은 영중營中에 두고 전투용으로 쓰게 하라."
> 하시며 원균 장군에게 말 두필을 하사하였다.

는 내용이 있으며 또한 1596년(선조 29) 원균이 전라 병사로 보직되어 대궐을 하직하는 날 선조가

> "경이 나라를 위하여 진력하는 충용의 정성은 고금에 그 예를 비길데 없으니 내가 일찍이 가상하게 여겼으나 아직 그에 대한 보답을 못하였던 터인데 지금 또다시 멀리 보내게 됨으로 내가 친히 전송하고자 하였는데 마침 몸이 편치 못하여 뜻대로 하지 못하였노라."

하고 궁중에서 타던 좋은 말 한 필을 하사하였다.

원균은 이 말을 항상 몸 가까이 두고 어루만지며 극진히 사랑하고 높고 깊은 성은에 감복하였는데 말도 영특하여 원균을 따르고 충성을 다하였다. 그러던 중 1597년(선조 30) 7월 16일에 원균이 칠천도량 해전에서 순국하자 말은 주인의 유품을 입에 물고 천리 길을 달려 경기도 평택 여좌동에 있는 원균의 생가로 돌아왔다. 슬피 울며 주인이 전사한 것을 알린 원균의 말은 지치고 슬퍼서 이내 죽고 말았다.

이러한 연유로 412년이 지난 지금까지도 그곳을 울음밭이라고 부르며, 그 고을 사람들은 원균의 충절과 더불어 주인에게 충정을 다한 애마의 갸륵함을 기리고자 원균의 묘 앞에 말을 묻고 조그만 무덤을 만들어 명복을 빌고 있다.

원균의 말이 묻힌 애마총과 그 뒤편으로 보이는 원균 묘소

원균은 어찌하여 시호가 없는가

    종친과 문무관 중에서 정2품 이상의 실직實職을 지낸 사람이 죽으면 시호를 주었는데 나중에는 범위가 확대되어서 제학, 유현, 절신 등은 정2품이 못 되어도 시호를 주었다. 해당자의 자손이나 관계되는 사람은 죽은 사람의 행장을 적은 시장을 예조에 제출하였고 예조에서 이것을 심의한 후 봉상시를 거쳐 홍문관에 보내서 시호를 정하였다. 시호를 정하는 법은 중국의 제도를 따른 것으로 생전의 행적에 알맞은 글자를 조합하여 두 자로 만들었는데 시호를 받는다는 것은 가장 영예로운 표창으로서 자손의 명예에 관계되는 중대한 일로 여겼다.

    「선무공신록」에는 이순신, 권율, 원균이 기재되어 있는데 이순신은 충무공忠武公, 권율은 충장공忠壯公의 시호를 받았고 선무 2등 공신인 김시민金時敏도 충무공忠武公의 시호를 받았다.

    그런데 원균에게는 시호가 없다. 원균의 외아들인 원사웅이 원균과 함께 전사하여 그의 혈손이 끊어지고 그 후 양자로 계속되다 보니 원균을 위한 시장을 지어 올리지 못하였으므로 시호를 받지 못한데 더하여 무고하게 죄를 뒤집어쓰고 비방을 받게 되었으니 감히 시장을 써서 예조에 제출하여 시호를 정하게 할 주선자가 없었던 것이다.

    원균의 정사를 밝히기 위해서는 이순신이 쓴 『난중일기』와 이순신이 올린 장계, 『선조실록』 그리고 『선조수정실록』 등을 대조 분석하여 가려낸 것이 있어야 되는데 조선 시대에는, 보통 권력자가 아니고서는 『난중일기』나 장계, 『선조실록』이나 『선조수정실록』을 입수할 수가 없었기 때문에 무조건 근거도 없이 원균이 나쁘다, 악장이다 하여도 반박이 쉽지 않았다. 제대로 된 사실 기록을 구할 수 없었기 때문에 이식을 위시한 이들에게 반박을 못하고 시호 청원을 못한 것이라고 보여진다.

이식이 쓴 이순신 시장

전술한 바와 같이 이운룡의 묘비명에서도 그러했듯이 이순신의 시장에도 원균을 무함하는 구절에 그의 이름이 열일곱 번 기록되어 있다. 그 밖에도 원균과 관계없이 부산 일본 군영 방화 사건을 허위로 보고할 때 이용한 경상 우수영 관하 안위를 모함하고 또, 원균과 관계없는 임진왜란 발발 5년 전 병사 이일에게 파직되어 백의종군한 점과 전라 좌수사 김억추가 진도와 해남 간에 쇠사슬을 만들어 포구 앞 바닷목을 막아 전공을 세우고, 경상 우수사 배설과 김억추가 거북선을 만들어 명량 해전에서 큰 승리를 거둔 것 등을 이순신 혼자서 한 것처럼 거짓으로 기록하였다. 거기다

경상 우수사 원균이 그가 거느린 수군을 모두 잃어버리고 자기 사람을 보내어 원병을 청하였다. 이순신은 즉시 병을 이끌고 나아가서 옥포 만호 이운룡과 영등포 만호 우치적으로 하여금 뱃길을 인도하게 하여 옥포에 이르자 먼저 30척의 왜선을 격파하였다.

라고 함으로로써 원균의 요청이 있자 이순신이 즉시 출병한 것처럼 기록하였으며, 경상 우수영의 장령들인 이운룡과 우치적을 이순신이 직접 지휘하여 옥포에서 30척의 일본 전선을 격파한 것처럼 기록하였다.

앞에서 우리는 이순신이 출동하기까지 원균이 5~6차례나 이영남을 시켜 원병을 요청하여도 출동하지 않으므로 할 수 없이 이 사정을 조정으로 장계하여 조정에서 지원하도록 이순신에게 명령하였고, 출전하지 않으려는 이순신에게 녹도 만호 정운이 칼을 들이밀며 협박하고 나서야 비로소 출동하였으며, 원균이 최초로 원병을 요청한 후 이순신이 출동하기까지 무려 20여 일의 시일이 흐른 것을 밝혔다. 그럼에도 이식은 이순신이 즉시 출전한 것으로 변조하고 거기다 이운룡과 우치적을 이순신의 부하인 양 말하며 역사에 대한 신뢰를 저버렸다. 이식은 또 이순신이 『난중일기』 1592년 초 6일조 기록에서 경상 우수영의 전함 6~7척이 집결한 것과 이순신이 올린 승전 장계에서도 6척의 전함이 원균의 휘하에 있었음을 확인하였음에도

처음에 원균은 단 한 척의 배로 이순신에게 의지하였으며 싸움이 있는 후 연명으로 전승 장계를 올렸으나 조정에서는 이순신의 공로가 더 큰 것을 살펴서 그를 통제사로 삼았다. 원균은 그 아래에서 차장 노릇을 하는 것을 부끄럽게 생각하였으므로 비로소 이순신과 갈라지게 되었다.

라고 쓰고 있다.

선조가 원균에게 내린 치제문과 녹훈봉작교서를 보면 당대에 원균이 어떠한 평가를 받았는지 알 수 있다.

선조가 원균에게 내린 치제문致祭文

유維 만력萬曆[16] 33년 세차을사歲次乙巳 정월正月 18일日 계사癸巳에 국왕은 신 예조 정랑 유성을 보내어 증 의정부 좌찬성 원균의 영전에 고하여 제사 지내나니 오직 영靈은 굳센 장군으로 이 나라의 영걸이오, 기품이 용맹함에 만부萬夫 중에 특출한 인물이라. 일찍이 호방虎榜에 뽑혀서 의장儀仗의 창을 잡고 여러 차례 변방에 시험 보아 늠름한 성망이 있더라. 이에 정전征戰의 전권을 위탁하여 남쪽 바다를 지키게 하니 수로 요충이 의연하여 금성탕지金城湯池[17]와도 같더라. 먼 나라 땅이 순하지 못하여 살기가 충천하니 여러 고을이 바람에 쓸려 더욱 포악한 세력이 창궐했는데, 오직 경만이 용기를 내고 나라를 위하여 죽기를 맹세하고 우리의 군사들을 격려하여 쳐들어오는 적을 방비하고 바다에 나아가 싸우니 달마다 승리의 장계를 올렸도다. 우리의 바다를 보장함은 경이 아니고 누구를 의지하리요.

내가 그 빛나는 공훈을 가상히 생각하여 특별히 승급을 시켰는데, 적이 재차 우리나라를 침범하여 오니 이를 맞아 힘을 다하여 싸워서 승승장구하였는

---

16) 만력萬曆 33년은 명나라 신종 33년으로서 1605년(선조 38)에 해당한다.

17) 금성탕지金城湯池: 매우 튼튼하여 손쉽게 쳐부수기 어려운 성과 그 둘레에 파놓은 못이라는 뜻으로, 견고한 본거지나 또는 방비가 아주 견고하여 공격하기 어려운 성을 비유한 말이다.

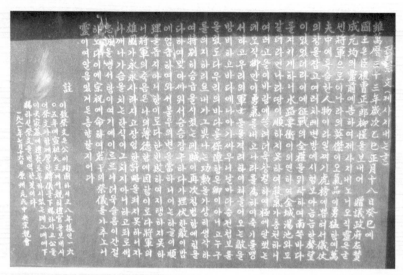

경기도 평택 여좌동 원균 묘역에 있는
치제문비 내용과 치제문

데, 매복한 적이 밤에 엄습하여 와서 불우의 변을 당하게 되니 이는 하늘이 순리를 돕지 아니함이로다. 한 번 패하여 지탱하지 못하니 장군의 죽음은 나의 박덕함에 원인이 있음이로다. 장군의 웅도雄圖가 영영 사라지고 장엄한 계략을 펴지 못하였으니 자나 깨나 가슴을 치는 탄식이 그치지 아니하고 피로써 충성을 맹세함을 알게 되니 더욱 슬픔이 간절하도다. 이에 종축宗祝에게 명하여서 약간의 제의를 갖추나니 영이여 알음이 있거든 흠향할 지어다.

녹훈 봉작 고서錄勳封爵敎書

자헌대부 지중추부사 증 효충장의 적의협력 선무공신
숭록대부 의정부 좌찬성 겸 판의금부사 원릉군
원균에게 내리는 교서

왕이 말씀하기를 위태함을 보고 용맹을 세움은 용감한 신하로서 군주의 한을 덜어 주고자 하는 충성심을 나타냄이요, 벼슬을 받고 훈勳을 책함을 난지鸞紙에 기록함은 노고에 보답하는 식전式典이다.

이에 다시 슬피 증하여서 굳센 영혼을 포상하고 권장하나니 오직 경은 농우隴右의 인재요, 산서山西의 장망將望이라. 이경기李輕騎의 힘 센 팔은 많은 무리들과 능함을 다투고 반정원班定遠의 호두虎頭는 만리의 고기를 먹는지라. 뱀 머리 모양의 창을 씀에는 웅장하고, 표범과 같은 지략은 기이함이 많도다. 맑은 분별은 집극執戟의 별과 가깝고 뛰어난 명예는 분부分符한 땅에 무성하도다. 자수紫綬를 북방 변방에 드리우니 초목도 그 이름을 알고 푸른 갑옷을 남쪽 언덕에 걸었으니 호리狐狸가 자취를 감추도다. 천삼千三의 부운浮運과 백육百六의 재년을 만난지라. 해수海水가 무리 지어 나르니 고래 떼가 슬렁거리도다. 세상을 어지럽게 하는 속된 인간들은 감히 대방大邦에 원수를 삼고 큰 산돼지와 긴 뱀과 같은 사악한 무리는 상국上國을 거듭 침범할 것을 꾀하고 있도다. 궁벽한 땅 밖의 소식이 어둡고 사나운 도적들이 내란을 꾀하니 당나라 조정이 서쪽으로 피난하고 진나라의 문물이 남쪽으로 건너감에 의

지하는 바는 경과 이순신 등이 의기가 서로 합하고 규모를 크게 같이하여 바다를 덮은 과선戈船을 다스리니 창응蒼鷹과 적작赤爵이오, 구름과 같이 연하는 전함을 배치하니 철통과 같은 장막이라 영루을 절도 요지에 정하고 진陣은 상산常山의 수미首尾를 점거하였도다. 장료張遼 유수濡須의 형세가 장엄하고 주유周瑜 적벽赤壁의 군사보다 강성하도다. 적진을 무찌름이 날마다 10여 개가 넘을 뿐만 아니라 전투를 함에는 한 달에 세 번씩 승전 첩보를 올렸도다. 전후하여 왜선을 격파한 것이 130척에 이르고 적을 베인 것이 수백이요, 물에 빠뜨려 죽인 자는 그 수를 헤아릴 수 없으며, 기타 적의 장졸들의 수급을 베인 것이 237급이라. 전공은 하뢰下瀬에 새기고 이름은 복파伏波보다 중한지라. 군성이 이로 인하여 더욱 긴장하고 군기와 사기는 더욱 드높아 지도다. 이와 같이 당가唐家의 보장이 있으니 황제의 금성 탕지를 논할 것이 없도다. 적인敵人은 아동阿童의 수룡水龍을 두려워하고 국세國勢는 맹사猛士의 산호山虎가 숨어 있는지라. 아아 당시의 백전百戰하는 용력이 오늘의 중흥의 기틀이 되었도다. 우분한 반평생은 오직 군주가 욕을 보면 신하가 죽는 것을 알았으니 눈물에 젖은 일념이 얼마나 위급한 시대를 당하여 힘이 모자람을 한탄하였으리요.

장군은 죽었어도 산 것과 같으니 비록 공업은 끝을 보지 못하였으나 사훈司勳과 당상掌賞이 몰하여도 오히려 포상하는지라. 이에 책훈을 베풀어 선무공신 1등을 주어 3계급 작위를 초수하고 2의 부모처자도 또한 3계급을 초수하고 무자無子일 경우에는 생질甥姪 여서女婿를 2계급 초수하고 적장嫡長이 세습하여 그 녹을 잃지 않을 것이며 영세토록 도울지어다. 인하여 노비 13구와 밭 150결과 은자 10냥과 옷감 1단과 내구마 1필을 하사하니 도착하거든 받을지어다.

인수印綬는 한나라의 의식과 같이 징수하고 문관門關은 주나라 법에 의하여 거조한다. 총질寵秩을 추가함은 충용한 마돈馬敦보다 빛이 나고 구훈舊勳을 추록함은 절의 있는 양찬暘瓚에 비교할 바 아니로다. 이에 명수名數를 더하여 존망을 위로하노라. 태산이 닳고 하수河水가 마르도록 맹세하매 상열의 위차位次에는 있지 아니하나 기린각麒麟閣에 성명을 쓰는 데는 오히려 싸움에 어우러진 영대英碓의 자세를 생각할 것이로다.

혼백이여, 영이 있거든 이 추가로 포장襃獎함을 받을 것일세. 이에 교시하나니 마땅히 다 알 줄로 믿노라.

역사가 외면한 영웅, 원균

2년 전의 일이다. 날 잡아 기다리던 초가을의 어느 휴일, 아직 한여름의 열기가 식을 줄 모르고 도시 사람들의 가슴을 답답하게 하던 날 몇몇 친구들과 가벼운 차림으로 북한산 자락 우이령牛耳領 중턱 푸른 숲을 찾아 나섰다. 산을 향해 조금 오르다 보니 옛 집터를 갈아엎어 채소밭을 일구고 각종 푸성귀를 가꾸는 곳에 얼기설기 각목과 판자로 엮어 지은 지붕에 호박순이 기어오르는, 비록 작고 청결하지 않아 보잘 것은 없었으나 편안하게 느껴지는 쉼터가 있었다.

잠시 땀도 식힌 다음 출발할 겸 머뭇머뭇하는 순간

"거기서 머뭇거리지 말고 잠시 쉬어 가슈."

하면서 다정하게 맞는 주인이 있었다. 얼핏 뵙기로도 팔순이 넘어 보이는 어른의 옷차림은 다소 초라해 보였지만 시종 웃음을 잃지 않는 온유하고 인자한 모습이었다. 판자 바닥에 앉으려는 순간 어르신께서는 성큼 오랫동안 씻지도 않았을 듯한 유리잔을 내밀며 소주 한 잔을 받으라고 하였다.

술을 잘하지 못한다고 하며 극구 사양을 하니 옆 친구에게 잔을 내밀면서 술을 권하시더니 이내 담배를 꺼내곤 불을 권하시기에 또한 사양을 하자, 술도 담배도 하지 않는 것을 보니 요즘 사람이 아니라며 무슨 재미로 세상을 살아 가냐고 말씀을 이어 가신다.

"저 아래쪽에 노랫소리가 흘러나오는 유흥업소가 내 집이고, 며느리가 날라다 주는 술과 밥을 먹고 하루하루 죽을 날만 기다리고 있소."

하시면서 기왕에 왔으니 내 말 좀 들어 보라며 묻지도 않은 이야기가 또 계속되었다.

"여기 내가 앉은 이 터는 4백여 년 전부터 원주 원씨들이 소유하면서 대대로 가난과 싸우며 역사를 심어 온 곳입니다. 우리 선조 중에 부끄러운 이름이지만 원균 장군 할아버지가 계시는데, 혹시 이름은 들어 봤는지요?"

하며 그 어른의 잘못으로 가문이 기를 펴지 못하고 살아왔다며 목이 메이는지 말씀을 잇지 못하였다. 필자는 같은 집안의 사람조차 원균을 오해하고 있음에 안타까운 마음이 들지 않을 수 없었다. 필자는 어르신의 오해를 풀어드려야 만했다.

"어르신, 무엇을 잘못 알고 계시는 듯합니다. 임란 일등 공신 원균 장군은 조선 4백 년 역사에 우뚝 서신 영웅이십니다."

취기 섞인 그 어른의 말씀을 듣다 보니 땀도 식고 한숨을 돌린지라

다시 산으로 걸음을 재촉하였다.

그 후 그 어른께 드리고자 필자가 알고 있는 일부 상식과 원균에 관한 자세한 자료를 가다듬어 놓고 다시 찾아뵐 날만 기다리던 게 차일피일 시일만 흘렀다. 그리곤 두 해가 지난 금년 봄, 찾아뵙고 싶어 방문했지만 원씨元氏 어른은 이미 고인이 되신 후였다.

이렇듯 일반인은 물론이거니와 많은 원씨 문중 사람들조차 올바르게 알고 있지 못하는 원균의 역사 내용을 좀 더 상세히 더듬어 보고자 집필한 것이 『원균 그리고 이순신』의 참뜻이다.

지금까지의 원균은 우리가 잘못 알고 있는 간신과 비겁자, 패배자로서의 원균이었다. 그렇지만 필자가 재조명한 원균은 알려진 것과는 달랐다. 왜곡된 역사의 진실을 바로 알림으로써, 원균의 모습이 우리 앞에 새롭게 재조명되기를 기대해 본다.

슬픔의 역사를 간직한 평화의 땅, 거제

필자의 이번 여행은 보통 나들이가 아닌 고통과 인내를 요구하는 역사 흔적을 찾아나서는 현장답사이다. 2009년 7월 29일, 온도계의 붉은 침은 그칠 줄 모르고 치솟기를 주저하지 않는 여름의 한 가운데에 와 있었다. 전국을 대상으로 정하고 답사를 다녀온 지가 벌써 8년, 날짜로 2920일을 넘겼다. 그동안 수없이 어려운 고비들이 많았지만 이번 답사 길은 특히나 마치 크고 웅장한 산맥이 가슴에 들어찬 듯 걱정이 앞섰다.

필자가 사는 곳에서 먼 남쪽 땅끝, 그곳을 찾아가려니 무더운 날씨가 자꾸만 방해를 하는 탓에 힘에 겨웠지만 오랜 세월 마음에 담아두던 사람을 드디어 찾아나서는 듯하여 여러 생각들이 교차하는 것 또한 사실이었다.

남해의 풍광은 항상 손에 잡히는 곳에서 보며 살아가고 싶다. 그곳엔 아름다운 경관을 신으로부터 선물 받은 한려수도閑麗水道가 있다. 한려수도라 함은 한산도와 여수의 물길을 잇는 수로水路라는 뜻이다.

그 첫머리에 자리 잡은 이번 답사의 목적지 거제는 60여 곳의 부속 도서로서 옛 지명은 상주尚州 또는 기성岐城이라 하였다. 이곳은 서울에서 1,040리나 떨어진 곳으로서 매우 먼 거리이다. 거제에 도착하니 우선 코끝을 파고드는 풋풋한 바다 냄새 사이로 점점이 자리 잡은 크고 작은 섬들이 나그네의 눈을 멈추게 하였다. 과연 이 땅, 이 바다는 지나간 슬픔의 역사를 기억하고 있을까. 이렇게 평화롭게만 보이는 땅에 붉은 피와 한을 토하고 사라진 선령들의 한 맺힌 역사가 숨 쉬고 있다는 사실을 말이다. 후세인 우리들은 풍요한 삶을 누리며 살아가겠지만 세상 모든 일에 원인 없는 결과가 없듯 이 바다와 땅을 지키기 위해 신이 준 하나뿐인 생명을 초개같이 내던진 선현들이 계셨기에 오늘이 있음을 우리는 알아야 할 것 같다.

먼저 이곳은 고려 제18대 임금 의종의 한이 묻힌 곳이다. 의종은 무신의 난이 일어났을 때 정중부에 의해 거제도로 쫓겨 왔는데 그때 건너온 자리를 전하도殿下渡라 하고, 그가 있던 자리를 피왕성避王城, 말

기르던 곳을 마장馬場, 둔전을 두어 농사짓던 마을을 농막農幕, 사슴 기르던 섬을 녹도鹿島라고 부르게 되었다 한다.

또한 이곳은 왜적들로 인하여 얼룩진 일생을 살아가다 세상을 떠난 한 여인의 한의 흔적도 보인다. '강망봉江望峰'이란 곳은 왜구의 침범으로 남편은 일본으로 끌려가고 자신의 몸도 더럽혀진 한 여인이 여승이 되어 남편이 끌려간 대마도가 보이는 산봉우리에 암자를 짓고 일생을 불공으로 보내면서 바다 건너 그리운 남편을 바라보았다는 유래가 있는 곳이다. 그 암자는 욕됨을 씻어낸다는 뜻으로 '세오암洗汚庵'이라 불리었다고 한다.

혹독한 전쟁이 꼬리를 감추지 않고 휩쓸고 간 상처가 채 아물기도 전에 그 기록조차도 남겨놓고 싶지 않는 동족상잔의 혈투가 벌어졌다. 혈투가 멈춰진 세월은 반세기가 지났건만 아직까지도 포연의 냄

거제에 있는 포로수용소

새는 걷히지 않고 그 잔인했던 행적은 이곳저곳에 많이 남아 있다. 그 때의 흔적을 고스란히 남겨 현대인들에게 민족정신을 깨우치게 해주는 포로수용소 자리도 역시 그 이름만큼이나 큰 거제의 품안에 있다.

이처럼 거제에는 수많은 피의 역사 흔적이 있다. 그때마다 목숨을 생각지 않고 오직 조국 수호에 있는 힘을 다하여 싸우다 죽어 간 이들이 거제 해협과 남해를 자신의 목숨과 바꾼 것이 아니겠는가.

419년 전 이 땅에서 일어난 아비규환의 환상과 비명이 필자의 귓전에 들려오고 있었다. 후세인들인 우리 모두는 그 어른들께 항상 진심으로 명복을 빌고 감사하는 마음을 가져야 할 것이다. 그 역사를 결코 잊지 않기 위해 이곳에 왔다고 필자의 마음과 각오를 다시 한 번 추슬렀다.

한恨이 쌓여 산山이 되었나

거제는 섬의 특성상 도로는 여전히 구불구불했다. 이정표는 제구실을 못해서인지 필자가 옥포를 찾아가기까지 여러 행인들에게 말을 걸어야 했다. 마침내 이날의 답사지 옥포가 눈앞에 다가왔다.

청색 빛의 바닷물에는 조선소의 미완성 배들만 빈 항구를 채우고 있어 419년 전 이곳이 조국 방어의 치열했던 전선임을 잊게 하는 것 같았고, 경제 성장이란 명분에 밀려 역사의 흔적은 간곳 없이 희석된 듯하여 필자의 마음은 매우 아쉽기만 했다.

대나무 숲이 안내하는 길을 따라가자 청결하게 관리된 포구에 효충사效忠 祠라는 사당이 세워져 있었고, 위쪽 산 높은 곳에 옥포대첩기념탑이 서 있

옥포만에 있는 조선소 현장

었다. 허기지고 지친 필자의 등을 밀어주는 바닷바람 덕분에 탑까지 오르긴 했지만, 바다를 끼고 솟은 산은 혼령과 체백이 쌓였는지 외롭게만 보였다. 눈을 뜰 수 없을 정도로 따가운 7월의 햇살이 필자의 발길을 더 이상 허용하지 않아 잠시 그늘진 곳에 주저앉았다.

층층이 쌓아올린 탑신이 하늘을 찌를 듯 높이 솟은 가운데, 청명한 하늘과 바다는 한 몸이 된 양 아무 말은 없었지만 짠 냄새와 함께 시원한 바람을 날려주며 나그네의 고단함을 위로해 주는 듯하여 다만 선령님들께 감사를 드렸다. 잠시 땀을 식힌 뒤 조심스럽게 기념탑 주

옥포에 있는 효충사

위를 살펴보던 필자는 놀라지 않을 수 없었다.

　본문에서 밝혔듯 조선 수군은 옥포 전투에서 크게 승리하며 우리 해전사에 값진 기록을 남겼다. 그럼에도 조선의 연합군 장군을 비롯하여 수많은 명장들의 이름과 기록은 단 한 자도 찾아볼 수 없었다. 다만 전라 좌수영의 수장인 이순신 홀로 공을 세운 듯 그의 이름만이 기록되어 있을 뿐이었다. 옥포는 원균의 위수衛戍 지역이었다. 그럼에도 주장인 원균을 비롯하여 휘하의 이운룡과 기효근, 지원장인 전라 우수사 이억기 등의 이름은 보이지 않았다. 단지 거제 출신의 원종공신 몇몇만 보일 뿐이었다. 분명 옥포 해전의 승리는 여러 장군들의 용맹과 지략으로 얻어낸 결과이다. 막대한 세금으로 기념탑을 조성하면서 공을 함께 세운 다른 이들의 이름은 제외하고 한 사람만을 영웅화해 버린 사실에 고개를 흔들 수밖에 없었다.

불꺼진 향로

이순신 석상石像 앞엔 잘 다듬은 대리석 석상石床이 놓여 있었고 참배객들을 위해 향로를 준비해 놓고 있었다. 수많은 참배객들이 있었지만 향로 앞에 선 사람은 한 사람도 보이지 않았다. 그래도 필자는 생각이 달랐다.

태양은 불덩이로 변하여 마른 종이가 있다면 바로 옮겨 붙을 정도로 뜨거웠지만 구국의 명장 이순신의 석상 앞에 서서 향불을 피우려고 하는 순간 필자는 조금 당황하게 되었다. 향불이 피어오르고 뜨겁게 달아 있어야 할 향로는 다만 뜨거운 태양에 시달린 듯 겉만이 열로 달구어져 있었고, 불은 꺼진 채 참배 흔적은 보이지 않았기 때문이다.

만감이 교차되는 듯하여 다시 그늘로 돌아와 멍하니 바다 쪽을 바라보고 있을 수밖에 없었다. 조국 존망의 위기를 맞아 밤낮을 잊고 이

거제 출신 선무 원종공신명비

정확하지 않은 기념비의 내용과 잘못 기록된 옥포대첩 설명문

땅을 지키던 선조들의 역사는 그저 먼 옛날이야기가 되어 버리는 것은 아닌가 하는 마음이 들었다. 그때 마침 단체 참배객들이 몰려들었는데 어느 여대생들인 듯했다. 그들을 유심히 살폈지만 단 한 사람도 참배는 하지 않기에 한 학생을 상대로 말을 걸었다.

"학생, 이곳은 민족의 성웅이라고 하는 이순신 장군의 혼령이 머무는 곳인데 어찌 참배를 하지 않나. 혹시 종교적인 관계로 그러는 것인가."

물어보았다. 그러나 그 학생은 아무 응답을 하지 않고 섰다가 잠시 뒤에 하는 말이

"저희들이 알고 있기로는 옥포 대첩은 원균 장군의 공이 제일 많았다고 하는데 왜 이순신 장군 한 사람만이 전쟁을 치룬 것처럼 기록하고 있는지 모르겠어요."

하고는 일행들과 함께 내려가기 시작했다. 그 뒷모습을 보던 필자는 성장하는 젊은이들이 이와 같은 사실을 알고 있다는 사실에 순간 더위도 잊은 채 흡족하였다.

하산하는 길에 효충사效忠祠의 문이 열려 있어 내부를 살필 수 있었

는데 그곳 역시 이순신의 초상만이 모셔져 있을 뿐, 다른 장군들의 흔적은 보이지 않았다. 맨 아래쪽에 안내문이 설치되어 있었는데 그 내용은 정도가 지나칠 정도로 사실과 달라 실망스럽기 그지없었다.

이순신 한 사람을 영웅으로 만들기 위하여 함께 전공을 세우며 목숨을 잃은 이들의 역사가 묻혀버린 것 아닌가. 붉은 태양은 옥포 앞바다를 온통 물들이고 있었다. 419년 전 전쟁의 상흔이 남았는가. 그때 우리 선인들이 뿌린 핏빛은 저 노을보다 더욱 붉고 진한 피를 뿌렸으리라. 선현들의 활약상을 가감 없이 기록하여 남겨야 할 귀한 유산에 흠집을 낸 이들은 누구인가. 그들의 무필誣筆과 악필惡筆에 깊은 반감이 드는 것을 어찌할 수 없었다.

충신 원균의 체백이 계신 곳, 통영시 광도면光道面 황리黃里

지금 권율과 이순신은 동상과 사당, 시호, 전승탑, 묘소 등이 지나칠 만큼의 규모로 이 땅에 명패를 박아놓고 있다. 반대로 같은 공적을 남기고 전사한 원균은 오히려 급장이니 역장이니, 간신이니, 패장이니 하거나 주색에 빠져 지휘 능력을 상실하였다, 싸움을 피하기만 했다, 걸핏하면 이순신에게 지원 요청만 했다, 공적이 전혀 없다느니 하는 구실을 내세워 그 명성에 흠집만이 남아 있을 뿐이다.

필자가 본문에서 밝혔듯 한 사람의 거짓 붓놀림으로 인하여 생긴 일이니 무필자의 사실을 왜곡시켜 가면서까지 남긴 역사 기록은 오히려 이순신의 공적까지도 욕보이는 행위가 되는 것이 아닐까 생각해 본다.

그러나 통제사 원균 장군은 사라진 것이 아니라 다만 묻혀 있을 뿐이라는 것을 통영, 거제의 시민들은 알고 있었다. 고금의 역사를 뒤돌아보면 거짓은 영원히 묻어 놓을 수 없다는 사실이 분명해 진다. 필자는 바람기 한 점 없는 거제에서 유서 깊은 통영으로 넘어서면서 이런 저런 생각에 잠겨 들었다.

통영統營은 경상남도 남단에 위치한 군으로 동쪽은 거제, 서쪽은 남해군, 남쪽은 남해, 북쪽은 고성군과 접하고 있으며 소백산맥의 지맥이 침강하여 형성된 고성 반도와 남해에 산재한 많은 섬들로 이루어져 있다.

그중에서도 통영시 광도면 황리 1구 435번지는 바로 원균의 체백이 묻힌 곳으로 알려져 있다. 울렁이는 감정을 자동차에 담아 달리고 또 달렸다. 그러나 광도면은 10여 명의 행인들 신세를 지고서야 겨우 찾게 되었는데, 그것은 여러 고개 중 겨우 한 고개를 넘는데 불과하였다. 광도면 중심부쯤에서 황구 1리를 찾으려 하는데 아는 사람이 한 명도 없었다. 자신들이 살고 있는 마을 이름도 잘 알지 못하는구나 하면서도 별다른 방법이 없어 근처 부동산을 찾으니, 더운 날씨 탓인지 가는 곳마다 여름휴가라는 안내 글만이 필자를 대신 맞이할 뿐이었다. 허기지고 지친 몸과 마음으로 지금이라도 포기하라고 마음속에서 자꾸만 충동질을 하였으나, 쉽지 않은 시간을 내어 천 리를 달려온 길을 쉽사리 포기할 수는 없었다. 오늘이 저물 때까지라는 시간을 정해 놓고, 도로변에 있는 작은 식품 가게 앞 플라스틱 의자가 몇 개 놓여있는 곳에서 목을 축일 겸 잠시 숨이나 가다듬을 심산으로 천근같은 발길을 옮겼다. 음료수를 사면서 주인아주머니에게, 그리고 의자에 앉아 쉬면서 옆 의자에 앉아 있는 중년의 회사원들에게 염치불구하고 또 말을 걸어 물어 보았으나 그들의 대답은 한결같이 모른다는 것이었다. 일로 인해 이곳에 온 객지 사람들이라며 이곳에 토박이는 별로 살지 않고 외지 사람들이 많이 산다면서 이곳 사정을 일러 주었다. 다른 방도를 찾으려 자리에서 일어서려는데 곁에서 듣고 있던 한 사람이

"할아버지, 찾으시는 곳이 여기 있긴 한데요. 지금은 어느 건축회사가 매입해서 고급 빌라가 지어졌어요."

하는 순간 아무 생각 없이 주저앉을 것만 같았다. 어쨌든 손가락으로 가리켜 주는 대로 가보니 정말 그 사람의 말 대로였다. 본래 황리 1구 435번지에 원균 장군 묘라고 알려진 무덤이 있었고, 또한 그외 많은 무덤이 함께 있었다고 하니 믿지 않을 수가 없었다. 그래도 그렇게 쉽사리 원균의 무덤을 흔적도 없이 없애 버리지는 않았을 거라 생각하며, 부근에 있는 광도면 출장소로 황급히 향하였다. 가서 보니 여름 휴가철이라 근무자는 여직원 한 명뿐이었다. 이곳에 온 용건을 전해 보았지만 자신은 전임해 온 지 얼마 되지 않아 모르겠다며 이 지역을 잘 알고 있는 이장님이 계시니 알려 드리겠다며 그 분에게 전화를 걸어주었다. 조금 후 출타했던 소장님이 오시더니 성큼 그곳까지 모셔 드리겠다며 나서 주었다.

거짓 역사 기록보다 더 믿고 싶은 김원도 씨의 꿈

이장님이 계신 곳은 임외林外 마을이었는데, 아주 겸손하신 분이었다. 역시 60이 넘은 그분은 관향이 김해金海 김씨로, 존함은 종주라고 하였다. 인사를 나눈 뒤 이곳을 방문한 사정을 말씀드렸다. 김종주 이장은

"아까 가 보셨다고 하는 곳은 원균 장군의 묘소 자리가 아닙니더. 알려준 사람이 이 지역을 잘 모르는 사람인가 보네예. 원균 장군 묘소는 내만 알고 있는 것이 아니라 이곳 토박이들은 모르는 사람이 없습니더."

하며 그래도 이곳 역사를 전문적으로 알고 있는 강姜 선생이란 분을 모셨다. 묘소가 사라져 버린 것이 아니라는 사실에 안도하였다. 그분들이 안내하는 곳은 통영에서 고성으로 가는 77번 국도 바로 옆이었다. 필자는 다시 한 번 놀라지 않을 수 없었다. 그곳은 관리가 된 무덤이 아니라 칡넝쿨이 얽혀 한 걸음도 나아갈 수 없을 정도로 관리 되지 않고 있었기 때문이다.

"이장님, 이곳을 어떻게 장군의 묘소라고 하겠습니까?"

필자도 모르게 장탄식이 터졌다.

"맞습니더. 몇 해 전까지만 해도 이곳엔 사람이 살면서 묘소 관리도 하고 주포도 올렸다고 합니더."

이곳에서 제사를 지내던 분들이 저쪽 동네 가운데에서 〈큰손 식당〉을 하고 있다 하여 그곳을 찾아갔다. 필자가 몇 해 전에 구해 놓았던

경남 통영시 광도면 황리1구에 있는 원균 묘소로 알려진 곳 | 원균 묘소를 가리키고 있는 관리인 김원도 씨

원균의 묘소 사진을 한 장 내밀자 여주인은 그 사진 속에 담긴 사람이 자신의 남편 김원도 씨라 하였다. 아쉽게도 김원도 씨는 이미 고인이 되어 있었다. 식당 주인 배순자 씨는 달성 배씨로 금년 54세라며 자신을 소개하였고, 필자가 찾아 온 자초지종을 말하자 대학을 졸업한 아들 김한성金翰成 씨를 불러 함께 앉게 되었다.

배순자 씨의 첫 말씀은

"원주 원씨 장군의 후손들께 하고 싶은 말씀이 많습니다."

는 것이었다.

"우리 바깥양반은 김해 김씨인데 이곳에서 6백 년 전인 조선 초기부터 살아왔으니 어설프게 남긴 기록보다도 그 증거가 더 확실할 깁니다."

라고 강조하면서, 정말 꿈과 같은 이야기를 필자에게 들려주었다. 본인들이 한때 궁색하여 남의 소작을 했는데 그때 그녀의 나이 젊어서 옆에 있는 무덤이 몹시 무서웠다고 한다. 그러나 남편을 따라 농사

칡넝쿨로 덮여 있는 현재 원균의 무덤 모습

를 열심히 하였고 농구를 보관하기 위해 허름한 컨테이너 2개를 무덤 앞에 놓고 이용하였다고 한다. 그러던 어느 날 배순자 씨의 꿈속에 누군가 나타나

"나는 원 장군인데, 어찌하여 나의 앞을 막고 있는가."

하기에, 이상한 꿈이로구나 하면서 아침상을 받은 남편에게 지난 밤 꿈 이야기를 했더니 남편 김원도 씨가 매우 놀라면서 자신도 부인과 같은 꿈을 꾸었다고 말하였다. 그날 그들은 바로 컨테이너를 옮기고 풀이 무성한 무덤을 단장한 다음 제물을 마련하여 향화(제사)를 올렸다고 증언하였다. 그 이후 낯선 사람들이 찾아 와서는

"우리들은 원균 장군 후손인데, 이 무덤은 장군의 무덤이 아니니 제사를 지내지 말라."

고 하여, 다음 해부터 제사를 지내지 않았다고 했다. 하지만 그때 찾아온 사람들은 장군의 후손이 아닌 듯하여 항상 마음에 걸린다는

말을 덧붙였다. 배순자 씨의 말씀이 자신의 시조부님께서 글을 잘하지 못한 관계로 기록은 남기지 못했지만 항상 말씀하시기를 우리 집안은 6백 년이 넘도록 이곳에서 살면서 중요한 역사는 잘 알고 있다고 하며 많은 이야기를 해 주셨는데, 칠천량 해전의 이야기 또한 증조할아버님이 알려 주셔서 알고 있다며 말해 주었다.

원균의 전사지가 이곳인 이유

칠천량 해전의 전투 상황은 본문에서 밝혀 놓았기에 현지 사정만 싣기로 한다. 당시 원균의 시신은 잔인한 적들이 목을 베어 전리품으로 쓸 갑옷과 신발 등과 함께 가져간 상태로, 남은 시신은 삼베옷만을 입고 있었고 손에는 동강난 장도를 쥐고 있었다고 한다.

김해 김씨 가문에서는 시신을 발견하고도 바로 무덤을 만들 수 없었는데, 형편이 어렵기도 했지만 얼마간 적병들이 임내·임외 마을의 소나무 숲에 잠복하고 있었기에 감히 손을 댈 수 없었기 때문이라고 한다. 그러나 결국 부패된 시신을 낡은 베 조각에 싸서 수습하고 바로 그 자리에 분토를 만들었으나 후일 관리하는 자손도 없고 주민들은 형편이 닿지 않아 잔을 올리지 못했다고 한다.

이 이야기는 김해 김씨 가문에 대대로 전해온 사실이라며 배순자 씨는 얼굴이 붉어지도록 열심히 설명하였다. 그리고 필자에게 말했다.

"선생님 오늘날 우리가 이렇게 잘 살고 있는 것은 당시 원균 장군

같으신 어른이 계셨기에 누리는 것인데 어찌하여 원 장군 어른만 4백 년이 넘도록 이렇게 방치한 채 그냥 둘 수 있습니까? 권율과 이순신은 그렇게 융성하게 모시면서 말입니다."

옆자리에서 듣고 있던 아들도 똑같은 말을 하였다. 그들은 그 무덤 의 주인이 원균의 무덤이라고 하는 확신을 갖고 있었다.

경남 통영시 광도면 황리 1구를 중심으로 한 약도

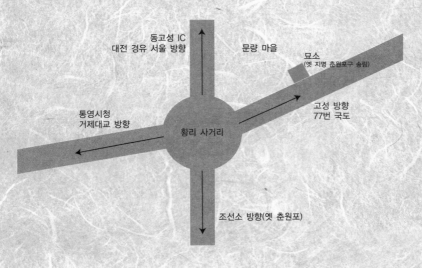

원균이란 누구를 가리키는 이름인가

원균이 칠천량 해전에서 중과부적으로 작전상 육지로 올라온 곳이 바로 고성 춘원포였다. 이곳은 일본군의 침략이 잦았던 고려 말부터 조선 초기까지 남해안의 최 변방 거제의 조양역鳥壤驛과 고성현 및 진

칠전도 해협

주의 내륙 지방을 잇는 중요 교통로의 중간 역마을로 일찍부터 번성
하였으며 임진왜란 당시에는 동쪽 바다에서 밀려오는 일본군의 동정
을 살피는 큰 망대望臺가 있는 군사 요충지였다.

지금으로부터 413년 전인 1597년(선조 30) 7월 16일 칠천량 해전에
서 일본군의 급습을 받고 악전고투하던 통제사 원균은 결국 이곳 춘
원포에 상륙하여 고성으로 퇴각하던 중, 해안에서 약 5리 지점인 여
기 돌감나무골 길모퉁이까지 이르게 되었다. 그리고 58세의 연로한
몸으로 피로에 지친 통제사는 결국 일행 김식, 우치적 등과 함께하지
못하고 홀로 노송에 기댄 채로 추격해 오는 일본군들을 맞아 최후까
지 싸우다 생을 마쳤다. 그 머리는 일본군들이 베어 전리품으로 가져
가고 목 없는 시신만 뒹굴고 있는 것을 가엾게 여긴 주민들이, 양지바
른 이곳 산 언덕 지금의 황리 산435번지에 묻었다고 한다. 그러나 원
균의 묘인지 아닌지에 대해서는 확실한 고증이 없다.

그리고 일설에는 옛날 임진왜란 때 한 유명한 장수가 적에게 쫓기

어 달아나다가 돌감나무골 아래에서 죽었는데, 그의 머리는 일본군이 베어가고 목 없는 시신만이 큰 소나무 밑에 뉘어져 있는 것을 마을 주민들이 애통히 여겨 묻어 주었다는 이야기도 있다. 그 뒤에 장군은 역적이 되어 나라에서도 그 시신을 거두어 가지 않자 아무도 그 묘를 돌보지 않게 되었는데, 그 장수의 이름은 단지 '엉규이'라고 전해지고 있다. 또 1960년대 새마을 사업 당시 이곳 도로 확장 공사 중 큰 인골이 나와 마을 사람들이 이를 길 아래의 소나무 숲속으로 이장하여 묻었는데, 그 뼈가 장대한 것으로 미루어 분명 옛 장군의 뼈라는 소문이 있었다는 등의 이야기가 구전되고 있다.

이렇게 '엉규이묘' 또는 '목 없는 장군 묘'로 전해오는 옛 무덤은 춘원포 해안에서 황리 마을을 지나 고성으로 난 계곡 길을 따라 약 1.8킬로미터 지점의 '돌감나무골' 입구에 자리하고 있다. 여기 양지바른 붉은 황토밭 가운데 남겨진 2평 남짓한 풀섶, 농부가 밭을 매며 잠식해 일구려 들면 그날 밤 꿈자리가 사나워 고수레를 지내며 겨우 남겨 놓아지게 되었다는 옛 장군 묘가, 임란 선무 1등 공신 통제사 원균의 무덤으로 전해지는 곳이다.

이상의 『선조실록』 및 『선조수정실록』의 기록 중 통제사 원균이 상륙한 춘원포春元浦(또는 春原浦) 지명의 고증 및 선전관 김식의 증언에 의한 당시의 정황 그리고 현지민의 구전과 함께 현 경기도기념물 제57호로 지정된 원균의 묘가 가묘假墓(초혼묘招魂墓, 부장묘副葬墓)로 전해지고 있는 점 등을 감안한다면, 바로 이 풀숲이 비록 공의 무덤이라고 단정을 내릴 수는 없다고 하더라도 옛날 소나무 숲 사이로 길이 나

좌측은 경기도 평택 원균 사당에 있는 원균의 영정이며 우측은 전투복을 입은 원균의 초상으로 그의 인품을 폄훼하려는 의도로 그려진 듯 좋은 인상이 아님을 알 수 있다.

있던 이곳 일대가 공이 최후를 맞이한 전몰지일 개연성은 충분히 있는 것으로 사료된다.

원균이 엉규이라는 이름을 얻은 배경은 이렇다. 원균이 변방을 약탈하는 여진족들을 토벌하던 때의 일이다. 여진족들은 조선의 장수 중 원균을 가장 두렵게 여겼다고 한다. 그래서 여진족 사이에서는 항상 원균(엉규이)을 조심하라 했는데 여진족들은 원균을 두고 이름을 발음하기가 어려워 자기네들끼리 부르는 이름이 "엉규이"였다.

그 당시 여진족과의 전투 상황을 잠깐 언급한다면 원균이 하급 지휘관으로 명 받고 국경을 지키면서 여진족을 소탕할 때까지 늘상 전복 차림으로 집무를 하다가 적이 나타났다는 보고를 받으면 바로 상노미가 건네주는 갑옷만 걸치고 바로 싸우러 나갔다고 한다.

부중의 군사들 역시 이런 일은 자주 있는 것이기에 별 놀라움 없이 그 뒤를 따라 나섰으며, 원균은 말 위에서 전황 보고를 들었다. 원균을 포함하여 그가 이끄는 군사들은 몸에 화살을 여러 개 맞고 얼굴에도 칼을 받았으며 심지어는 머리를 잃고 눈을 빼앗기기까지 하면서도 끝내 무릎을 꿇지 않고 싸웠기 때문에, 그로부터 원균은 여진족 사이에서 자신의 몸을 돌보지 않는 무서운 용장으로 통하게 되었다. 여진족 마을에서 우는 아이에게 "엉규이 온다"고 하면 울던 아이가 당장에 울음을 그치게 된 것도 이때부터였다고 한다.

거제, 통영 답사 기행의 마무리

필자는 이번 전적지 답사를 하면서 김종주 이장님, 박장훈 출장소 실장님 덕분에 원균의 묘소를 찾을 수 있었다. 특히 당시 있었던 상황을 일기책을 읽듯 자세하게 설명해 주신 큰손식당 주인 배순자 여사님과 김한성 청년을 통해 숨겨져 있던 너무도 소중한 원균의 비화를 들을 수 있어 지면을 통해 감사 인사를 드리고자 한다. 길을 잘 몰라 갈 길을 멈추고 물었을 때 밝은 웃음으로 친절히 안내해 주신 거제, 통영 시민에게도 진정 감사드린다.

폭염을 이기고 천 리가 넘는 거제 통영을 찾아가 뜻하지 않은 사람들을 만나며 기대했던 것 이상을 얻고 돌아올 수 있었다. 단순한 진리이지만 사람은 자기 혼자의 힘만으로는 살아갈 수가 없다는 것도 오랜만에 느낄 수 있었다. 2박 3일이란 짧은 날짜에 쫓기다시피 한 고로 온몸과 마음은 지치고 말았지만 너무나 달라진 나의 모습을 느끼는 순간 올 때의 압박감은 사라지고 가슴속이 무언가 모를 따뜻한 온기로 차오르는 것 같았다.

소금기 베인 나의 옷깃을 만져 보며, 이 순간 세상 무엇과도 바꿀 수 없는 값진 보석을 한 아름 안고 온다고 해도 이렇게 좋지는 않을 것이라고 생각했다.

지나간 역사를 잊지 말고 자신의 삶을 충실히 살아내기 위해 노력하는 것만이 이 땅을 지키기 위해 자신들의 생명을 기꺼이 바친 선인들을 위로하는 것이자 또한 도리가 아닐까 깊이 생각해 보았다. 초로에 들어선 필자 또한 잊을 수 없는 이번 답사를 가슴에 각인시켜 놓고 남은 여생을 값지게 보낼 수 있도록 중심을 잃지 않겠다고 나 자신과 굳은 약속을 한 날이었다.

돌아오는 길, 조국을 지키다가 가신 선인들의 명복을 진심으로 빌었다.

원균의 태생지 평택, 진위

남해를 다녀온 얼마 뒤 필자는 원균을 찾아 다시 한 번 길을 나섰

경기도 평택에 있는 원릉군(원균) 사우

다. 이날도 후끈한 열기는 나그네의 발길을 머뭇거리게 했으나 필자
의 몸과 마음은 벌써부터 목적지를 향하고 있었다.

서울에서 175리 떨어진 곳에 자리 잡은 역사의 도시 경기도 평택시
도일동은 북방의 용맹한 장군으로서 국토의 관문인 남해 전역을 종횡
무진, 좌충우돌하면서 국가의 존망 위기를 맞아 오로지 충성심과 티
없는 마음으로 지키다 순국한 원균이 태어난 곳이다. 필자는 현재 이
곳에 자리 잡은 원균 장군의 묘소를 찾아 그의 혼령을 찾아뵙고 명복
을 빌기 위해 나선 것이다. 수 시간 후 어렵게 찾은 장군의 묘소 앞에
서고 보니 무슨 말씀을 드려야 할지 참으로 난감하였다. 장군의 전사
당시 상황이 매우 급박했기에 시신조차 수습하지 못한 채 410여 년이
지났으니 말이다.

필자는 곰곰이 생각에 잠겨들었다. 지금껏 백 수십 어른의 묘를 찾
았지만 그중 태반은 생전에 빛을 보지 못한 채 유배를 당하거나 사약
을 받고 돌아가셨다. 그리고 피 끓는 청춘을 피비린내 나는 전쟁터에

서 조국을 위해 한 목숨 던진 거룩한 분들도 계시다. 당시의 지배논리와 사회적 인식에 기인해 철저하게 매장된 소외 계층도 더러 있는데 이들은 대개 지독하게 가난했기에 그 삶은 지극한 고통의 연속이었다.

지금도 마찬가지다. 대통령, 기업의 총수, 법조인, 정치가와 각계 전문가 등등 작금의 시대에 촉망받는 지도자와 소위 사회 지도층으로 불리는 이들을 과연 어느 누가 백 년, 2백 년 뒤에도 고스란히 기억할 것인가. 비록 그들의 일생이 그 가족이나 후손들에게는 고스란히 기억될지 모르나 후세인 모두가 그들을 기억하지는 않을 것이다. 그때의 기준으로 보면 지금 시대의 잘 알려진 사람에 대한 평가와 시대적 가치는 고려할 필요조차도 없을 만큼 하찮은 것에 불과할지도 모르기 때문이다.

하지만 역사를 통틀어 기억되는 인물의 면면에서 우리는 분명한 공통점을 또한 쉽게 발견할 수 있다. 몇 백 년 뒤에도 사람들에게 기억되는 영웅호걸이 어떤 삶을 영위하였는지 독자들은 옷깃을 여미는 정성으로 지켜봤으면 싶다.

1592년(선조 25) 4월에 일어난 임진왜란 7년 전쟁은 우리 민족에게 씻을 수 없는 치욕과 고통을 남긴 채로 끝이 났다. 국토는 초토화되고 백성들은 적 앞에 힘 한 번 제대로 쓸 겨를 없이 무참히 살육당하고 말았다. 이 국난을 극복하는 과정의 주역으로 우리 모두 충무공 이순신을 바로 떠올리지만 또 한 분의 주역인 선무 1등 공신 원균이 있었다는 사실은 인정되고 있지 않다. 우리들 대부분이 교과서를 통해 이런 정사正史를 잘 숙지하지 못한 것 또한 부인할 수 없는 사실이다.

위와 같은 역사의 왜곡으로 원균에 대해 너무도 잘못 알려져 있다는 것이다. 원균은 임진왜란의 공적으로 이순신, 권율과 함께 선무 1등 공신으로 책록되었음에도 오늘날의 평가는 너무도 상이하기에 의문을 던지지 않을 수 없다.

이순신은 민족의 성웅으로 숭앙되며 현충사에 높이 배향되고 있는 반면, 원균은 겁장에 더하여 역적으로까지 변조되었으며 4백여 년이 지난 오늘날 그 시신이 어디에 묻혀 있는지조차 확인되지 않은 채, 다만 후손들이 가묘假墓를 만들어 쓸쓸히 향사享祀하고 있는 실정이다.

선무 1등 공신의 한 분인 이순신을 구국의 영웅으로 추앙함은 극히 마땅한 일이며 또한 후손과 더불어 온 국민의 자랑이 아닐 수 없다. 그러나 이와 똑같이 높이 배향되어야 할 원균에 대한 그릇된 역사적 평가와 인식은 지금이라도 하루속히 바로잡아야 하지 않을까. 또한 정사를 기준으로 공정한 재평가가 있어야 한다. 그래서 역사 왜곡의 시발이 된 『선조수정실록』이 있다는 것을 밝히고, 『선조실록』과 비교 분석하여 왜곡된 역사를 바로잡고 제대로 기록할 책임을 우리 모두는 지고 있는 것이다.

역사는 몇몇 사람의 손에 의해 쓰여지지만 후세의 사람들이 보았을 때 그 사관史觀이 올바르다는 평가를 받아야 하며, 또한 역사를 논하는 이라면 사실을 정확하고 바르게 기술해 정사를 지키는 데 귀감이 되어야 할 것이다.

필자는 장군의 운명을 놓고 심한 장난을 친 사람들로 인해 사실이 지나치게 왜곡된 것을 유감으로 생각하며 자리를 털고 일어났다.

원균의 묘소 바로 아래쪽에는 장군의 운명과 함께 살다간 사랑하는 말무덤이 애마총愛馬塚이란 대리석을 품안에 안고 사후까지 장군의 혼령을 모시고 있었다. 원주 원씨 후손들의 따뜻한 마음을 짐작하게 했다. 또한 옆자리엔 우람한 형체가 장군을 대신하는 듯한 신도비가 보였는데 내용은 사헌부 대사헌 김간이 찬하였다. 김간은 서인의 영수 우암 송시열의 문하생이었다.

이순신이 영웅화됨과 동시에 원균은 상상할 수 없을 만큼의 불이익을 받은 것인데, 수정실록의 주역 이식의 시장을 쓴 우암 송시열의 글과 그의 문인 대사헌 김간이 쓴 원균의 신도비문을 보면 그때까지는 두 분 장군과 가문 그리고 후손들의 알력은 없었던 듯하다. 다만 이식이 죽은 뒤 『선조수정실록』이 공개되면서부터 서로 반목이 켜졌다고 보아도 될 듯하다.

원균 신도비(좌)와 묘비(우)

장군의 묘소 앞에 세운 검은색 빗돌에는

資憲大夫 知中樞府事 三道統制使 贈 效忠仗義 迪毅協力
宣武一等功臣 崇祿大夫 議政府 左贊成 兼 判義禁府事
原陵郡 元均墓配 貞敬夫人 坡平尹氏 祔左
자헌대부 지중추부사 삼도통제사 증 효충장의 적의협력
선무일등공신 승록대부 의정부 좌찬성 겸 판의금부사
원릉군 원균묘 배 정경부인 파평윤씨 부좌

라고 생전과 사후의 벼슬 명이 쓰여 있었다. 필자는 96세까지 한을 안고 살다 간 배위 파평 윤씨의 이력을 조심스럽게 살펴보았다. 바로 옆자리에 세워진 선조께서 장군의 충성에 고맙다는 마음을 담아 보낸 치제문이 보였다. 보는 순간 선조께서는 『선조실록』의 기록과 같이 장군을 총애했음을 알 수 있었다. 그곳에서 서쪽으로 백 미터쯤 되는 곳엔 장군의 사당이 세워져 있다. 붉은 조복에 관을 갖추고 앉아 계시는 장군의 영정이 침입자를 향해 우렁찬 경고를 하는 듯하였다. 영정과 신주 앞에 선 필자는 또다시 419년 전으로 돌아간 듯하였다.

원균은 생전에 윗사람을 대할 때는 예를 다하였고 위로 임금께는 진정한 충이 무엇인지 깨닫게 하였으며, 상사의 명은 거역하지 않았고 휘하 장졸에게는 항상 엄격한 군율과 너그러움을 보였다 하더니 장군을 뵙고 나니 그 모두가 허언은 아닌 듯하였다. 돌아서던 필자는 갈기갈기 찢겨진 장군의 명성을 다시 찾아 드리는 일에 있는 힘을 다

하겠다는 약속을 드리고 서울로 향하였다.

충신 원균 통제사의 명복을 빌며 또한 혼령을 모시는 후손들에게 더욱더 창성해 주길 바라는 필자의 바람은 간절하였다.

권율 장군의
대답은 듣지 못하고

시간은 잘도 흘러 남해를 다녀온 지 어느덧 두 달이 훌쩍 지나갔다. 아침저녁 날씨가 쌀쌀해지기 시작하는 어느 날 필자는 임진왜란의 격전지 행주산성을 찾아 나섰다. 행주산성은 1593년(선조 26) 권율 장군이 격전을 벌여 큰 승리를 이끈 전쟁터였다.

산머리를 뒤로 이고 갑옷을 입고 긴 칼을 잡고 있는 권율의 동상이 장엄하게 보이며, 뿌연 연무 사이로 고개를 내밀고 있는 듯한 행주산성이 필자를 맞아 주었다. 먼저 장군의 동상 앞에서 명복을 비는 묵념을 올렸다. 묵념을 드리는 필

행주산성에 있는 권율 동상

자의 귓전에 여기 서 있는 것은 보이는 그대로 단지 동상일 뿐이라는 권율의 목소리가 들려오는 듯했다.

권율이 묻힌 양주시 장흥면 일영 땅

장군이 계신 곳은 휴일이면 사람의 휴식처로서 많은 행락객들이 붐비는 곳이다. 그러나 그 누구도 권율의 체백이 있는 곳은 알고 있지 않았다.

필자가 장흥골 중간 지점쯤으로 들어서니 아름답게 채색된 신도비각과 아주 넓게 마련한 한 켠에 여러 기의 묘소와 묘비가 보였다. 가파른 돌계단을 올라 빗돌을 살펴보고서야 바로 이곳이로구나 알 수

양주시 장흥골의 권율 묘소로 향하는 돌계단과 신도비

있었다. 잠시 앉아 있으려니 꼭 도원수 권율 영감께서 산책이라도 할 겸 출타할 것만 같았다.

머뭇머뭇 주변을 둘러보는 필자에게 필자를 압도하듯 굵직한 목소리로

"그대는 뉘길래 이곳까지 와서 나의 동태를 살피는 것이오."

하는 듯했다.

필자는 미리 통문도 드리지 않고 이렇게 불쑥 뵈러 온 것을 과념치 말아 달라고 인사를 드렸다. 권율은 평소 용맹함은 물론 뛰어난 지략으로 작전에 임할 때마다 빈틈없는 작전 계획으로 커다른 실수 없이 직무를 수행한 인물이었다. 특히 1593년 2월 12일의 행주대첩에서 승리하여 도성의 젖줄이기도 한 한강을 잘 지켜 519년 조선의 역사를 이어갈 수 있도록 하였다. 또한 행주산성을 지켜낸 이후 임진왜란 당시 이 나라 구석구석 장군의 발길이 닿지 않은 곳이 없을 정도였다. 권율의 충성심은 이 나라의 국민들에게 표상이 됨은 물론 본보기가 되어 그 흔적은 영원히 남으리라고 생각된다.

권율 영정

그러나 필자의 머릿속에서 떨쳐지지 않는 생각이 있어 풀어내야 만 했다. 도원수 권율 외에도 이순신, 이운룡, 원균, 우치적, 한백록, 기효근, 이영남, 배설, 김억추 등 뛰어난 공적을 남긴 장군들이

제일 하단이 권율의 묘소이며 상단은 아버지 영의정 권철,
중단은 동생 권구의 묘소이다. 우측 사진은 원균 묘비.

많으며 이런 많은 이들을 심사하여 군주이신 선조로부터 공신녹권을
받았음도 기록으로 남겨져 있다. 조선은 정확한 기록을 남기기 위하
여 실록을 만드는데 있어서, 군주를 포함하여 그 어느 누구도 볼 수
없도록 하였다. 그런 당시의 기록서인 실록을 보는 순간 필자는 적잖
이 놀랄 수밖에 없었다.

세상 사람들이 원균을 칭하여 패장, 겁장, 전투를 기피했던 장수 등
아주 몹쓸 사람으로 몰아갔지만 칠천량 해전의 기록을 살펴보면 그렇
지 않다. 선조는 왜적의 포진 상황을 외면한 채 원균에게 출전을 강요
한 도원수 권율을 오히려 책망하며 안타까워하고 있었다.

비밀은 영원히 숨길 수도 없고 숨겨지지도 않는다. 권율을 만나러
이곳을 찾은 필자는 그 당시 통제사 원균이 제의한 수륙병진 계획을
무슨 이유로 받아들이지 않았는지 묻지 않을 수가 없었다. 당시의 정
확한 사정이야 지금에 와서 어떻게 알겠는가만 수륙 병진의 계획을
묵살하고 어찌하여 수군만으로 능히 전투에서 이길 수 있다고 추궁하

였는지와 원균이 다급한 입장에서 선조에게 지원해 달라는 글을 올렸다 하여 원균에게 감정적으로 곤장을 때린 일 등등 필자는 무례할 정도로 따져 묻고 있었다.

이미 세월이 오래 흘러 이제는 조금도 기억할 수 없다며 다소 노한 표정을 짓고 돌아서는 권율의 환영이 떠올랐다 곧 사라졌다. 필자는 정말이지 이제 오랜 전설이 되어버린 듯한 사건에 대해 어떤 말도 할 수 없어 멍하니 장군의 묘소만 바라보다 돌아서고 말았다.

이순신의 뿌리를 찾아

충청남도 아산군 음봉면 어라산은 덕수 이씨의 선영으로 그곳에는 충무공 이순신의 묘가 있다. 정부의 지원으로 성역화한 묘소는 입구 홍살문 앞쪽으로 2기의 신도비가 서 있는데 오랜 세월 이끼가 끼고 색이 검게 변한 이순신의 비와 오석에 팔작지붕 옥개석을 얹은 이순신의 5세 손인 이봉상李鳳祥의 비다.

이순신의 신도비는 1693년(숙종 19)에 세운 것으로 비문은 김육이 지었는데, 거북이가 두 눈을 부릅 뜨고 꼭 다문 입으로 왼쪽을 노려

이봉상의 비석

충남 아산군 음봉면 어라산에 있는 이순신 묘소

보고 있으며 비신은 단단한 오석으로 세워져 있다. 그 위는 쌍용이 여
의주를 발로 가지고 노는 이수가 얹혀 있다.

홍살문 앞에 있는 약수로 목을 축이고 잘 포장된 도로를 따라가니
멀리 산기슭에 이순신의 묘가 보였다. 묘소는 산자락을 둥글게 깎아
넓게 자리 잡았는데 묘 뒤쪽으로는 울창한 노송이 에워싸고 앞 구릉
에는 잔디가 곱게 깔려 있었으며, 묘 아래에는 1794년 이순신을 영의
정으로 증직할 때 정조가 친히 내린 신도비가 비각 안에 있었다.

임금이 신하의 공적을 치하하며 지은 어제御製 신도비는 이순신 개
인뿐만 아니라 가문의 자랑이다.

이에 의정부 영의정을 증직하고 그 시호를 따라 비 머리에 충성을 높
이고 무용을 표창하는(상충정무尙忠旌武) 노래를 지어 역사가에게
알리노라.

잠곡 김육이 찬한 이순신 신도비   정조가 내린 어제 신도비

　경사진 구릉에 잔디로 기단을 만든 이순신의 묘는 영의정의 묘답게
상석, 장명등, 문인석, 산양석 그리고 망주석이 고태를 자아내며 잘
갖추어져 있었다. 곡장을 두른 봉분은 둥글며 호석은 1단을 둘렀고 각
호석에는 다음과 같이 명문 한 자씩을 새겼다.

　　有明水軍都督朝鮮國 贈 領議政 德豊府院君
　　行 参道統制使 謚 忠武德水李公之墓 貞敬夫人 尙州方氏 祔左
　　유명수군도독조선국 증 영의정 덕풍부원군
　　행 삼도통제사 시 충무덕수이공지묘 정경부인 상주방씨 부좌

　그리고 정면에는 '향내병외정向內丙外丁'이 새겨져 있다. 이순신은
상주 방씨와의 사이에 3명의 아들 회薈, 열悅, 면葂과 1명의 딸을 두었
으며 부실에게서 2남 2녀를 두었다.
　이순신은 어느 날 병조판서 김귀영金貴榮이 자기의 서녀를 첩으로

주려하자 이렇게 말하며 거절했다.

"내가 벼슬길에 나와서 어찌 권세에 의탁하여 출세를 하리오."

했다 하니 당시 이순신의 가문과 본인의 처지를 잘 알려주는 대목이다. 또 이순신의 명성을 듣고 이조판서 이이는 이렇게 말했다.

"나와는 종씨인데 한 번 만나봐야겠다."

이이명이 찬한 이순신 묘비

보통 사람 같으면 먼저 찾아뵙고 인사를 올렸을 것이나 이순신은 다음과 같이 말하며 이이의 면회 요청을 사절했다고 한다.

"종씨 관계를 생각하면 나도 만나고 싶으나 행여 인사권을 쥐고 있는 판서라 만나기가 혐의쩍다."

그 뒤 이순신은 전라도 관찰사이자 『선조수정실록』을 집필한 이식의 종조부였던 이광李洸에게 발탁되어 전라도의 조방장이 되었다. 그리고 1589년 정읍 현감으로 있을 때 유성룡에게 추천되어 진도 군수를 거쳐 47세 되던 해 전라도 수군절도사가 되어 임진왜란을 맞게 되었다.

염치면 백암리 방화산 기슭에는
이순신의 영정을 봉안한 현충사顯
忠祠가 사적 제155호로 지정되어
있다. 이곳은 이순신의 어머니 변
씨의 친정집이 있던 곳으로 부친이
벼슬길로 나아가지 않아 가세가 기
울자 변씨는 이곳으로 이사를 와서
이순신이 무과에 급제할 때까지 살
았다. 따라서 이곳에는 사당을 비
롯해 이순신이 어릴 때 살았던 옛
집, 활을 쏘며 무예를 익혔던 자리
인 사정射亭과 은행나무 2그루, 무
술을 연마하며 마셨던 우물인 충무

충무공 이순신 영정

정忠武井 그리고 이순신 일가의 충신과 효자를 기리는 정려旌閭 등이
남아 있다.

현충사 정문에는 커다란 바위에 '필사즉생 필생즉사必死卽生 必生卽
死' 곧 '죽고자 하면 살고, 살고자 하면 죽는다' 라는 뜻의 친필이 새겨
져 있는데 『선조실록』의 내용과는 거리가 있는 듯 느껴졌다.

1604년 선무공신 1등에 녹훈되어 덕풍부원군에 추봉되었으며 정
도 때 영의정에 추증되었다. 시호는 충무忠武가 내려지고, 충무의 충

숙종이 하사한 현충사 편액

박정희 전 대통령이 쓴 현충사 편액

렬사忠烈祠와 아산의 현충사에 봉향되었다. 그리고 해변의 백성들은 힘을 모아 충민忠愍이라는 사당을 세우고, 부하들은 비석을 세워 타루비墮淚碑라 했다.

이순신이 죽은 뒤 108년이 되던 1706년(숙종 32) 숙종은 이곳에 사당을 세우게 하고 친히 현충사라는 편액을 하사하였다. 현재 1966년 성역화 사업으로 새로 지은 현충사 본전에 박정희 대통령이 쓴 현충사라는 편액이 걸리고 숙종이 하사한 편액은 유물관에 전시되어 있다. 영정은 1953년 월전月田 장우성씨가 그린 것으로 이순신을 그린 초상화가 없자 유성룡이 『징비록』에서 평한 이순신의 용모를 참작하여 붉은 관복을 입은 좌상을 그렸다.

옛집은 ㅁ자 형으로 이순신의 자손이 대대로 지켜오다가 1967년 보존을 위해 이사를 가서 지금은 빈집이다. 옛집 뒤에는 이순신과 후손의 위패를 모신 가묘家廟가 있으며 또 일자형의 정면 3칸인 가묘는 가운데에 이순신의 신위를 모시고, 좌우로 4대조의 신위가 모셔져 있다.

보통 가묘에는 고조, 증조, 조, 부의 4대조를 모시고 4대를 지나면

천위遷位[18]하는 것이 원칙이나 국구, 왕자, 부마, 공신 등 특별한 경우에는 천위를 하지 않는다. 이순신의 신위는 불천지위로 노량 해전에서 전사한 음력 11월 19일에 제사를 드린다고 한다.

이순신이 어렸을 때 활을 쏘던 터에는 5백 년 된 은행나무가 있는데 그의 무술을 추모하는 활쏘기 대회가 해마다 열리고 우물은 지금까지도 마르지 않아 참배객의 갈증을 달래주고 있다. 이곳에 오면 꼭 들러봐야 할 곳이 정려이다. 이곳에는 정조가 하사한 이순신의 정려 편액과 충무공의 후손인 충신 이완李浣(조카), 이홍무李弘茂(4세손), 이봉상(5세손) 그리고 효자 이제빈李悌彬(7세손)의 정려가 함께 보관되어 있다. 특히 이제빈은 5세 때부터 글을 읽었던 수재로서 모친이 돌아가시려 하자 스스로 손가락을 깨물어 피를 마시게 하여 반나절이나 더 살게 했으며, 돌아가신 후에는 매일 무덤에 찾아가 곡을 할 정도로 효자였다. 이순신은 삼도수군통제사를 지내다 54세에 세상을 떠났으며, 나라에서는 그의 효심을 기려 정려를 내렸다.

전시관에는 임진왜란 당시 사용했던 많은 무기와 모형 거북선 그리고 이순신이 받은 교지와 『난중일기』가 진열돼 있다. 이와 같이 장군의 공적을 모아 모자람 없는 예우를 하고 있었다.

다만 현충사 사적과 신도비 등 어느 곳을 보든 장군의 공적과 찬양 일색이기에, 아쉽다고 생각한 필자의 마음을 한 줄 남기고자 한다. 실지로 거짓 없이 그대로 썼다면 얼마나 좋았을까.

---

18) 천위遷位: 가묘에 신주를 모시고 지내던 제사를 시제로 옮기는 것을 말한다.

보통 선현들의 행적을 본다면 고인이 된 후 10~20년을 넘기지 않고 유적지와 사당, 시호 등을 내려 그 흔적을 남겨놓은 것이 전부이나 혹 그렇게 못하는 경우도 있었는데 주된 이유는 혈손이 없었던 경우이거나 고인의 행적을 재평가하는 기간이 길었을 때 등이다. 그러나 이순신에게는 당시 5명의 아들과 5명의 조카가 있었고 또한 명문 벌족이란 후광을 입고 있었을 때였으므로 사후 108년이 지난 시점에서 그리고 실록을 고쳐가면서까지 두둔하던 택당 이식이 죽은 60년 뒤인 1706년(숙종 32)에 와서 현충사란 편액을 하사하였다.

비문은 필자의 얼굴을 붉게 하였다

아산과 온양은 사람으로 친다면 형제지간이 되는 지역이다. 그러나 각박한 현실을 맞아 한 치의 양보도 없는 다툼이 벌어진 곳인데 서로 철도역 이름을 놓고 한바탕 난리를 피웠기 때문이다. 결국 어느 한곳이 아닌 '아산온양역'이라는 전국 어디에서도 찾아볼 수 없는 제일 긴 이름을 얻게 되었다. 이곳엔 일반인들로부터 외면당하기라도 한듯 다소 빈약해 보이는 기념비각이 한 귀퉁이에 서있다. 비각의 현판은 부통령을 지낸 이시영이, 비문은 정인보가, 글씨는 김충현이 썼다고 해놓았다. 그런데 비각 현판을 쓴 이시영이나 김충현의 글씨에 대해 이야기할 것은 없었으나 다만 1951년에 이곳 충청남도 지사였던 이영진이 주선하고, 정인보가 쓴 비문의 내용이 문제가 있어 보였다.

이충무공 기념각

이충무공기념각이라고 쓰여진 현판

비문을 본 필자는 정인보의 상식과 역사적인 지식이 이것밖에 되지 않았던가 하는 생각을 하지 않을 수 없었다. 이 비가 세워질 때는 동족상잔의 혈투가 한창이던 6 · 25 동란 중이었는데 도지사 이영진은 이러한 때, 주민들로부터 모금하여 비각을 세웠어야 했는지 되묻고 싶었다. 그 외에도 문제가 되는 대목을 하나하나 짚어보자면

첫째, 비의 본문은 이충무공기념비각李忠武公紀念碑閣이라 했는데 현판은 이충무공기념각이라 하여 마치 이순신의 비가 없는 것처럼 표기해 놓은 점.

둘째, 거북선을 마치 충무공이 제작하고, 당시 모든 화기는 이순신이 단독으로 만들었다고 한 점.

셋째, 이순신이 임진왜란을 혼자의 힘으로 치렀다는 문구.

넷째, 충무공 이외에 등장한 타 장군들을 노골적으로 비난한 점.

다섯째, 당시의 전투 상황을 매우 미화시켜 놓은 점.

여섯째, 원균을 역사의 근거와 맞지 않게 상대적으로 격하시키고, 당시 통수권자인 선조로부터 하옥되기도 하였고 백의종군의 대열에 섰던 이순신을 명장이 아닌 성자聖者로서 과대평가 한 점.

일곱째, 일본군이나 명나라 군영에서 이순신 한 사람만 없애면 된다고 한 것처럼 밝혀 놓고 역사적인 근거도 없이 조류를 이용한 해전의 승리는 충무공 이순신의 지략이라고 한 점 등이다.

다고 한 것처럼 밝혀 놓고 역사적인 ㄷ
의 승리는 충무공 이순신의 지략이라ㄱ

이렇게 당시의 기록과 달리 붓놀림, 말 놀림으로 장군을 과대평가한 것은 오히려 장군에 대한 예가 아닌 듯 여겨졌다. 세상사가 이럴 수가 있을까 싶었지만 이제부터 한 켜 한 켜씩 껍질을 벗기는 작업이 필자에게 사명감으로 남겨진 듯해, 한숨 소리만 도로에 내려놓고 서울로 돌아와야 했다.

조선조 한학의 대가,
이식의 모순

오늘은 사람 살기 좋기로 이름난 경기도 양평 140리 길을 다녀와야 했다. 그곳 양평의 지역민들은 유순하고 수량은 풍부하여 흉년을 모르고 살아왔기에 신으로부터 선택된 땅이라 해도 무리는 아닐 듯하다. 그래서인지 예로부터 효자, 효부, 명현, 학자가 많이 났다고 한다.

이식의 아들 외재畏齋 이단하李端夏는 좌의정, 손자인 수곡睡谷 이여李畬와 이병모李秉模 등은 영의정을 지냈다. 본디 망야汒也라고 불렀던 백아골에 택당 이식이 자리 잡은 이래 많은 청관淸官이 나왔는데, 3명의 정승과 6명의 판서, 22인의 문관과 17인의 무관을 비롯하여 생원과 진사 69인을 덕수 이씨 문중에서 배출하였다.

양평의 청운면에서 양동면으로 가는 비룡산 고갯길은 구곡양장이 무색할 정도로 꾸불꾸불하고 험하다. 그 산을 넘으면 바로 양동면 쌍학 2리가 나오고 삼거리에서 여주 방면으로 다리를 건너면 백아골로 통하는 길이 산 안쪽으로 나 있다.

택당 이식 선생은 그 이력이 알리고 있듯이 문과에 급제한 학문가이며, 그의 벼슬을 살펴보면 대사헌, 형조·이조판서로서 그 능력과 재질을 인정받았음을 알 수 있다. 또한 문장가로서 많은 선비들로부터 존경의 대상이 되었음도 두 말 할 여지가 없다 하겠다. 그럼 여기서 그가 남긴 『선조수정실록』에 대한 내용을 좀 살펴보기로 하겠다.

그런데 근대에 와서 살펴보면 임란 선무1등 공신 원균장군에 대한 내용을 놓고 서로 비교 분석해 볼 때 많은 차이를 보이고 있는 것이 사실이다. 그 내용을 밝혀 이식 외에도 당시의 성웅이라고 칭하는 이순신과 원균에 대해 제대로 평가해 가는 것도 후세인들이 하여야할 일이라고 생각한다.

임진·정유왜란이 끝나고 45년이 흐른 뒤인 1643년(인조 21)에 대제학으로 있던 이식이 『선조실록』의 부실함을 들어 학자답지 못한 붓 끝으로 『선조수정실록』을 집필한 지 4백 년이 지난 현재 실록의 진실성에 대한 분쟁이나 불신하는 시선이 생기게 될까 염려스럽다.

현미玄微의 뜻을 가르쳐준 스님

양평 백아골에 살던 어린 이식은 몸이 몹시 허약해 공부하기 조차 힘들었다. 그는 어린 시절 오직 몸 관리에만 힘쓰다가 성장해서야 『주역周易』을 가지고 용문사에 들어가 공부에 열중할 수 있었다. 밤낮으로 학문에 몰두한 이식은 함께 사는 스님이 불편하지 않도록 배롱으로 등불을 가려 가며 밤을 새워 공부했다. 같은 방에는 나무하는 스님(부목승負木僧)이 항상 밤이면 나막신을 만들었다.

하루는 이식이 뒤척거리며 새벽까지 잠을 이루지 못하자 옆에 있던 스님이 혼잣말로 중얼거렸다.

"나이도 어린 서생이 정신을 몰두하여 아주 깊은 뜻(현미)을 알려고 하니 마음과 몸이 쇠약해질까 걱정이다."

이 말을 들은 이식은 깜짝 놀랐다. 그저 무식한 스님으로만 알고 있었는데 문자까지 써가며 말을 했기 때문이다. 그는 다음날 스님을 조용한 곳으로 모시고 가서는 이렇게 청했다.

"스님은 주역의 오묘한 이치를 깨우친 분 같으니, 청컨대 가르쳐 주시오."

그러자 스님은 겸손하게 거절했다.

"가난하고 용렬한 중이 어찌 주역을 알 수 있겠습니까. 단지 공이 공부에 너무 열심이라 정신이 허비될까 한 말입니다. 문자도 깨우치지 못했는데, 어찌 주역을 알 수 있겠습니까."

그래도 이식은 끈질기게 캐물었다.

"그리하면 어떻게 현미라는 뜻을 아시오."

그제서야 스님은 더 이상 숨기지 못하고 이식에게 가르쳐주겠다는 약속을 했다.

"만약 의심스럽고 어려운 곳이 있으면 그곳에 쪽지를 붙여 외진 곳에서 나에게 보여주시오."

이식은 크게 기뻐하며 이해가 되지 않는 부분에 쪽지를 붙여 깊은 숲속에서 질문을 했다. 그러면 스님은 일일이 예를 들어 자세히 가르쳐 주니, 마치 가슴속의 구름이 걷히고 맑은 하늘이 보이는 것 같았다. 이식은 그 스님을 마음속 깊이 스승으로 모셨다. 이식이 공부를 마치자 스님이 이렇게 말했다.

"내년 1월에 한양으로 찾아갈 것입니다."

과연 1월이 되자 그 스님이 한양에 있는 이식의 집을 찾아왔다. 이식은 스님을 안채로 모셔 사흘 동안이나 얘기를 나누었다. 스님은 헤어질 때 이식의 운세를 짚으며 이렇게 말했다.

"병자년에 큰 난리가 있으니 영춘永春으로 피신하시오. 우리는 서관西關에서 다시 만날 것이오."

그 후 병자호란이 일어나자, 이식은 영춘으로 몸을 피해 무사했고 마침내 재상의 위치에 올랐다.

한번은 이식이 사신을 접대하기 위해 서관에 들러 묘향산을 구경하는데 가마꾼으로 스님들이 동원되어 가마를 맨 채 지나가고 있었다. 맨 앞의 인물이 바로 스승으로 모셨던 그 스님이었는데 건장한 풍채는 용문사 시절과 똑같았다. 이식은 크게 기뻐하며 그 스님을 절의 사랑채로 은밀하게 불러 손을 잡고 이야기하면서 사흘 동안이나 극진히 모셨다.

두 사람은 위로는 나라의 일을, 아래로는 집안과 개인의 일까지 허심탄회하게 이야기했는데 이식은 스님으로부터 많은 것을 배우고 깨우쳤다고 한다.

택당 이식 선생의 살아온 길

이식은 조선 중기의 문신으로 본관은 덕수이고 자는 여고汝固, 호는 택당澤堂, 남궁외사南宮外史, 택구거사澤癯居士이다. 1584년(선조 17)에 태어나 1647년(인조 25)에 걸쳐 살던 문장가로 이름을 날린 이식은 조선 중종 때 대제학과 좌의정을 지낸 이행李荇의 고손자이자 좌찬성에 증직된 이안성李安性의 아들로 율곡 이이나 충무공 이순신과도 일가가 된다. 1610년(광해군 2) 별시문과에 급제해 문장으로 이름을 날렸고 신흠申欽, 이정구李廷龜, 장유張維와 함께 한학 4대가 중의 1명으로 꼽혔다.

광해군 때 선전관을 지낸 이식은 1618년(광해군 10) 인목대비 폐모론이 제기되자, 하늘의 도가 땅에 떨어진 것을 한탄하며 스스로 벼슬을 버리고 부친과 함께 경기도 지평(지금의 양평군 양동면 쌍학리 백아골)로 낙향해 택풍당澤風堂을 짓고 오직 학문연구와 후학양성에만 전념하였다. 이곳은 현재 향토 유적 제16호로 지정되어 있다.

자신의 거처를 택풍당이라 명명한 것은 이 무렵 스스로 지은 자신의 아호 택당에서 따온 것이다. 이식의 아호는 친구들이 자신을 부르는 별칭에

택풍당 안내글

서 유래되었는데, 두 가지 의미를 띄고 있다. 강변에 집을 지었으니 습하고 수풀이 우거진 곳에 사는 사람이라는 뜻이 그 하나이고 줄곧 가택에 머물기만 하여도 윤이 나고 빛이 나는 사람이라는 뜻이 또 다른 하나이다.

그 후 인조반정仁祖反正이 성공하여 가까이 지냈던 사람들이 조정에 들어가자, 이식은 이조 좌랑에 등용되어 1632년까지 대사간을 3차례나 역임했다. 그러나 병자호란이 끝난 1642년 김상헌金尙憲과 함께 척화를 주장하다 중국 심양瀋陽으로 잡혀갔고 돌아올 때는 다시 의주에서 잡혔으나 탈출한 일도 있었다. 이후 이식은 시관이 되어 출제한 시제詩題에 역모의 뜻이 숨어 있다는 탄핵을 받아 관직까지 삭탈되었으나 곧 대제학을 거쳐 이조 · 예조 · 형조판서를 역임하였다.

이식은 1686년(숙종 12) 영의정에 추증되었고 여주의 기천서원沂川書院에 제향되었으며, 시호는 문정공文靖公이다.

경기도 양평군 양동면 백아골에 있는 이식의 묘소

문장으로 이름을 날리다

파란곡절이 끊이질 않았지만 이식은 당대 학자로서의 의무를 게을리 하지 않았다. 많은 제자를 배출하는 한편으로 특히 한문학漢文學에 일가를 이루어 2천여 수에 이르는 뛰어난 한시 작품을 남긴 양평의 큰 인물이다. 조선의 정통적인 고문古文으로 높이 평가받는 이식의 시는 대체로 정경의 묘사가 뛰어나고 직선적인 경향이 두드러진다. 이식은 각 서체에 모두 능했으나 특히 오언율시를 잘 지었고 문집으로 『택당집』이 전한다. 이식의 문장은 자신의 재주보다는 고조부 이행으로부터 많은 영향을 받은 것으로 알려져 있다. 선생의 시 2수를 적어 본다.

野城淸心樓次韻 야성청심누차운

千末傷春日 천말상춘일
殘花幾樹明 잔화기수명
山從古城峻 산종고성준
江興長官淸 강흥장관청
寓世皆爲客 우세개위객
歸鄕各自情 귀향각자정
驪江樓亦好 여강누역호
形勝共誰許 형승공수허

야성의 청심루에 있는 시의 운자를 따서

하늘 끝에 하늘거리는 봄의 시름
어느 나무에 아직도 꽃이 남아 있는가.
산은 이 성에서부터 점점 높아가고
강물은 이곳에서부터 맑게 흐른다.
세상에 사는 우리는 모두 나그네.
고향을 그리워하는 것은 사람의 인정.
강둑에 우뚝 서 있는 다락에서
이 경치를 누구와 함께 볼까.

결국 이 세상에 사는 것이 잠깐 머물렀다 가는 나그네와 같은 것이
아닌가. 그러니 자연히 고향에 돌아가고 싶은 생각이 날 수밖에 없다.

택풍당

이곳은 물도 맑거니와 누각도 또한 이렇게 아름다운데 이 절경을 누구와 함께 볼 것인가. 혼자 보기에는 아까운 생각이 들어 사람들과 같이 구경하고 싶다고 노래한 것이리라.

新燕 신연

萬事悠悠一笑揮 만사수수일소휘
草堂春雨掩松扉 초당춘우엄송비
生憎簾依新歸燕 생증염의신귀연
似向閑人說是非 이향한인설시비

새로 돌아온 제비

모든 일은 한바탕 웃음.
초당에서 문을 닫고 있네.
내 본래 제비를 미워하는 것은
나를 향하여 시비를 말하기 때문이네.

이식이 활동하던 16~17세기는 내적으로 극심한 당쟁의 폐해와 외적으로는 임·병 양란의 후유증으로 국초 이래 절대적으로 숭배해 오던 유교적 질서, 전통적 가치관의 혼란이 극에 달한 시기였다. 이식은 이러한 현상을 기존의 지배 이념이 드러낸 모순과 한계를 극복하려는 개혁의 표출이라고 판단하고 보수적 학문 정신으로 전통 유학자의 길을 일관되게 걸었다.

백아골의 선현들과 이식

이식의 묘소는 양평군 양동면 쌍학리 백아골에 있다. 이곳에는 성균관 생원 이섭의 묘와 그 후손들 묘가 함께 있다. 양조장 옆길을 따라 올라가면

○[19]東白鴉谷 德水李氏 墓山
○동백야곡 덕수이씨 묘산

이라 새겨진 비석이 나란히 서 있어 이곳이 덕수 이씨의 선영임을 알 수 있다. 비석 가운데 하나는 오래됐고 나머지는 근래에 세운 것이지만 명문은 똑같다. 그곳에서 다시 안쪽으로 가면 재실 '백아재'와 정자 '택풍당'이 있다.

이식의 묘비

---

19) ○는 확인이 되지 않는 글자를 말한다.

이식의 묘는 재실 오른쪽 산등성이에 있는 여러 기의 묘 가운데 맨 위쪽 옆에 있는데 호석이 없는 봉분은 잘 가꾸어져 있고 묘비에는

吏曹判書兼大提學贈領議政謚文靖澤堂
李公之墓贈貞敬夫人靑松沈氏 祔左
이조판서 겸 대제학 증 영의정 시 문정 택당
이공지묘 증 정경부인 청송심씨 부좌

라고 씌어 있다.

오석의 비신은 근래에 다시 만들어 본래의 장방형 기단에 세우고 본래의 팔작지붕에 옥개석을 얹었다. 기단과 옥개석에 낀 이끼를 보니 350여 년의 세월이 가슴 깊숙이 파고들었다.

멀리 강원도 당산이 보이고 아래로는 계곡과 논밭이 펼쳐진 묘를 내려와 이식이 후학을 가르쳤던 택풍당에, 12세 손으로서 현재 태풍당의 주인인 이재성李裁成씨와 함께 들렀다. 1619년 이식이 손수 지은 이 서당은 팔작지붕에 한식 골기와를 얹은 겹처마 정자로 2층 누각의 형태를 취해 매우 아름다웠다. 정면과 측면은 각각 4칸이고, 외문과 담장까지 갖추어 격조 또한 높다.

건물 안에는 이식이 생전에 썼던 갓과 제자들이 앉았던 나무 의자가 시렁에 얹혀 있고, 뜰에는 생전에 심었다는 늙은 회양목이 두 줄기로 고태스럽게 자라 있다. 조용하고 한적한 백아골에 글 읽는 소리가 들리는 듯했다.

세상 사람들은 살아가면서 모순된 점을 보이는 것이 대개의 경우이다. 어찌 흠결 없이 살아갈 수 있겠는가만 특히 원균을 가혹하게 폄훼하고 반대로 같은 문중인 이순신에 대한 부분은 과도하게 포장한 기록을 보면 매우 안타깝다. 이식의 종조부였던 이광 또한 벼슬인으로서 도저히 용납되지 않을 만큼의 많은 과실의 흔적을 남겼다. 필자는 과연 이광에 관해서는 어떻게 기록하였을지 매우 궁금하였다.

　그 당시에는 이식이 원균을 임의대로 평가하였겠지만 4백 년이 지난 지금 그 평가에 대한 책임을 감수하여야 할 것이다. 사실을 제대로 평가하였는지를 묻는 필자에게 이식은 아무런 대답도 들려주지 않았다.

제9부

이순신의 주장은 정당했는가

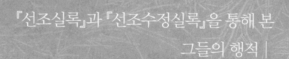

『선조실록』과 『선조수정실록』을 통해 본
그들의 행적 |

이순신의 주장은 정당했는가

『선조실록』과 『선조수정실록』을 통해 본 그들의 행적

『선조수정실록』의 기록

전라 수군절도사 이순신이 거제도에서 왜적을 격파하다.
『선조수정실록』 권 26-선조 25(1592)년 5월 1(경신)일

전라 수군절도사 이순신이 경상도에 구원하러 가서 거제 앞 나루에
서 왜병을 격파하였다. 왜병들이 바다를 건너오자 경상 우수사 원균
은 대적할 수 없는 형세임을 알고 전함과 전구를 모두 물에 침몰시키
고 수군 1만여 명을 해산시키고 나서 혼자 옥포 만호 이운룡과 영등포
만호 우치적과 남해현 앞에 머물면서 육지를 찾아 적을 피하려고 하
였다. 운룡이 항거하여 말하기를
"사또가 나라의 중책을 맡았으니 의리상 관할 경내에서 죽는 것이

마땅하다. 이곳은 바로 양호兩湖의 요해처로서 이곳을 잃게 되면 양호가 위태롭다. 지금 우리 군사가 흩어지기는 하였지만 그래도 모을 수 있으며 호남의 수군도 와서 구원하도록 청할 수 있다."

하니, 원균이 그 계책을 따라 율포 만호 이영남을 보내 순신에게 가서 청하게 하였다.

이때 순신은 여러 포浦의 수군을 앞 바다에 모으고 적이 이르면 싸울 준비를 하고 있었다. 영남의 말을 듣고 여러 장수들은 대부분 말하기를

"우리가 우리 지역을 지키기에도 부족한데 어느 겨를에 다른 도道에 가겠는가."

하였다. 그런데 녹도 만호 정운鄭運과 군관 송희립宋希立만은 강개하여 눈물을 흘리며 이순신에게 진격하기를 권하여 말하기를

"적을 토벌하는 데는 우리 도와 남의 도가 따로 없다. 적의 예봉을 먼저 꺾어놓으면 본도도 보전할 수 있다."

하니 순신이 크게 기뻐하였다.

언양彦陽 현감 어영담魚泳潭이 수로水路의 향도가 되기를 자청하여 앞장 서서 마침내 거제 앞 바다에서 원균과 만났다. 원균이 운룡과 치적을 선봉으로 삼고 옥포에 이르렀는데, 왜선 30척을 만나 진격하여 대파시키니 남은 적은 육지로 올라가 도망하였다. 이에 그들의 배를 모두 불태우고 돌아왔다. 그리고 다시 노량진에서 싸워 적선 13척을 불태우니 적이 모두 물에 빠져 죽었다. 이 전투에서 순신은 왼쪽 어깨에 탄환을 맞았는데도 종일 전투를 독려하다가 전투가 끝나고서야 비

로소 사람을 시켜 칼끝으로 탄환을 파내게 하니 군중軍中에서는 그때
에야 그 사실을 알았다.

　이에 앞서 순신은 전투 장비를 크게 정비하면서 자의로 거북선을
만들었다. 이 제도는 배 위에 판목을 깔아 거북 등처럼 만들고 그 위
에는 우리 군사가 겨우 통행할 수 있을 만큼 십자로 좁은 길을 내고
나머지는 모두 칼, 송곳 같은 것을 줄지어 꽂았다. 그리고 앞은 용의
머리를 만들어 입은 대포 구멍으로 활용하였으며 뒤에는 거북의 꼬리
를 만들어 꼬리 밑에 총 구멍을 설치하였다. 좌우에도 총 구멍이 각각
여섯 개가 있었으며, 군사는 모두 그 밑에 숨어 있도록 하였다. 사면
으로 포를 쏠 수 있게 하였고 전후좌우로 이동하는 것이 나는 것처럼
빨랐다. 싸울 때에는 거적이나 풀로 덮어 송곳과 칼날이 드러나지 않
게 하였는데, 적이 뛰어오르면 송곳과 칼에 찔리게 되고 덮쳐 포위하
면 화총火銃을 일제히 쏘았다. 그리하여 적선 속을 횡행하는데도 아군
은 손상을 입지 않은 채 가는 곳마다 바람에 쓸리듯 적선을 격파하였
으므로 언제나 승리하였다. 조정에서는 순신의 승보를 보고 상으로
가선대부를 가자加資하였다.

　이순신이 단독으로 장계를 올리다.
　『선조수정실록』권 26-선조 25년 6월 1(기축)일

　처음에 원균이 이순신에게 구원병을 청하여 적을 물리치고 연명으
로 장계를 올리려 하였다. 이에 이순신이 말하기를

"천천히 합시다."

하고는 밤에 스스로 연유를 갖춰 장계를 올리면서 원균이 군사를
잃어 의지할 데가 없었던 것과 적을 공격함에 있어 공로가 없다는 상
황을 모두 진술하였으므로, 원균이 듣고 대단히 유감스럽게 여겼다.
이로부터 각각 장계를 올려 공을 아뢰었는데 두 사람의 틈이 생긴 것
이 이때부터 시작되었다.

왜병을 고성 견내량에서 격파하다.
『선조수정실록』권 26 - 선조 25년 7월 1(무오)일

이순신이 왜병을 고성 견내량에서 크게 격파하였다. 이때에 왜적이
수군을 크게 출동시켜 호남으로 향하자 이순신이 이억기와 함께 각기
거느린 군사를 재촉하여 나가다가 견내량에서 적을 만나게 되었는데,
적선이 바다를 뒤덮어 오고 있었다. 원균이 앞서의 승리에 자신하여
곧장 대적하여 격파하려 하자 이순신이 말하기를

"이곳은 항구가 좁고 얕아 작전할 수가 없으니 넓은 바다로 유인해
내어 격파해야 한다."

하였다. 그러나 원균이 듣지 않자, 이순신이 말하기를

"공이 병법을 이처럼 모른단 말인가."

하고 여러 장수들에게 영을 내려 거짓 패하여 물러나는 척하니, 적
이 과연 기세를 몰아 추격하였다. 이에 한산도 앞바다에 이르러 군사
를 돌려 급히 전투를 개시하니 포염이 바다를 뒤덮었고 적선 70여 척

을 남김없이 격파하니 피비린내가 바다에 진동하였다. 또 안골포에서 그들의 구원병을 역습하여 패배시키니 적이 해안으로 올라 도망하였는데 적의 배 40척을 불태웠다. 왜진倭陣에서 전해진 말에 의하면

"조선의 한산도 전투에서 죽은 왜병이 9천 명이다."

라고 하였다. 이 일을 아뢰자 순신에게 정헌대부의 자계資階를 상으로 내리고 하서하여 칭찬하였다.

진주성 패전의 원인
『선조수정실록』 권 27 - 선조 26(1593) 년 6월 1(갑신)일

왜적이 진주를 함락시켰다. 김천일, 최경회 등이 전사하였다. …(중략)… 애통하게 여길 만한 것은, 가등청정과 소서행장이 혐의가 있는 것처럼 거짓 드러내 보이면서 우리나라가 필시 진주성을 버리지 않을 것을 알고는 거짓으로 버리고 피하기를 청한 사실이다. 이 때문에 조정에서는 더욱 진주성을 보전하려고 충신과 용장을 증파하여 한성에서 함께 죽게 하였으니, 이는 본시 수길秀吉의 계략이었다. 왜인 중에서 말하기를

"조선 사람은 소문만 듣고도 먼저 달아나 한 번도 정식으로 대적하려 하지 않는다. 그래서 건장한 군사들이 모두 죽지 않고 흩어졌다가 다시 합하여 곳곳에서 왜의 무리를 초살勦殺하는데 이것이야말로 당하기 어려운 것이다. 행장이 반드시 진주성을 버리라고 한 것은 일부러 그들을 완전히 집결하게 하여 섬멸시키려 한 것이다."

하였다. 왜인이 강항姜沆에게 말하기를

"조선의 장사들이 진주성에서 다 죽었으니, 이후로는 우리를 괴롭힐 자가 없을 것이다."

하였다. 그 뒤에 이간질을 하여 이순신을 떠나게 만들고 원균을 패하게 만든 것도 모두 깊은 기략에서 나온 것이다.

대저 진주성은 이미 누차 승전하여 홀로 온전하게 지켜냈고 곡식 10만 석을 비축하여 일면의 보장지가 되었으니, 반드시 지키고 떠나지 않을 것을 행장은 본래 익히 알고 있었던 것이다. 옛날 용병을 잘하는 자는 장차 취하려 할 때 먼저 주는 경우도 있었다. 그런데 이 성을 지키지 못할 가능성에 대해 어찌 김명원 등이 능히 판단할 수 있었겠는가. 더구나 조정에서 문법文法을 가지고 장수들을 휘어잡아 항시 동서로 진퇴하는 일에 대한 통제가 중앙에서 나옴에 있어서랴. 김명원 등이 만일 행장의 말에 따라 진주성을 버리게 했더라면 필시 군법에 의해 죄를 얻을 것인데, 김명원이 어찌 감히 스스로 독단할 수 있었겠는가. 이것이 곽재우의 의논이 받아들여질 수 없었던 이유이다.

이순신을 본직은 그대로 둔 채 삼도수군통제사에 겸임
『선조수정실록』 권 27 – 선조 26년 8월 1(임오)일

이순신을 삼도수군통제사에 겸임시키고 본직은 그대로 두었다. 조정의 의논에서 삼도 수사가 서로 통섭할 수 없다고 하여 특별히 통제사를 두어 주관케 하였다. 원균은 선배로서 그의 밑에 있게 됨을 부끄

럽게 여겨 틈이 벌어지기 시작했다. 이순신이 육지는 군수물자에 고달프다는 점을 들어 체부體府에 청하기를,

"다만 일면의 해포海浦를 부여해 주면 양식과 기계를 자족시킬 수 있게 하겠습니다."

하였는데, 이때에 와서 소금을 구워 판매하여 곡식 몇 만 석을 비축하였으며, 영사營舍와 기구器具가 완비되었다. 백성을 모집하여 완취시키니, 하나의 거진巨鎭이 되었다.

경상 우수사 원균을 충청 절도사로 옮겨 제수하다
『선조수정실록』 권28 - 선조 27(1594)년 12월 1(갑진)일

경상 우수사 원균을 충청 절도사로 옮겨 제수하였다.

원균이 이순신의 차장이 된 점을 부끄럽게 여기고서 절제節制를 받지 않으니 순신은 여러 차례 글을 올려 사면을 청하였다. 이에 조정에서는 누차 도원수로 하여금 공죄功罪를 조사하게 하였는데, 균은 더욱 거침없이 욕지거리를 내뱉어 하는 말이 모두 추악하였으며, 순신 또한 균이 공상功狀이 없음을 말하는 가운데 실상과 다른 한 조목이 끼어 있었다. 그런데 조정에서는 대부분 원균을 편들었으므로 마침내 모두 탄핵을 당했다.

상이 다시 비변사로 하여금 조정하게 하였는데, 단지 균의 자리를 바꾸어 육장陸將을 삼고 순신은 병사로 죄책감을 가지고 스스로 공을 세우게 하였다. 균은 서울과 가까운 진鎭에 부임하여 총애 받는 권신

과 결탁해 날마다 허황된 말로 순신을 헐뜯었는데, 순신은 성품이 곧고 굳세어 조정안에서 대부분 순신을 미워하고 균을 칭찬하였으므로 명실名實이 도치되었다.

평행장과 가등청정의 교묘한 술책을 사평하다
『선조수정실록』 권 30 - 선조 29(1596) 년 12월 1(계해)일

당시에 심유경은

"평행장平行長(소서행장)은 실로 가등청정과는 의견을 달리하여 화의의 일이 성심에서 나왔다."

고 하였으며 조정도 그렇게 믿었다. 만약 그렇다면 풍신수길과 같은 사나움으로 이미 조선이 저희를 업신여겼다고 이르면서 봉전封典까지도 받지 않았으니 이는 화의와는 크게 어긋난 것이다. 마땅히 행장을 엄하게 벌해야 하는데도 여전히 그를 의지하고 신임할 뿐 아니라 비밀리에 우리나라에 첩자를 보내어 이순신을 제거하고 원균을 속여 패전하게 만들었으니 이는 실상 가등청정과 표리가 되어 한 짓이다. 더구나 가등청정은 일본 명장들 가운데 우두머리이고 행장은 풍신수길의 중신重臣인데 어찌 우리나라에 몰래 통고하고 틈을 봐서 살해할 리가 있겠는가. 그렇다면 풍신수길이 어떻게 강적이 되어 우리에게 침범할 수가 있었겠는가.

그들이 화의를 위하여 왕래한 것은 중국 사람의 뜻에 거짓으로 응하면서 사실은 교묘한 계책을 실행하여 중국 군사들을 지치게 하고

우리나라 군사를 피로하게 한 뒤에 이미 휴식을 취한 저들의 군사들을 재차 출병하고는 중국 황제를 성나게 해서 군대를 동원하여 원정을 오게 함으로써 저들은 군대를 바다에 주둔시킨 채 주인이 객을 기다리는 전술로써 필승의 계책을 삼으려는 것이었다. 그러므로 당시에 황신은 상에게 아뢰기를

"예로부터 심원한 모책과 비밀스런 계획이 적장으로부터 나온 것은 아직 없습니다. 행장과 가등청정은 다른 점이 없어서 그 말을 믿을 수 없습니다."

하였다.

통제사 이순신을 하옥시키라 명하고 원균으로 대신하다
『선조수정실록』 권 31 - 선조 30 (1597) 년 2월 1(임술)일

통제사 이순신을 하옥시키라 명하고, 원균으로 대신하였다.

이보다 앞서 평행장과 경상 우병사 김응서가 서로 통하여, 요시라가 그 사이를 왕래하였는데, 그가 말한 바가 마치 가등청정과 사이가 좋지 않은 듯해서 우리나라는 그걸 믿었었다. 이때에 왜적이 재침을 모의하면서 우리나라의 수군을 꺼려했고, 그 중에서도 더욱더 이순신을 꺼렸다. 이에 요시라를 보내서 말하기를

"강화하는 일이 이루어지지 않은 것은 실로 가등청정이 주장하고 있어서이다. 만약 그를 제거하면 나의 한이 풀리게 되고 귀국의 근심도 제거될 것이다. 모월 모일에 가등청정이 어느 섬에서 잘 것이니,

귀국에서 만약 수군을 시켜 몰래 잠복해 있다가 엄습하면 결박할 수가 있을 것이다."

하였다. 응서가 이로써 보고하니, 상이 황신黃愼을 보내 순신에게 비밀히 유시하였다. 그러나 순신은

"바닷길이 험난하고 왜적이 필시 복병을 설치하고 기다릴 것이다. 전함을 많이 출동하면 적이 알게 될 것이고, 적게 출동하면 도리어 습격을 받을 것이다."

하고는 마침내 거행하지 않았다. 그런데 그날 가등청정이 과연 다대포 앞바다에 왔다가 그대로 서생포西生浦로 향했는데, 이는 실로 행장과 함께 작은 군사로 우리를 유인하고자 한 것이었다. 그런데 조정에서는 오히려 조정의 명령을 따르지 않은 것을 들어 순신을 하옥시켜 고신栲訊하게 하고, 마침내 전남 병사 원균을 통제사로 삼았다.

원균이 칠천량漆川梁 패전으로 전사하다
『선조수정실록』권 31 - 선조 30년 7월 1(경인)일

적이 수군을 습격하여 깨뜨렸다. 통제사 원균이 패하여 죽고 전라 수사 이억기, 충청 수사 최호 등이 죽었으며, 경상 우수사 배설은 도망하여 죽음을 면하였다.

당초 원균이 한산도에 도착하여 이순신이 세워 놓은 규약을 모조리 변경시키고 형벌에 법도가 없어, 군중의 마음이 모두 떠났다. 권율은 원균이 적을 두려워하여 머뭇거린다고 하여 불러 매를 쳤는데, 원균

이 분한 마음을 품고 가서 마침내 수군을 거느리고 절영도에 이르러 제군諸軍을 독려하여 나아가 싸우게 하였다. 적은 아군을 지치게 할 계책으로, 아군의 배에 가까이 접근하였다가 문득 피하였다. 밤이 깊어 바람이 심하게 불어서 우리 배가 사방으로 흩어지자 원균은 남은 배를 수습하여 가덕도로 돌아왔는데, 사졸들이 갈증이 심하여 다투어 배에서 내려 물을 먹었다. 그러자 적이 갑자기 나와 엄습하니 원균 등이 황급하여 어찌할 줄을 모르고 급히 배를 이끌고 퇴각하여 고성의 추원포에 주둔하였는데, 수많은 적선이 몰려와 몇 겹으로 포위하였다. 원균은 크게 놀라 여러 장수와 더불어 힘껏 싸웠으나 대적해 내지 못하고, 배설이 먼저 도망하자 아군이 완전히 무너졌다. 이억기와 최호 등은 물에 뛰어들어 죽고, 원균은 해안에 내렸다가 적에게 죽음을 당하고, 배설은 도망하여 한산도에 이르렀는데, 조정에서 명하여 주륙하였다.

정왜의 공훈에 주청사도 넣을 것을 청하다.
『선조수정실록』권 38-선조 37(1604)년 6월 6(을유)일

빈청賓廳에서 원훈 대신大臣이 아뢰기를,

"신축년에 공훈을 결정할 때 호종扈從과 정왜征倭로 공신들을 나누어 두 가지로 했는데, 임인년 가을에 이르러 비로소 함께 녹훈하자는 의견이 있어 즉시 아뢰어 개정하였었습니다. 그런데 이제 언관言官이 또 나누어 녹공할 것을 청하니, 그중에 삭제할 자가 27인인데 추록한

정운 등도 당연히 아울러 삭제해야 됩니다. 그렇게 하면 정왜 무장으로 남는 사람은 단지 이순신, 권율, 원균, 고언백 이 네 사람뿐입니다. 권응수는 영천永川 수복의 공이 있었고, 수전에서의 이억기와 행주의 조경은 승첩의 공이 있었고, 진주의 김시민, 이광악과 연안延安의 이정암은 모두 성을 온전히 지킨 공이 있었는데 모두 삭제당하였으니, 훗날 무장들이 해이해질까 걱정스럽습니다. 임진난 초기에 신점申點이 옥하관玉河館에 있다가 왜변을 듣고는 울부짖으며 청병하였는데, 그 뒤 많은 중국군이 나온 것은 모두 신점의 힘입니다. 그런데 유독 녹훈에 참여하지 못하였으니, 이 몇 사람은 마땅히 함께 그대로 두어야 합니다. 그리고 두 가지 공신이 당초에는 그 숫자가 매우 많았기 때문에 4등급으로 나누었으나 이제는 이미 명호를 나누었으니 따라서 3등급으로 나누어 정하고 아울러 군량을 주청하러 갔던 사신들도 정왜의 공훈에 옮겨 기록하게 하소서."

하니, 상이 따랐다.

뒤에 호종扈從은 호성扈聖으로, 정왜征倭는 선무宣武로 고쳤다.

『선조실록』 임진왜란의 기록

이곳에는 『선조실록』에 실린 임진왜란의 기록 중 원균과 이순신에 관한 내용에 초점을 맞추어 발췌했으며 앞 본문에 이미 여러 차례 인용한 내용은 가능한 제외하여 수록하였음을 밝혀둔다.

민종신의 전황 보고

『선조실록』 권 26-선조 25(1592)년 5월 10(기사)일

왕께서 선전관 민종신, 승지 노직盧稷, 주서 박정현朴鼎賢, 가주서
한우신韓禹臣, 검열 김선여金善餘와 김의원金義元 등을 인견하였다. 왕
께서 종신에게 이르기를

"아군 중에 계속 오는 자가 있었는가?"

하니, 민종신이 아뢰기를,

"원균이 바다에 나가 적선 30여 척을 격파했다고 하였습니다. 신이
천안天安에 이르니 병사 신익申翌이 군사 1만 명을 거느리고 있었고 방
어사 이옥李沃과 이세호李世灝 등도 그곳에 있었습니다."

라고 하였다.

원균의 승전 보고에 관한 비변사의 계

『선조실록』 권 29-선조 25년 8월 24(신해)일

비변사가 아뢰기를,

"경상 수사 원균의 승첩을 알리는 계본은 바로 얼마 전 이순신이 한
산도 등에서 승리한 것과 한때의 일입니다. 싸움에 임해서는 수종首從
이 있고 공에는 대소가 있는 것이어서 그 사이에 차등이 있기 마련입
니다. 그러나 이곳에서는 확실히 알기가 어려운 일입니다. 적을 벤 것
으로써 대략을 논하면, 힘을 다하여 혈전했음에는 의심이 없습니다.

다시 1등에 참여된 이는 마땅히 별도로 포상을 하여야 할 듯합니다. 첨사 김승룡, 현령 기효근은 특별히 당상에 올리고, 현監 김준계金遵階는 3품으로 승서陞敍하고, 주부 원전은 5품으로 승서하고, 우치적 등 4인은 6품으로 승서하고, 이효가李孝可 등 13인은 공에 맞는 관직을 제수하소서. 만호 한백록은 전후 공이 가장 많은데 탄환을 맞은 뒤에도 나아가 싸우다가 싸움이 끝나고 오래지 아니하여 끝내 죽음에 이르렀습니다. 극히 슬프고 애처로운 일이니, 또한 당상으로 추증하소서. 배지인陪持人 박치공朴致恭은 3급을 베고 왜적 한 명을 사로잡았으니 6품으로 승서함이 어떠하겠습니까?"

하니, 답하기를

"이에 의하여 조처해야 한다. 원균에게는 가자加資를 하지 않는가?" 하였는데, 회계回啓하기를

"원균은 이미 높은 가자를 받았고 지금 이 전첩戰捷의 공은 이순신이 으뜸이므로 원균에게는 가자할 필요가 없을 듯합니다."

하였다.

원균과 이억기의 품계를 높이는 전교
『선조실록』 권 30-선조 25년 9월 1(무오)일

왕께서 정원에 전교하였다.

"원균과 이억기는 이순신과 공이 같은 사람들이다. 품계를 높여 주고 글을 내려 아름다움을 포장하라."

부산을 치기 전에 수륙 합공을 건의하는 원균

『선조실록』권 39-선조 26(1593)년 6월 3(병술)일

경상 우도 수사 원균이 치계하였다.

"신은 지금 호남의 주사와 더불어 이미 바다로 나왔습니다. 웅천, 창원의 왜적은 아직도 여전히 웅거하여 있고, 웅포의 왜적은 차츰 늘어나서 전보다 배나 성한데 험지를 점거하여 나오지 않고 있습니다. 김해, 양산 두 강에 정박한 적들은 서로 번갈아 출입하면서 순치脣齒처럼 서로 의지하여 부산 통로를 장악하고 있습니다. 이 적의 소굴을 내버려 둔 채 그대로 부산으로 들어가면 앞뒤의 적이 안팎으로 협공할 것이니 실로 위험한 일입니다. 지금의 계책으로서는 육군으로써 직접 웅천의 적을 쳐서 해양 가운데로 몰아내면 주사가 서로 통할 수 있으니 이때 먼저 웅포를 공격하고 차차로 김해, 양산을 공격하여 이리저리 적을 섬멸하여 부산 길을 통하게 하는 것이 가장 좋으나, 이미 육군이 없으니 달리 섬멸할 계책이 없으므로 명나라 구원병이 오기만을 고대합니다. 그러나 명나라 장수는 우리 주사로 하여금 먼저 부산의 적선을 불사르게 한 후에 뒤에서 재빨리 공격하겠다고 하였습니다. 이 사이에 처사하기가 실로 낭패스럽습니다. 대체로 주사가 지난 봄부터 수개월 동안 일제히 해상에 주둔하면서 백방으로 진퇴하였으나 영영 꾀어낼 형세가 없었으니, 이미 경험해본 것입니다. 신의 얕은 계책으로는 육군으로 하여금 급히 진격하게 하여 수륙 합공을 기해야 한다고 생각합니다."

장문포와 오비질포吾非叱浦의 전투에 관한 원균의 보고

『선조실록』권 56 - 선조 27 (1594) 년 10월 8(임자)일

경상 우수사 원균의 장계에,

"9월 29일부터 10월 2일까지 장문포에 둔거한 적세와 접전한 절차에 대해서는 이미 치계하였습니다. 2일 평명平明[20]에 다시 장문포에 진격하였는데, 전보다 약간 많아 무려 1백여 명이나 된 것이 필시 둔처屯處한 왜병을 청원한 것이었습니다. 세 곳의 높은 봉우리에 모여 있으면서 많은 깃대를 세워 놓고 무수히 총을 쏘아댔는데, 우리 병사들이 강개하여 진퇴하면서 종일토록 접전하다가 어둠을 이용하여 조금 물러나 외질포外叱浦에 진을 쳤습니다.

3일 진시辰時에 주사를 동원하여 적진이 있는 장문포의 강어귀에 줄지어 세워 놓고 먼저 선봉을 시켜 성城에 육박하여 도전하게 하니 적의 무리가 시석矢石(화살과 돌)을 피하여 성안에 숨기도 하고, 혹은 성 밖에 땅을 파고서 몸을 숨기기도 하였는데, 그 수효를 알 수 없었습니다. 적이 총을 쏘고 대포도 쏘았는데 그 탄환의 크기가 주먹만 하였고 3백여 보나 멀리 날아왔으며, 화력이 전일보다 갑절이나 더했고 설비는 매우 흉험하였습니다.

적진 근처에 마초馬草가 무수히 쌓여 있었으므로 신은 정예병을 선발하여 수직守直하는 왜병을 쏘아 쫓고 불을 질렀는데 타는 불꽃이 밤

---

20) 평명平明: 해가 뜨는 시각 또는 해가 돋아 밝아질 때를 말한다.

새도록 하늘에 닿았습니다. 문제는 육병이 아니기 때문에 육지에 있는 적을 주사로서는 다시 어떻게 끌어 낼 방법이 없어 매우 통분스러웠습니다.

신은 다시 통제사 이순신, 육병장陸兵將 곽재우, 충용장忠勇將 김덕령에게 상의하여 수륙으로 합동 공격할 것을 계획하고, 길을 잘 아는 거제 출신 사수 15명을 뽑아 길잡이를 삼고 신이 거느린 각 선박에 육전을 할 만한 자로서 자원한 31명을 선발해서 곽재우의 지휘를 받도록 하는 일을 단단히 약속하였습니다.

4일 묘시卯時에 여러 배로 적진에 돌진해 들어가면서 명화 비전明火飛箭을 쏘기도 하고 혹은 현·승자총통玄勝字銃筒²¹⁾을 쏘면서 도전하고, 정예선鄭銳船을 영등永登의 적 소굴에 나누어 보내 서로 들락날락하면서 이쪽저쪽을 공격할 기세를 보여 서로 지원하는 길을 끊도록 하였으나 그들은 성문을 굳게 닫고 나오지 않아 섬멸할 길이 없어 분함을 견딜 수 없었습니다.

육병장 등은 도원수 권율에게 가서 직접 형세를 고하고 후일을 기약하기로 하고서 7일에 돌아갔고, 신 및 주사는 그대로 외질포에 진을 치고 있었습니다. 5일 휴병할 때에 신이 거느린 사후선伺候船²²⁾을 장수를 정하여 정심포관廷深浦串으로 보내 적병의 동태를 급히 보고하도록 하였는데, 6일 묘시에 사후장伺候將 원사웅과 조준표曹俊彪 등이 돌

---

21) 현자총통玄字銃筒은 임진왜란 때에 차대전次大箭이란 화살 끝에 화약 주머니를 매달아 쏘던 작은 대포이며 승자총통勝字銃筒은 1578년에 김지金墀가 발명하여 임진왜란에 사용한 휴대용 소화기이다.
22) 사후선伺候船: 수영水營에 속하여 적의 형편이나 지형 따위를 살피는 데에 쓰던 전선.

아와 보고하기를 '사후선 4척이 편대를 지어 거제의 오비질포에 도착하여 적선 2척을 만났는데 기를 잡고 돌진해 들어가니 왜적의 반은 이미 육지에 내렸고 배를 지키던 적병도 우리 배가 돌진해 감을 보고 물속으로 뛰어들었다. 수문장 김희진金希進 등과 있는 힘을 다해 집중 사격을 가하자 맞서서 다친 왜병이 상당히 많았는데 배에서 내린 적병 30여 명이 총을 쏘면서 지원을 해 와서 수급을 베어오지는 못하였으며, 적선 2척과 기타 실려 있던 잡물은 모두 불 지르고, 막풍석莫風席, 물통, 낫, 도끼, 노櫓 등은 싣고 왔다' 하였습니다. 다시 타다 남은 적선을 가지고 와서 증거품으로 하라고 하였더니, 7일에 돌아와 고하기를 '오비질포에 도착하니 왜적 5~6명이 길을 잃고 바닷가에서 방황하고 있으므로 뭍에 내려 활을 쏘면서 추격하자 적의 무리가 산골짜기로 흩어져 도망을 쳤는데, 그중에 한 명이 다급하게 되자 칼을 풀고 항복하기에 사로잡아 데리고 왔다'고 하였는데 타다 남은 2척의 적선도 끌고 왔습니다.

그리고 신의 중위장 곤양 군수 이광악은 6일에 행군하여 왜적이 숨어 있는 해변에 복병하고 있으면서 출몰하는 것을 엿보아 재빠르게 배를 움직여 돌진해서 1명을 생포해 왔고, 선봉장 웅천 현감 이운룡은 적진에 달려들어 가 왜인이 쓴 작은 판을 탈취해 왔는데, 판본版本은 통제사 이순신이 있는 곳으로 보냈고, 한산으로 돌아가 진을 치고 정신을 가다듬어 사변에 대비하도록 지휘하였습니다."

하였는데, 비변사에 계하하였다.

이순신과 원균의 불화를 논하는 조정

『선조실록』권 57-선조 27년 11월 12(병술)일

…(전략)… 김수가 아뢰기를,

"원균과 이순신이 서로 다투는 일은 매우 염려가 됩니다. 원균에게 잘못한 바가 없지는 않습니다마는 그리 대단치도 않은 일이 점차 악화되어 이 지경에까지 이르렀으니, 매우 불행한 일입니다."

하니, 왕께서 이르기를

"무슨 일 때문에 그렇게까지 되었는가?"

하자, 김수가 아뢰기를

"원균이 10여 세 된 첩자妾子(서자)를 군공軍功에 참여시켜 상을 받게 했기 때문에 이순신이 이것을 불쾌히 여긴다 합니다."

하였다. 왕께서 이르기를,

"내 들으니, 고언백과 김응서는 좌차坐次 때문에 서로 다툰다 하는데 이들은 무슨 일 때문에 서로 다투는가?"

하니, 김응남이 아뢰기를

"대개 공 다툼으로 이와 같이 되었다 합니다. 당초 수군이 승전했을 때 원균은 스스로 공이 많다고 생각하였습니다. 이순신은 공격하려고 하지 않았는데 선거이가 힘써 거사하기를 주장하였습니다. 이순신의 공이 매우 크지도 않은데 조정에서 이순신을 원균의 윗자리에 올려놓았기 때문에 원균이 불만을 품고 서로 협조하지 않는다 합니다."

하고, 정곤수는 아뢰기를

"정운이 '장수가 만일 가지 않는다면 전라도는 필시 수습할 수 없게 될 것이다'고 협박했기 때문에 이순신이 부득이 가서 격파하였다 합니다."

하니, 왕께서 이르기를

"이순신이 왜적을 포획한 공은 가장 많을 것이다."

하였다. 정곤수가 아뢰기를

"이순신의 부하 중에는 당상관에 오른 자가 많은데, 원균의 부하 중에 우치적이나 이운룡 같은 자는 그 전공이 매우 많은데도 그에 대한 상은 도리어 다른 사람만도 못하기 때문에 서로 분해하고 있습니다."

하니, 왕께서 이르기를

"원균의 하는 일을 보니, 가장 가상히 여길 만하다. 내가 저번에 남방에서 올라온 사람에게 원균에 대해 물었더니 '습증에 걸린 몸으로 장기간 해상에 있으나 일을 싫어하는 생각이 없고 죽기를 각오하였다' 하니, 그의 뜻이 가상하다. 부하 중에 만일 공이 많은데 상을 받지 못한 자가 있다면 보통 사람의 정리로 보아도 박대한 것 같으니 그는 반드시 불만스런 뜻이 있을 것이다. 당초에 어째서 그렇게 했는가? 과연 공이 많다면 지금 모두 상을 주어서 그의 마음을 위로하라."

하자, 김응남이 아뢰기를

"그에게 위로하는 뜻을 보이는 것이 옳습니다. 이순신이 체직을 자청하는 것도 역시 부당합니다."

하였다. 정탁이 아뢰기를

"소신이 남방에 가서 들으니, 왜적이 수군을 무서워한다 합니다.

원균은 사졸이 따르니 가장 쓸 만한 장수요 이순신도 비상한 장수인데, 단 이들이 다투는 일이 매우 못마땅합니다. 이때에 어찌 감히 사적인 분노로 이렇게 서로 다툴 수 있겠습니까. 글을 내려서 국가의 급무에 우선하도록 질책하는 것이 옳습니다. 만일 내린 글을 본다면 그들 또한 어찌 감격하고 뉘우치는 마음이 없겠습니까. 이 때문에 원균을 체직시킨다면 필시 수군이 흩어질 염려가 있을 것입니다."

이순신과 원균의 불화를 다스리기 위한 비변사의 계
『선조실록』권 57-선조 27년 11월 28(임인)일

비변사가 아뢰기를

"이순신과 원균은 본래 사이가 좋지 않아 서로 헐뜯고 있습니다. 만일 율로 다스린다면 마땅히 둘을 다 죄주어 내쳐야 할 것입니다. 그런데 이순신은 왜변 초에 병선을 모아 적의 진로를 차단하여 참괵斬馘(참수)을 바친 공로가 많았고, 원균의 경우는 당초 이순신과 협력하여 역시 적의 선봉을 꺾는 성과를 올렸으니, 이 두 사람의 충성과 공로는 모두 가상합니다. 위에서 특별히 잘 화합시켜 진정시킬 수 있는 대책을 생각하시어 급히 선전관을 보내 하서하여 국가의 위급을 우선으로 돌보라고 권하면서 마치 한漢 광무光武가 가복賈復과 구순寇恂에게 하듯 하신다면, 저 두 사람 또한 전혀 양심이 없지 않을 것이니 어찌 감격한 마음으로 성상의 명령을 공경히 받들어서 옛 태도를 버리고 새로운 각오를 하지 않겠습니까. 만약에 성상의 뜻을 몸 받지 않고 끝까지 깨닫지 못한 채 그전의 잘못을 영영 고집한다면, 그때에는 자연 나라의 법이 그들을 처리할 것입니다. 혹자는 말하기를 '두 사람은 틈이 벌어질 대로 벌어졌으니, 원균을 체차遞差[23]하여 그들의 분쟁을 지식시켜야 한다'고 합니다. 어떻게 처리해야 하겠습니까?"

하였다. 왕이 답하기를

"나의 생각에는 이순신은 대장으로서 하는 짓이 잘못된 것 같으니, 그중 한 사람을 체직시키지 않을 수 없다. 혹 이순신을 체차할 경우는 원균으로 통제사를 삼을 수 있거니와, 혹 원균을 체차할 경우는 다른 사람을 차출해야 할 것이니, 참작해서 시행하라."

하였다.

원균을 병사로 전임시키려 하는 비변사의 계
『선조실록』 권 58-선조 27년 12월 1(갑진)일

비변사가 아뢰기를,

"원균과 선거이를 서로 바꾸는 일을 어제 경연에서 아뢰었습니다. 오늘 다른 대신의 의논을 들어보니, 원균이 이미 군율을 범하여 지금 추핵 중에 있으므로 병사의 직임으로 바꾸는 것은 사체에 온당치 못하다고 합니다."

하니, 왕께서 답하기를

---

23) 체차遞差: 관리의 임기가 차거나 부적당할 때 다른 사람으로 바꾸는 일을 뜻한다.

"군율을 범했다고 말한다면 유독 이순신만은 군율을 범하지 않은 사람인가. 나의 생각에는 이순신의 죄가 원균보다 더 심하다고 여겨진다. 원균을 병사로 삼아서는 안 된다는 그 주장을 나는 알 수 없다. 그러나 참작해서 시행하라."

하였다. 비변사가 회계하기를

"…(중략)… 통제사 이순신은 지금 기망 죄를 범했으니 마땅히 중벌로 다스려야 합니다만, 주사를 조치하는 일이 날로 급해지고 있어 이런 때 주장을 바꾼다는 것은 실로 옳은 계책이 아닙니다. 그러므로 단지 추고만 해서 후일의 성과를 책임 지운 것입니다. 원균도 체직시키고 싶지 않습니다만 이순신이 통제사가 되고 원균이 부장이 되었을 때에도 주장의 절제를 따르지 않았는데, 원균을 체직시켜 다시 병사로 올려서 가까운 지방에 옮겨 놓는다면 군중軍中 통령統令의 체통은 이로부터 더욱 무너져 수습 정돈할 길이 없을 것 같습니다. 논의가 일치되지 못하는 것은 이 때문입니다. 그러나 이순신과 원균이 다 같이 중한 군율을 범했는데, 원균만 체직시키는 것도 편중의 폐단이 없지 않습니다. 그러니 전의 계청에 의하여 선거이와 서로 바꾸는 것이 무방합니다."

하니, 왕께서 아뢴 대로 하라고 답하였다.

원균 휘하의 장사將士들을 포상하자는 비변사의 계
『선조실록』 권 58권-선조 27년 12월 16(기미)일

비변사가 아뢰기를

"원균의 관하에 있는 장관將官 우치적, 이운룡 등이 왜변이 있은 초
기부터 죽음을 무릅쓰고 힘껏 싸워서 왜장이 탄 배를 고스란히 포획
하고 전후 베어 죽인 수가 매우 많았으며, 먼저 적의 배에 올라가서
붙들려 간 우리나라 사람을 탈환하고 왜적을 사로잡기까지 하였습니
다. 이 사람들이 세운 공은 이와 같은데 아직까지 별다른 상전賞典을
받지 못하였으니, 앞으로 장사(장졸)의 마음을 권장시킬 수 없을 것입
니다. 사실대로 치계 하도록 한 뒤에 다시 의논해서 시행하는 것이 어
떻겠습니까?"

하니, 왕께서 따랐다.

원균의 병사 전임을 반대하는 사간원의 계
『선조실록』 권 58−선조 27년 12월 19(임술)일

사간원이 아뢰기를

"해로를 차단하여 쳐들어오는 적을 막는 데는 주사보다 나은 것이
없으니, 주사의 성쇠에 국가의 경중이 매인 것입니다. 조정에서는 깊
이 생각할 것이요 소홀히 다루어서는 안 될 것인데 종시 협력한 장사
들을 태반이나 교체시키니, 허술해진 것이 이미 식자識者들의 걱정거
리가 되었습니다. 경상 수사 원균을 지금 또 내지로 옮겼으므로 군정
이 해이해지고 형세가 쇠퇴해져 주사의 일이 형편없으니, 후일의 걱
정을 어떻게 이루 말할 수 있겠습니까. 혹자는 말하기를 '원균과 이순

신은 다 일시의 명장으로서 서로 화목하지 못하니, 형세상 둘 다 양립하기가 어렵다' 하나, 이는 너무도 생각이 없는 말입니다. 원균과 이순신은 공은 같은데 상이 달랐으므로 원균이 마음에 불쾌하게 여겼고, 관하의 장사들이 각자 좌지우지하여 다투어 서로 말을 주고받음으로써 틈이 벌어지게 해서 결국은 서로 부딪치게 된 것입니다. 만일 조정이 대의大義를 들어 나무라서 각자 경계하고 두려워하는 마음을 가지게 한다면 저들도 선공후사先公後私의 의리를 알 것이니, 어찌 거룩한 명을 공경히 받들어 그 옛 태도를 버리고 새로운 각오를 하지 않겠습니까. 다시 격려하여 협력할 뜻으로 하서하여 호되게 꾸짖고, 그대로 원균에게 수사의 직을 맡기소서."

하니, 왕께서 이미 정하였다고 답하였다.

사헌부에서 올린 원균을 파직하라는 계
『선조실록』 권 66-선조 28 (1595) 년 8월 15 (을묘)일

사헌부가 아뢰기를
"충청 병사 원균은 사람됨이 범람하고 게다가 탐욕 포학하기까지 합니다. 5~6월에 입방入防한 군사를 기한 전에 역을 방면하고 그 대가로 씨 콩을 거두어 다 농사農舍(농가)로 실어 보냈습니다. 또 무리한 형벌을 행하여 잔혹한 일을 자행하여 죽은 자가 잇달고 앓다가 죽는 자도 많아서 원망하고 울부짖는 소리가 온 도에 가득합니다. 이와 같은 사람은 통렬히 다스리지 않을 수 없으니 파직하고 서용하지 마소서.

철원 부사 심원해沈源海는 사람됨이 탐욕스럽고 용렬합니다. 환자
곡還上穀24)의 수효를 속여 보고하여 사사로이 사용하였으며, 소를 잡
아 민간에서 재리財利를 꾀하였습니다. 심지어 형을 위해 경내에 집을
경영하고 전토를 널리 차지하기까지 하였으니 듣고 보는 이들이 경악
하고 있습니다. 파직하소서.

봉산 군수 박응인朴應寅은 전에 연안 부사로 있을 때에 백성에게 거
두어들이는 것이 한이 없고 비용이 너무 과람하여 길가의 거읍巨邑이
탕진되어 텅 비게 하였으니 체차하소서."

하니, 왕께서 답하기를

"원균의 사람됨은 범람하지 않다. 이런 시기에 명장을 이처럼 해서
는 안 된다. 윤허하지 않는다. 나머지는 아뢴 대로 하라."

하였다.

이순신과 원균에 관한 조정의 토론
『선조실록』권 76-선조 29(1596)년 6월 26(임술)일

…(전략)… 왕께서 이르기를

"이순신은 밖에서 의논하기를 어떠한 사람이라고들 하는가?"

하니, 김응남이 아뢰기를

---

24) 환자곡還上穀: 조선 시대에 각 고을의 사창에서 백성에게 꾸어 주고 가을에 이자를 붙여 받아들
이던 곡식으로 조선 후기에는 사환곡이라고 하였다.

"이순신은 쓸 만한 장수입니다. 원균으로 말하면 병폐가 있기는 하나 몸가짐이 청백하고 용력으로 선전하는 점도 있습니다."

하니, 왕께서 이르기를

"이순신은 처음에는 힘껏 싸웠으나 그 뒤에는 작은 적일지라도 잡는데 성실하지 않았고, 또 군사를 일으켜 적을 토벌하는 일이 없으므로 내가 늘 의심하였다. 동궁이 남으로 내려갔을 때에 여러 번 사람을 보내어 불러도 오지 않았다."

하자, 김응남이 아뢰기를

"원균이 당초에 사람을 시켜 이순신을 불렀으나 이순신이 오지 않자 원균은 통곡을 하였다 합니다. 원균은 이순신에게 군사를 청하여 성공하였는데, 도리어 공이 순신보다 위에 있게 되자, 두 장수 사이가 서로 벌어졌다 합니다."

하니, 왕께서 이르기를

"이순신의 사람됨으로 볼 때 결국 성공할 수 있는 자인가? 어떠할는지 모르겠다."

하자, 김응남이 아뢰기를

"알 수 없습니다마는, 장사들은 이순신이 조용하고 중도에 맞는다 합니다. 그러나 지금 거제의 진에는 원균을 보내야 하니, 거제를 지키는 일이라면 이 사람이 아니고 누가 하겠습니까."

하였다.

원균을 전라도 병사로 관직을 제수하다

『선조실록』 권 77-선조 29년 7월 9(갑술)일

원균을 전라도 병사로, 우준민禹俊民을 사간원 사간으로, 윤형尹泂을 사헌부 장령으로, 이병李覺을 사헌부 장령으로, 정효성鄭孝成(효자 정항기鄭亢棋의 아들)을 당진 현감으로 삼았다.

원균에 관한 조정의 공론

『선조실록』 권 81-선조 29년 10월 21(갑신)일

…(전략)… 이원익이 아뢰기를

"전투에 임할 때와 평상시와는 같지 않습니다. 원균과 같은 사람은 성질이 매우 거세어서 상사와 문이文移[25]하고 절제하는 사이에 반드시 서로 다투기는 합니다만 전투에 임해서는 제법 기용할 만하다고 합니다."

하였다. 왕께서 이르기를

"원균에 대해서는 계미년癸未年부터 익히 들어왔다. 국사를 위하는 일에 매우 정성스럽고 또한 죽음을 두려워하지 않는다고 한다."

하니, 원익이 아뢰기를

---

25) 문이文移: 관아와 관아 사이에 공사와 관계되는 일을 조회하기 위하여 공문을 보내는 일 또는 그 문건을 말한다.

"원균은 전공이 있기 때문에 인정하는 것이지 그렇지 않다면 결단코 기용해서는 안 되는 인물입니다."

하고, 김순명金順命이 아뢰기를

"충청도의 인심이 대부분 불편하게 여긴다고 합니다."

하였다. 왕께서 이르기를

"마음은 순박한데 고집이 세기 때문이다."

하니, 원익이 아뢰기를

"원균에게는 군사를 미리 주어서는 안 되고, 전투에 임해서 군사를 주어 돌격전을 하게 해야 합니다. 평상시에는 군사를 거느리게 하면 반드시 원망하고 배반하는 자들이 많을 것입니다."

하였다. 왕께서 이르기를

"전일에 원균을 탐오하다 하여 대론臺論(탄핵)이 있었다. 원균은 지극히 청렴한데 탐오하다고 하는 까닭은 무엇인가?"

하니, 김수가 아뢰기를

"전에 조산 만호로 있었을 때는 어사 성낙成洛이 장계하여 포장(褒奬[26]) 하였습니다."

하고, 원익이 아뢰기를

"원균이 어찌 지극히 청렴하기까지야 하겠습니까."

하고, 조인득이 아뢰기를

"소신이 일찍이 종성에서 그를 보니, 비록 만군이 앞에 있다 하더라

---

26) 포장褒奬: 칭찬하여 장려함.

도 횡돌하려는 의지가 있었고, 행군도 매우 박실朴實하였습니다. 탐탁
한지는 모르겠습니다."

하였다. 왕께서 이르기를

"이와 같은 장수는 많이 얻을 수 없다."

하였다. …(후략)…

전황戰況과 인사人事에 관한 조정의 토론
『선조실록』 권 82-선조 29년 11월 7(기해)일

미시未時 정각에 왕께서 별전에 나아가 대신大臣(이산해, 유성룡, 윤두
수, 김응남, 정탁, 이원익)과 비변사 유사당상有司堂上(김명원, 김수, 이덕형,
유영경柳永慶, 승지 이덕열李德悅)을 인견하였다. 왕께서 이르기를,

"어찌하여 각각 품은 생각을 말하지 않는가?"

하니, 이산해가 아뢰기를

"병란이 일어난 지 5년인데 좋은 계책이 전혀 없으므로 강화만을
믿다가 이렇게 궁박하게 되었으니, 어찌 이처럼 한심한 일이 있겠습
니까. 대저 수전과 육전은 차이가 있어서 육전은 쉽지 않으나 수전만
은 이길 수 있는데, 당초 적장을 사로잡았을 때에 원균을 다른 데에
옮겨 썼고 또한 근래 주사가 아주 없기 때문에 수전의 공효를 듣지 못
하게 되었으니 매우 분합니다. 지금의 계책으로는 반드시 양남兩南 사
이에 복병을 두어 중도의 요해에서 막는 것이 방비하는 방책에 있어
서 좋을 듯합니다. 이에 앞서 이원익을 내려 보내려 한 것은 다름이

아니라 변장邊將을 제압하고 백성을 타이르려 한 것일 뿐입니다. 이제는 사세가 이미 급해졌고 도원수도 있으니, 내려 보내더라도 어찌할 수 없을 것입니다. 더구나 서방의 일도 알 수 없는데 혹시라도 사세가 어려워지는 일이 있으면 이원익이 아니고서는 맡길 만한 자가 없습니다. 또 양호兩湖가 황폐해져 토적이 두려우므로 염려하지 않을 수 없는데 토적의 환난은 외적外賊을 대처하기보다 어렵습니다. 소신은 병이 깊어서 평시에도 착란하여 조치를 잘못하였거니와, 이제는 정신이 어지러워서 죄다 아뢰지 못합니다."

하였다. 유성룡이 아뢰기를

"소신의 생각은 아침에 이미 대강 아뢰었습니다."

하였다. 왕께서 이르기를

"우상右相을 서울에 머무르게 하려는데 혹 안 된다고 하는 것은 무엇 때문인가?"

하니, 유성룡이 아뢰기를

"내려 보낼 때의 처음 뜻은 하사도下四道를 안정시키려는 것이었던 만큼 이제 올라오게 한다면 만전의 계책이 아닐 듯합니다."

하였다. 왕께서 이르기를

"원균은 어떠한 사람인가?"

하니, 유성룡이 아뢰기를

"예로부터 육장은 수전을 잘 못하고 수전하는 자는 육전을 잘 못했습니다. 원균이 제 몸을 잊고 용감히 싸우는 것은 그의 장점이나 지친 군졸을 어루만지는 것이라면 감당할 수 없을 것이니, 이 일을 맡을 수 있는 다른 사람이 있다면 써야 하겠습니다."

하고, 정탁이 아뢰기를

"수전이 그의 장기이니, 이제 그 단점을 버리고 그 장점을 쓰는 것이 나을 것입니다."

하였다. 왕께서 이르기를

"선거이는 병이 있는가?"

하니, 이산해가 아뢰기를

"중풍을 앓은 지 오래 되었으므로 일을 시킬 수 없습니다."

하였다. 유성룡이 아뢰기를

"원균이 힘껏 싸운 것은 사람들이 모두 아는 바이기는 하나 한번 수전한 뒤부터 착오를 일으켜 영남의 수군 중에는 원망하고 배반하는 자가 많이 있으니, 원균에게 맡길 수 없는 것은 분명합니다. 더구나 이순신과 원균이 사이가 나쁜 것도 진실로 조정에서 아는 바입니다. 소신의 생각으로는 수륙의 차이가 있더라도 함께 협동해야 할 것이므로 두 사람이 모여 의논하게 하였으나 원균은 발끈하여 노기가 있었습니다."

하니, 왕께서 이르기를

"이순신도 그러하던가?"

하자, 이원익이 아뢰기를

"이순신은 스스로 변명하는 말이 별로 없었으나, 원균은 기색이 늘 발끈하였습니다. 예전의 장수 중에도 공을 다툰 자는 있었으나, 원균의 일은 심하였습니다. 소신이 올라온 뒤에 들으니, 원균이 이순신에 대하여 분한 말을 매우 많이 하였다 합니다. 이순신은 결코 한산에서 옮길 수 없으니 옮기면 일마다 다 글러질 것입니다. 위에서 하교하시어 그대로 병사로 있게 하는 것이 나을 듯합니다. 조정에서 여러 가지로 하유하여도 뜻을 움직일 수 없었으므로 소신도 이런 위급한 때에 마음을 합하여 함께 구제해야 한다는 것을 말하였으나, 원균은 노기를 풀지 않으니, 이것은 어렵지 않겠습니까."

하니, 왕께서 이르기를

"난처한 일이다."

하였다. 윤두수가 아뢰기를

"원균은 소신의 친족인데, 신은 오랫동안 그 사람을 보지 못하였습니다. 대개 이순신이 후진인데 지위가 원균의 위에 있으므로 발끈하여 노여움을 품었을 것이니, 조정에서 헤아려 알아서 처치해야 할 것입니다."

하니, 왕께서 이르기를

"내가 전일에 들으니, 당초 군사를 청한 것은 실로 원균이 한 것인데 조정에서는 원균이 이순신만 못하다고 생각하므로 원균이 이렇게 노하게 되었다 하고, 또 들으니 원균은 적을 사로잡을 때에 선봉이었다 한다."

하였다. 유성룡이 아뢰기를

"원균은 가선嘉善이 되었을 뿐인데 이순신은 정헌正憲이 되었으므로, 바로 이 때문에 원균이 분노한 것입니다."

하니, 왕께서 이르기를

"내가 들으니, 군사를 청하여 수전한 것은 원균에게 그 공이 많고 이순신은 따라간 것이라 하며, 또 들으니, 이순신이 왜적을 많이 잡은 것은 원균보다 나으나 공을 이룬 것은 실로 원균에게서 비롯하였다 한다."

하였다. 이원익이 아뢰기를

"소신이 원균의 공은 이순신보다 나을 수 없다고 조용히 말하니, 원균이 말하기를 '이순신은 물러가 있고 구원하지 않다가 천 번 만 번 불러서야 비로소 진군하였다' 하였는데, 원균은 침범당한 지방에 있으면서 오직 대적하기를 바랐으나, 이순신이 원균과 한꺼번에 나가 싸우지 못한 것은 그 형세가 그러하였던 것입니다."

하였다.

원균을 경사도 통제사로 임명할 것을 주청함.
『선조실록』 권 82-선조 29년 11월 9(신축)일

해평海平 부원군 윤근수尹根壽가 아뢰기를

"신이 황신黃愼의 장계 가운데에 있는 사연을 보고 마음이 아파서 가슴을 치며 스스로 안정하지 못하였습니다. …(중략)… 신이 감히 생각한 것으로 함부로 어리석은 말을 하여 묘당의 계책에 만분의 일이라도 우러러 도우려고 삼가 아래에 조목조목 적으니 성명聖明께서 재단하여 취택하시기 바랍니다.

신이 접때 원균을 도로 경상 우수사로 삼아 주사를 다시 거느려 적이 오는 데에 미리 대비하기를 청하였으나, 원균이 현재 맡은 병사를 대신할 자를 얻기가 어렵다는 것을 드디어 알려 왔습니다. 신이 전에 『일본고日本考』를 보니, 근일 임회 후臨淮侯 이언공李言恭이 지은 것인데, 왜적은 육투를 잘하고 수전을 잘 못한다고 분명히 말한 것이 있습니다. 또 임진년의 병화兵禍 이후로 저들의 예봉銳鋒(날카로운 기세)을 크게 꺾은 것은 주사만이 그러하였을 뿐이고 육전은 다 그렇지 못하였습니다. 또 듣건대 적은 주사를 특히 심하게 두려워하여 피하고 감히 접근하지 못하나 우리 육군은 어린아이처럼 생각한다 합니다.

임진년에 수전한 장수들 중에서 공이 있는 자는 손꼽아 셀 수 있는데, 그 가운데에서 원균이 가장 우직하여 제 몸을 잊고 용맹을 떨치며 죽음을 피하지 않아서 공적이 매우 뚜렷합니다. 또 수전에 익숙하여 적을 보는 대로 나아가 이기기만 하고 지는 일이 없으므로 군졸이 믿어서 두려워하지 않는데, 이제 주사를 버리고 기보騎步를 거느리니, 병사가 수사보다 높기는 하나, 이것은 옛사람이 이른바, 그 잘하는 것을 버려두고 그 재주를 못 쓰도록 한다는 것입니다. 더구나 이제 다섯 적장과 큰 군사가 겨울이나 봄에 올 것이라는 신보申報를 들었으니, 우리나라에서는 서둘러 바다 가운데에서 막아 죽일 생각을 해야 할 것입니다. 혹 조금이라도 늦추어서 적이 뭍에 내릴 수 있게 한다면, 뒤에 보기步騎 수만 명이 있더라도 어찌 선풍처럼 빨리 오는 예봉을 막을 수 있겠습니까. 임진년의 일을 경계해야 합니다.

바다 가운데에서 막아 죽여서 적이 감히 언덕에 오르지 못하게 하는 것이 오늘날 적을 막는 첫째 방책이라면, 주사의 장수는 본디 과거에 싸워서 여러 번 이긴 자를 선택해야 할 것입니다. 원균이 수군을 거느리면 반드시 이길 도리가 있음을 기대할 수 있겠으나, 마땅하지 않은 사람으로 담당하게 하여 적에게 대항하지 못함으로써 적이 혹 호남으로 가는 길을 한번 범하면 원균이 한 도의 기보 군졸을 거느려 대장이 되더라도 결코 수전에서처럼 뜻대로 싸우지 못할 것이니, 다시 수사를 삼아서 전일에 싸웠던 장기를 쓰게 하지 않아서는 안되겠습니다. 육군의 장수로 말하면 마땅한 사람이 있을 것이니, 어찌 원균을 대신하여 감당할 자가 없겠습니까.

어떤 이는 말하기를 '원균은 이순신과 서로 사이가 좋지 않다. 이순신이 통제사이므로 원균을 절제할 것인데, 원균이 그 아래에 있는 것을 감수하지 못하여 두 장수가 화합되지 않을 것이니 일이 성공될 리가 없을 듯하다' 하나, 신은 그렇지 않다고 생각합니다. 통제사란 직임은 한때의 필요에서 생긴 것이어서 그대로 둘 수도 있고 없앨 수도 있으므로, 이순신의 통제사라는 직명도 오히려 낮출 수 있고 혹 원균을 경상도 통제사라 칭하여 이순신과 명위가 대등하게 할 수도 있으니, 신축자재하게 임의로 한다고 해서 안 될 것이 없습니다. 이는 대개 원균의 자급資級이 본디 이순신과 같았기 때문입니다. …(하략)…

원균을 수사로 다시 기용하자는 이원익의 건의
『선조실록』 권 82-선조 29년 11월 17 (기유)일

"…(전략)… 이원익이 아뢰기를 원균은 주사로 용감히 싸웠으므로 윤

두수가 신에게 반드시 그를 쓰게 해야 한다고 하였는데, 소신도 반드
시 그렇게 하려 합니다."

하자, 왕께서 이르기를

"두 장수가 서로 사이가 좋지 않으니, 일이 어떻게 될 수 있겠는가.
원균은 끝내 이순신의 부하가 되려 하지 않고 매우 미워한다."

하였다.

전라도 병마절도사 원균의 작전에 관한 서장
『선조실록』 권 84-선조 30 (1597) 년 1월 22 (계축)일

전라도 병마절도사 원균의 서장은 다음과 같다.

"신이 중요한 임무를 위임받아 남번南藩을 지키고 있으면서 노둔하
나마 힘을 다하여 만세의 원수를 갚고자 하였습니다. 그러나 스스로
생각해도 몸이 이미 매우 쇠약하여 나라에 보답하는 것이 많지 못하
니, 하늘을 바라보고 임금을 우러르면서 단지 통곡만 할 뿐입니다. 지
금 변방 일에 어려움이 많아 군사를 일으키고 대중을 움직이기에 겨
를이 없습니다. 여러 고을에 신칙하여 군마를 정제하여 신이 사졸에
앞장서서 일거에 섬멸하려 합니다.

다만 수륙의 일을 헤아려 말한다면, 임진년 초기에 육지의 적이 기
세를 떨쳐 순월旬月 사이에 평양까지 침입했으나 해상의 적은 해를 보
내도록 패하여 끝내 남해 이서以西에는 이르지 못하였으니, 우리나라
의 위무威武는 오로지 수군에 달려 있습니다. 신의 어리석은 생각에는

수백 명의 수군으로 영등포 앞으로 나가 몰래 가덕도 뒤에 주둔하면서 경선輕船을 가려 뽑아 삼삼오오 짝을 지어 절영도 밖에서 무위를 떨치고, 1백여 명이나 2백 명씩 대해大海에서 위세를 떨치면, (가등)청정은 평소 수전이 불리한 것에 겁을 먹고 있었으니, 군사를 거두어 돌아갈 것이라 생각됩니다. 원하건대 조정에서 수군으로써 바다 밖에서 맞아 공격해 적으로 하여금 상륙하지 못하게 한다면 반드시 걱정이 없게 될 것입니다. 이는 신이 쉽게 말하는 것이 아니라 전에 바다를 지키고 있어서 이런 일을 잘 알기 때문에 이제 감히 잠자코 있을 수가 없어 우러러 아룁니다."

하였는데, 비변사에 계하하였다.

전황 및 이순신의 실패에 관한 조정의 공론
『선조실록』권 84-선조 30년 1월 23(갑인)일

···(전략)··· 왕께서 이르기를

"금년의 농사가 반드시 지난해보다 못할 것이다. 우리나라 백성들은 자구自救하기에 겨를이 없다."

하니, 이산해가 아뢰기를

"이후에는 힘껏 수군을 조치해야만 믿을 수가 있습니다. 신이 지난번 호서에 있을 적에 마침 원균을 만났습니다. 원균이 말하기를 '왜적을 무서워할 게 무엇인가?' 하기에 신은 처음 듣고는 망령되다 여겼습니다. 지금에 와서 보니 수군을 믿고 그런 말을 한 것을 알게 되었습니다. 이번 김신국이 돌아왔는데[27] 신이 물었더니, 김신국이 말하길 '도체찰사 역시 수군을 믿고 있다' 고 하였습니다."

하였다. 왕께서 이르기를

"왜추倭酋(소서행장)는 손바닥을 보이듯이 가르쳐 주었는데 우리는 해내지 못했으니, 우리나라야말로 정말 천하에 용렬한 나라이다. 소서행장이 김응서에게 가등청정을 도모할 계책을 일러주었는데, 유성룡 등이 적의 말을 경솔히 듣다가 그들의 계책에 빠질까 싶다며 움직이지 못하게 했기 때문에 이런 일이 있게 된 것이다. 지금 장계를 보니, 행장 역시 조선의 일은 매양 그렇다고 조롱까지 하였으니, 우리나라는 행장보다 훨씬 못하다. 한산도의 장수(이순신)는 편안히 누워서 어떻게 해야 할 줄을 몰랐었다."

하니, 윤두수가 아뢰기를

"이순신은 왜구를 두려워해서 그런 것이 아니라 실로 나가 싸우기에 싫증을 낸 것입니다. 임진년 정운이 죽을 때에도 절영도에서 배를 운행하다 적의 대포에 맞아 죽었습니다."

하고, 이산해는 아뢰기를

"이순신은 정운과 원균이 없음으로 해서 그렇게 체류한 것입니다."

하고, 김응남은 아뢰기를

"정운은 이순신이 나가 싸우지 않는다 하여 참하려 하자 이순신이 두려워 마지못해 억지로 싸웠으니, 해전에서 이긴 것은 대개 정운이

---

27) 김신국이 군기軍機 선유관宣諭官으로 이원익에게 내려갔다가 돌아왔다.

격려해서 된 것입니다. 정언신이 항상 정운의 사람됨을 칭찬했습니다."

하였다. 왕께서 이르기를

"이번에 이순신에게 어찌 청정의 목을 베라고 바란 것이겠는가. 단지 배로 시위하며 해상을 순회하라는 것뿐이었는데 끝내 하지 못했으니, 참으로 한탄스럽다. 이제 도체찰사의 장계를 보니 시위할 약속이 갖추어졌다고 한다."

하고, 왕께서 한참동안 차탄하고는 길게 한숨지으며 이르기를

"우리나라는 이제 끝났다. 어떻게 해야 하는가, 어떻게 해야 하는가."

하니, 윤두수가 아뢰기를

"왜적은 만세토록 잊지 못할 원수여서 밤낮으로 복수를 생각해야 합니다. 심유경沈惟敬은 분쟁을 푸는 것을 자기 임무로 삼고 있으니 어찌 다른 뜻이 있겠습니까. 모름지기 극진하게 대접해야 합니다. 이번에도 친히 접견하지 않았으니 그의 마음이 서운할까 싶습니다."

…(후략)…

이순신의 실패를 징계하고 원균을 수사로 기용하는 조정의 공론
『선조실록』 권 84-선조 30년 1월 27(무오)일

…(전략)… 왕께서 이르기를

"이순신은 용서할 수가 없다. 무장으로서 어찌 조정을 경멸하는 마

음을 갖는가. 우상右相이 내려갈 때에 말하기를 '평일에는 원균을 장수로 삼아서는 안 되고 전시에는 써야 한다' 고 하였다."

하니, 좌의정 김응남이 아뢰기를

"수군으로서는 원균 만한 사람이 없으니, 이제 버릴 수 없습니다."

하고, 유성룡이 아뢰기를

"나라를 위하는 마음이 깊습니다. 상당산성을 쌓을 때, 원균은 토실土室을 만들어 놓고 몸소 성 쌓는 것을 감독하였다 합니다."

왕께서 이르기를

"수군의 선봉을 삼고자 한다."

하니, 김응남이 아뢰기를

"지당하십니다."

하였다. 영중추부사 이산해가 아뢰기를

"임진년 수전할 때 원균과 이순신이 서서히 장계하기로 약속하였다 합니다. 그런데 이순신이 밤에 몰래 혼자서 장계를 올려 자기의 공으로 삼았기 때문에 원균이 원망을 품었습니다."

하고, 윤두수가 아뢰기를

"이순신을 전라·충청 통제사로 삼고, 원균을 경상 통제사로 삼으면 어떻겠습니까?"

하니, 왕께서 이르기를

"원균이 만약 적의 소굴로 직접 침입하면 누가 당하겠는가. 소공邵公과 이현충의 일이 참으로 이와 같다."

하였다. 김응남이 아뢰기를

"모름지기 어사를 보내 그로 하여금 규찰하게 하는 것이 어떻겠습니까?"

하니, 왕께서 이르기를

"문신으로 특별히 어사를 정해 그간의 사정을 살피게 해야 한다."

하였다. 윤두수와 김응남이 함께 아뢰기를

"이순신은 조용한 사람인 듯한데, 다만 속임수가 많고 전진하지 않고 있습니다."

하였다. 왕께서 병조 판서 이덕형에게 이르기를

"원균의 일을 급히 조처하라."

하니, 아뢰기를

"원균을 처음 수전에 내보낼 때 의논이 일치되지 않아 이에 이르렀습니다. 근래 변방 장수의 일을 보건대, 이운룡은 도적 한두 명을 보면 나아가서 싸우지 않고 단지 문보文報만 하였습니다. 이런 사람이 평시 같았으면 어찌 그의 몸에 견벌遣罰(처벌함)이 미치지 않았겠습니까. 원균을 좌도로 보내는 것이 무방합니다." ···(후략)···

이순신의 죄상에 관한 조정의 공론
『선조실록』 권 84-선조 30년 1월 27(무오)일

···(전략)··· "지난번 비변사에서 이순신의 죄상을 이미 헌의했으므로, 이순신의 죄상을 상께서도 이미 통촉하시지만 이번 일은 온 나라의 인심이 모두 분노해 하고 있으니, 행장行長이 지휘하더라도 역시 할

수 없을 것입니다. 위급할 때에 장수를 바꾸는 것이 비록 어려운 일이지만 이순신을 체직시켜야 할 듯합니다."

하고, 정탁이 아뢰기를

"참으로 죄가 있습니다만 위급할 때에 장수를 바꿀 수는 없습니다."

하자, 왕께서 이르기를

"나는 이순신의 사람됨을 자세히 모르지만 성품이 지혜가 적은 듯하다. 임진년 이후에 한번도 거사를 하지 않았고, 이번 일도 하늘이 준 기회를 취하지 않았으니 법을 범한 사람을 어찌 매번 용서할 것인가. 원균으로 대신해야 하겠다."

하였다. 이산해가 아뢰기를

"임진년에 원균의 공로가 많았다고 합니다."

하니, 왕께서 이르기를

"공이 없었다고 할 수 없다. 앞장서서 나아가는 것을 귀하게 여기는 것은 사졸들이 보고 본받기 때문이다."

하였다. …(후략)…

이순신과 원균을 협력토록 하는 논의
『선조실록』 권 84-선조 30년 1월 27 (무오)일

…(전략)… 윤두수가 아뢰기를

"이순신과 원균을 모두 통제사로 삼아, 서로 세력을 협조토록 해야

합니다."

하였다. 왕께서 이르기를

"비록 두 사람을 나누어 통제사로 삼더라도 반드시 조절하여 절제하는 사람이 있어야 한다. 원균이 앞장서서 싸움에 나가는데 이순신이 물러나 구하지 않는다면 사세가 어려울 것이다."

하니, 김응남이 아뢰기를

"그렇게 한다면 이순신을 중죄에 처해야 합니다."

하였다. …(후략)…

안골포 · 가덕도 · 부산 앞바다의 전황에 관한 원균의 보고
『선조실록』 권 86-선조 30년 3월 20(경술)일

2월 28일 통제사 원균이 장계하기를

"부산포 앞바다에서 진퇴하며 병위兵威를 과시하고, 가덕도 등처에서 접전한 절차는 전 통제사 이순신이 이미 치계하였습니다. 그때의 일을 자세히 탐문하였더니, 본영 도훈도 김안세의 공초에 '전 통제사가 부산포 앞바다로 가서 진퇴하며 병위를 과시할 때, 통제사가 탄 배가 적진 가까이 갔는데 조수가 물러가 물이 얕아지면서 배 밑창이 땅에 닿아 적에게 배를 빼앗기게 되었을 적에 배 위의 전졸들이 큰 소리로 구원을 요청하니 안골포 만호 우수가 노를 빨리 저어 달려가서 이순신을 등에 업어 어렵게 우수의 배로 옮겼고 이순신이 탔던 배는 선미에 연결하여 간신히 안골포로 끌어 왔다'는 말이 있었습니다. 대개

이번 부산의 거사에서 우리나라 군졸들이 바다 가득히 죽어 왜적의 비웃음만 샀을 뿐, 별로 이익이 없었으니 매우 통분할 일입니다. 이런 실수를 저지른 제장들을 조정에서 처치하소서. 나주 판관 어운급은 대루對壘[28]한 날에 불조심을 하지 않아 기계와 군량을 일시에 다 불타게 하여 적진의 코앞에서 참담한 화를 자초하여 도리어 저 적이 밤새도록 구경하며 좋아라 깔깔대게 하였으니 더욱 통분스럽습니다. 어운급의 죄상을 조정에서 처치하소서."

하였는데, 비변사에 계하하였다. 비변사가 회계하기를

"전일 부산 앞바다에서 병위를 과시한 일은 유해무익했을 뿐만 아니라 주사의 허실을 적으로 하여금 모두 알게 하였으니 매우 한심합니다. 안골포, 가덕도 두 곳에서 접전할 때 수령, 변장邊將 등이 패전한 곡절을 추핵·계문하여 죄를 주게 하고, 나주 판관 어운급은 잡아온 뒤에 빙문憑問하여 처치할 것으로 행이行移하는 것이 어떻겠습니까?"

하니, 아뢴 대로 윤허하였다.

통제사 원균의 승전에 대해 포상하자는 공론
『선조실록』권 86-선조 30년 3월 21(신해)일

…(전략)… 비변사가 회계하기를

---

28) 대루對壘: 보루를 구축하고 적군과 상대하는 일을 말한다.

"원균이 바친 수급이 만약 나무를 베러 왕래하는 왜라면 쳐들어와서 사람을 죽인 왜적과는 차이가 있습니다. 그러나 제장을 독려하여 역전, 참획한 그의 공이 참으로 가상하니 논상하는 것이 마땅할 것 같으나 중대한 은명恩命은 신하가 경솔히 의논할 수 없는 것입니다. 관하의 공이 있는 사람들은 군공을 마련하여 장계하기를 기다린 뒤에 상전을 거행하시고, 호군犒軍에는 따로 사신을 보낼 것이 아니라 한효순으로 하여금 가서 궤유饋諭하게 하는 것이 무방하겠습니다. 계본을 가지고 온 가설 판관加設判官 이익경李益慶은 승서하고 수군 김영추金永秋는 면역시키는 것이 어떻겠습니까?"

하니, 답하기를

"나무를 베러 다니는 왜가 없지 않을 것이나 이도 적이다. 「분군기」를 보건대 분명 나무를 베러 다니는 왜는 아니었으니 보통 왜가 아닌 듯하다. 논상과 호군의 일은 아뢴 대로 하라. 원균은 가자加資하거나 은냥을 내려야 마땅하겠으나, 다만 반드시 병기를 조사하는 것은 깊은 뜻이 있으니 우선 병기를 바치기를 기다려 참작하여 시행하는 것이 마땅할 듯하다. 승서하거나 면역시키는 일은 아뢴 대로 하라."

하였다.

전라 좌수사 원균이 수륙 양군의 동시 출병을 청하다.
『선조실록』 권 87 - 선조 30년 4월 19 (기묘)일

3월 29일 전라 좌수사 원균이 서장을 올리기를

"신이 해진海鎭에 부임한 이후, 가덕도, 안골포, 죽도, 부산을 드나드는 적들이 서로 거리가 가까워서 성세聲勢는 서로 의지되나 그 수가 수만에 불과한데도 병력도 외로운 듯하고 형세도 약합니다. 그중 안골포, 가덕도 두 곳의 적은 3천~4천도 차지 않으니 형세가 매우 고단합니다. 만약 육군이 몰아친다면 주사의 섬멸은 대쪽을 쪼개듯이 쉬울 것이요, 그 뒤로 우리 군사가 전진하여 장수포 등처에 진을 친다면 조금도 뒤를 돌아볼 염려가 없게 됩니다.

날마다 다대포, 서평포, 부산포에서 병위를 드날려 보인다면 회복의 계책이 거의 이루어질 수 있을 것이지만, 그렇지 않고 서로 버티며 날짜만 보낸다면 한 해를 넘어서지 못하여 우리 군사가 먼저 지치게 됩니다. 그리하여 내년에 더욱 심하고, 그 다음해는 더더욱 심할 것인데 군사가 쇠잔하고 군량이 고갈된 뒤에는 비록 지혜로운 자가 병력을 움직이려 해도 어떻게 할 수가 있겠습니까?

우신愚臣의 망령된 생각에는 우리나라 군병이 그 수가 매우 많아서 노쇠한 자를 제하고 정병을 추리더라도 30여 만은 될 수 있습니다. 지금은 늦봄인데다 날씨가 가물어서 땅이 단단하니 말을 달리며 작전을 할 때는 바로 이 때입니다.

반드시 4~5월 사이에 수륙 양군을 대대적으로 출동시켜 한번 승부를 겨루어야 합니다. 만약 시일을 지연시키다가 7~8월께 비가 개지 않아 토지가 질척거리면 기병이나 보병이나 다 불편할 것이니 이때는 육전도 되지 않을 듯합니다. 신이 이른바 4~5월 안에 거사하자는 것도 이를 염려하여서입니다. 그리고 행장, 요시라 등이 거짓으로 통화

通和하는 것이므로 그 실상을 알 수가 없습니다. 때를 타고 함께 공격하여 남김없이 섬멸한다면 일분의 수치나마 씻을 수가 있겠습니다. 조정에서 속히 선처하소서."

하였는데, 왕께서 비변사에 내리셨다.

원균이 올린 장계에 대한 조정의 공론
『선조실록』권 87-선조 30년 4월 22(임오)일

비변사가 아뢰기를

"통제사 원균의 장계에 안골포, 가덕도 두 곳은 적세가 고립되어서 육군이 몰아낸다면 수군이 섬멸되기가 쉬울 것이라고 하였고, 또 우리나라가 30만의 정병을 얻을 수 있으니 4~5월 안에 수륙으로 대거 출동하여 한번 승부를 결단하자고 하였습니다. 그가 적을 치려고 하는 뜻이 매우 결연합니다. 신들도 오늘날의 형세가 오래 버티기는 어려울 것을 염려하고 있으나, 적이 험조한 곳에 둔거하고 있으면서 둔전에서 운량하여 주인으로서 손을 기다리고 편히 쉬면서 우리가 힘들기를 기다리는 형세가 되었으니, 우리나라 수륙의 군병이 날로 더 피곤하여져서 마침내 저절로 무너지는 형세가 될까 두렵습니다.

진실로 탈 만한 기회가 있으면 더불어 한번 승부를 결단하는 것은 그만둘 수 없는 일이지만, 저들에게는 탈 만한 기회가 있고 우리에게는 탈 만한 기회가 없다면 그 형세는 저절로 수수방관하고 앉아서 기회를 놓치는 데에 이르고 말 것인데 오늘날의 일이 바로 그렇습니다.

참으로 힘이 적을 제압할 수 있다면 마땅히 기미를 잘 판단하여 이로운 형세를 취하되 마치 빠른 우레에는 미처 귀를 막지 못하듯이 하여야 할 것이지 어찌 천 리 밖에서 싸움을 청할 것이 있겠습니까. 안골포는 지세가 육지와 이어져서 육군이 진격할 수도 있겠지만, 가덕도는 바다에 있어서 수군이 아니고서는 전진할 수가 없으니, 장계의 뜻은 상량商量이 부족한 듯합니다. 그리고 30만의 정병은 4~5월 내에 소집하기가 용이하지 않습니다. 다만 제때 적을 섬멸해야지 지연시켜서는 안 된다는 뜻은 참으로 원균이 아뢴 바와 같습니다. 이 일은 도체찰사와 도원수가 형세의 편부를 자세히 참작하고 사기의 득실을 잘 요리하여 좋을 대로 처치할 일이지, 멀리 조정에서 통제할 수는 없습니다. 이런 내용으로 속히 도체찰사와 도원수에게 밀유하여 다시 사세를 살펴 치계하는 한편 가능함을 보아서 진격하여 사기를 놓치는 일이 없도록 하라고 하는 것이 어떠하겠습니까?"

하니, 전교하기를

"나의 뜻은 안 된다고 여긴다. 그러나 시험하여 보라고 하유하는 것도 괜찮겠다."

하였다.

원균이 안골포의 적을 먼저 공격하자는 의견에 대한 조정의 공론
『선조실록』권 89 - 선조 30년 6월 11(경오)일

수군통제사 전라 좌도 수군절도사 원균이 치계하기를

"신이 11월 15일에 먼저 안골포를 공격하겠다는 계책을 갖춰 계달하였는데 명을 기다리는 사이에 시일이 쉽게 가버려 앉아서 기회를 잃게 되었으니, 매우 안타깝습니다.

대개 전에는 적들이 비록 거제, 웅천 등처를 점거하고 있었으나 거리가 조금 떨어져 있었고 주사가 장생포長生浦, 다대포를 출입하면서 스스로 화친한 뒤라고 칭탁하며 철병하겠다고 크게 소문을 냈었는데, 이제 거제의 적은 안골포로 들어가 점거하고 김해의 적은 죽도로 들어가 점거하여 목을 막고 정치하여 서로 성세를 의지하면서 우리나라의 뱃길을 막고 있습니다.

따라서 부산 앞바다로 나아가 적의 무리를 차단하여 공격할 방도가 다시 없게 되었는데, 설사 대거 이를 수 있다 하더라도 나아가서는 배를 머무를 곳이 없고, 물러나서는 뒤를 돌아다보아야 할 근심이 있으니, 실로 '병가兵家의 승산이 아닙니다. 신의 계책으로는 반드시 수륙으로 병진하여 안골포의 적을 도모한 연후에야 차단할 방도가 생겨 회복하는 형세를 십분 우리에게 유리하게 전개시킬 수 있으리라 여겨집니다. 조정에서도 방도를 강구하지 않는 것은 아니겠으나, 신이 변방에 있으면서 적을 헤아려 보건대 금일의 계책은 이보다 나은 것이 없으니, 조정으로 하여금 각별히 처치하여 속히 지휘하게 하소서."

하였는데, 비변사에 계하하였다. 비변사가 회계하기를

"원균의 뜻은 반드시 육군이 먼저 안골포와 가덕도의 적을 공격해야 한다는 것이고, 도원수와 체찰사의 뜻은 그렇지 않아 수군을 나누어 다대포 등처를 왕래시키면서 해양에서 요격하려는 계획입니다. 이

는 대사이니, 여러 장수의 계책을 하나로 결정하여 처리해야지 서로
달라서 기회를 잃게 해서는 안 됩니다. 신들 역시 지도로 형세를 살피
고 해변의 형세를 자세히 아는 사람의 말을 참조하건대 안골포는 김
해, 죽도와 매우 가깝고 지형이 바다 가운데로 뻗어 나왔으므로 군사
가 육로로 공격하면 적에게 뒤에서 엄습당할 염려가 없지 않으니, 도
원수가 진공을 어렵게 여기는 것이 또한 반드시 소견이 있을 듯합니
다. 대저 군중軍中의 일을 제어하는 권한이 체찰사와 도원수에게 있으
니, 제장으로서는 품하여 지휘를 받아서 진퇴하는 것이 마땅한데도
근일 남쪽의 장수들이 조정에 처치해 달라고 자청하는 일이 다반사여
서 체통을 유지시키는 뜻이 도무지 없습니다. 위의 사연을 도체찰사
와 도원수에게 모두 하유하는 것이 어떻겠습니까?"

하니, 왕께서 아뢴 대로 윤허하였다.

김식이 계를 올려 원균이 전사한 전황을 보고하다.
『선조실록』권 90-선조 30년 7월 22(신해)일

선전관 김식이 한산의 사정을 탐지하고 돌아와서 입계하였다.

"15일 밤 2경更에 왜선 5~6척이 불의에 내습하여 불을 질러 우리나
라 전선 4척이 전소 침몰되자 우리나라 제장들이 창졸간에 병선을 동
원하여 어렵게 진을 쳤는데 닭이 울 무렵에는 헤일 수 없이 수많은 왜
선이 몰려 와서 서너 겹으로 에워싸고 형도刑島 등 여러 섬에도 끝없이
가득 깔렸습니다. 우리의 주사는 한편으로 싸우면서 한편으로 후퇴하

였으나 도저히 대적할 수 없어 할 수 없이 고성 지역 추원포로 후퇴하여 주둔하였는데, 적세가 하늘을 찌를 듯하여 마침내 우리나라 전선은 모두 불에 타서 침몰되었고 제장과 군졸들도 불에 타거나 물에 빠져 모두 죽었습니다. 신은 통제사 원균 및 순천 부사 우치적과 간신히 탈출하여 상륙했는데, 원균은 늙어서 행보하지 못하여 맨몸으로 칼을 잡고 소나무 밑에 앉아 있었습니다. 신이 달아나면서 일면 돌아보니 왜적 6~7명이 이미 칼을 휘두르며 원균에게 달려들었는데 그 뒤로 원균의 생사를 자세히 알 수 없었습니다. 경상 우수사 배설과 옥포·안골의 만호 등은 간신히 목숨만 보전하였고, 많은 배들은 불에 타서 불꽃이 하늘을 덮었으며 무수한 왜선들이 한산도로 향하였습니다.”

원균을 전사하게 한데 관한 조정의 공론
『선조실록』 권 90권-선조 30년 7월 22 (신해)일

···(전략)··· 왕께서 이르기를

“영상도 남해를 근심하고 있는가?”

하자, 유성룡이 아뢰기를

“어찌 남해만 근심이 되겠습니까.”

하니 왕께서 이르기를

“이 일은 어찌 사람의 지혜만 잘못이겠는가. 천명이니 어찌하겠는가.”

하였다. 김명원이 아뢰기를

"장수를 보낸다면 누가 적임자가 되겠습니까?"

하고 이항복이 아뢰기를

"오늘날의 할 일은 단지 적절한 인재 선발에 있습니다."

하니, 왕께서 이르기를

"원균은 처음부터 가려고 하지 않았으나 남이공의 말을 들으면 배설도 '비록 군법에 의하여 나 홀로 죽음을 당할지언정 군졸들을 어떻게 사지에 들여보내겠는가' 라고 했다고 한다. 대체로 모든 일은 사세를 살펴보고 시행하되 요해처는 고수해야 옳은 것이다. 이번 일은 도원수가 원균을 독촉했기 때문에 이와 같은 패배가 있게 된 것이다."

...(후략)...

권율을 치죄하라는 사헌부의 계
『선조실록』 권 94-선조 30년 11월 4(신묘)일

사헌부가 아뢰기를

"도원수 권율은 장령의 명을 받았으면 밤낮으로 적개심을 돋울 것을 생각하여야 함에도 오랫동안 적과 대치하고 있으면서 한 가지의 대응책도 세우지 못하였습니다. 지난날 주사의 싸움은 조정의 명령이 있었다 하더라도 원수가 된 자로서는 힘을 헤아리고 시기를 보아서 대항하기 어려울 것 같으면 그 상황을 치계하여 후회가 없도록 했어야 합니다. 그런데 이러한 계획은 하지 않고 경솔한 생각과 부질없는 행동으로 원균에게 엄한 곤장을 쳐서 독촉했다가, 마침내 6년 동안 경영하여 어렵게 마련한 주사를 단번에 여지없이 무너뜨리고 많은 산책山柵을 한 곳도 지키지 못함으로써 적이 호남으로 들어가 군민軍民이 뿔뿔이 흩어졌습니다. 남원이 함락되고 나니 전라도는 다 적의 수중에 들어갔고, 호서의 각 고을도 유린당하여 창칼이 거쳐 간 곳은 해골이 들판에 즐비하니 지난 임진년보다도 더 참혹하였으며, 경기의 고을까지 바짝 쳐들어와서 도성을 지키지 못할 뻔하였으니, 이는 망국의 원수입니다. 그의 죄상은 율대로 처벌하더라도 부족한데, 더구나 먼저 대피하여 영남에서 서울로 도망쳐 와서는 강탄江灘을 지키고자 함이라고 핑계를 대며 버젓이 장계를 올렸으니, 이것이 과연 원수가 외방의 책임을 맡은 체모이겠습니까. 인심의 울분이 이처럼 극도로 달하였는데 율이 장차 무슨 면목으로 다시 하늘의 해를 보며 장병들을 호령하겠습니까. …(중략)… 조경을 다시 나국하여 율대로 죄를 정하소서."

하였다. …(후략)…

패전의 책임이 원균에게 없다는 조정의 공론
『선조실록』 권 133-선조 34(1601)년 1월 17(병진)일

…(전략)… 왕께서 이르기를

"원균이 전쟁에서 패한 후로 사람들이 그를 헐뜯고 있으나 나는 원균 같은 자는 용감하고 슬기로운 자라고 생각한다. 우리나라는 누가 한 가지 일을 잘 하면 모두 칭찬을 하고 한 가지 일을 실패하면 모두

비난한다. 원래 영웅은 성패를 가지고 논할 수 없다. 원균을 내가 보지는 못했으나, 당초 임진년에 이순신과 마음을 함께하여 적을 칠 때 싸움이 벌어지면 반드시 앞장을 섰으니, 그가 용감히 싸웠던 것을 알 수 있다. 한산 싸움에서 패전한 것으로 다투어 그에게 허물을 돌리지만, 그것은 그의 잘못이 아니라 바로 조정이 그를 빨리 들어가도록 재촉했기 때문이다.

그의 서장을 보면, 안골포가 그 앞에 있어 금방 들어갈 형세가 못되니 육군으로 하여금 먼저 적을 몰아내게 한 다음 들어가야 한다고 하였다. 그런데 도원수가 잡아들여 곤장을 치자, 그는 반드시 패할 것을 알면서도 들어가지 않을 수 없었던 것이다. 그게 과연 그가 스스로 패한 것인가? 후에 들으니, 이억기와 최호 등이 조정에서 빨리 들어가라고 재촉한 것을 듣고는 서로 말하기를 '명령을 어기면 우리 세 사람이 죽을 것이고 들어가면 나라를 욕되게 함이 작지 않을 것이다' 하였다 하니, 패군한 죄에 비하면 차이가 있다고 하겠다. 내가 평소에 매우 온당치 않게 생각했기 때문에 말하는 것이다. 외부의 공론은 어떠한가?"

하니, 이덕형이 아뢰기를

"외부의 공론은 모릅니다. 신이 지난해에 남방을 왕래하면서 그 고장 사람들의 말을 들어보면 대개는 모두 나라를 위해 죽은 사람이라고 하였습니다. 그가 전에 경상 우수사로 있으면서 전쟁에 임했을 때, 사람들이 달려가지 않으면 칼로 그들을 쳤습니다. 그리하여 모두 원균 수사는 미련하다고 했지만, 그는 일에 임해선 강직했기 때문에 이순신을 잡아온 후 그를 임명하여 보냈습니다. 그런데 주위 제장이 모두 이순신의 막하여서 서로 의논하지 않아 원균의 세력이 고립되었습니다. 그때 한효순이 체찰사에게 보고하여 조치하려고 했는데 미처 못하고 원균이 패전한 것입니다. 제장들의 말은 비록 믿을 수 없으나 격군의 말은 믿을 만도 합니다. 부산에 가서 공격할 때 우리나라 주사 90척이 곧바로 적을 행해 돌진하자 부지기수의 적선이 바다에 가득히 떠 오니, 우리나라의 수효가 적은 주사로서는 도저히 당해낼 수 없어 한산을 행해 후퇴하는데 격군들은 밤낮 없이 노질하여 춘원포에 닿았습니다. 적군들이 밤을 이용하여 정면으로 공격해 오는 바람에 힘이 지친 나머지 갑자기 당하는 변이어서 싸움도 하지 못하고 물이 마르듯이 다 도망쳐 1명도 전사자가 없었다고 하였습니다."

하였다. 왕께서 이르기를

"『진서陣書』[29]에 '대장이 죽으면 차장을 참수한다' 하였는데, 원균이 이미 싸움에 패하여 죽었으니 그 휘하들을 비록 다 죽이지는 못할지라도 사실을 밝혀 군율에 의하여 처리해야 옳다. 지금 원균의 후인으로서 고관대작이 된 자가 많은데도 그 싸움에 패한 죄를 유독 원균에만 돌린다면 원균의 본심이 후세에 밝혀지지 않을 것이다. 그리고 구천에 있는 그의 넋도 어찌 자기 죄를 승복하여 억울하게 여김이 없겠는가."

하였다.

---

29) 진서陣書: 진법陣法에 관한 책.

난후亂後 공훈 책록에 관한 조정의 공론
『선조실록』권 163-선조 36(1603)년 6월 26(신해)일

비망기로 이르기를

"원균을 2등에 녹공해 놓았다마는, 적변이 발생했던 초기에 원균이 이순신에게 구원해 주기를 청했던 것이지 이순신이 자진해서 간 것이 아니었다. 왜적을 토벌할 적에 원균이 죽기로 결심하고서 매양 선봉이 되어 먼저 올라가 용맹을 떨쳤다. 승전하고 노획한 공이 이순신과 같았는데, 그 노획한 적괴와 누선을 도리어 이순신에게 빼앗긴 것이다. 이순신을 대신하여 통제사가 되어서는 원균이 재삼 장계를 올려 부산 앞바다에 들어가 토벌할 수 없는 상황을 극력 진달했으나, 비변사가 독촉하고 원수가 윽박지르자 원균은 반드시 패전할 것을 환히 알면서도 진을 떠나 왜적을 공격하다가 드디어 전군이 패배하게 되자 그는 순국하고 말았다. 원균은 용기만 삼군에서 으뜸이었던 것이 아니라 지혜도 또한 지극했던 것이다. 당나라 때 가서한이 가슴을 치면서 동관潼關을 나섰다가 마침내 적에게 패전하게 되었고, 송나라 때 양무적이 반미潘美의 위협 때문에 눈물을 흘리며 싸우러 나갔다가 적에게 섬멸된 것이 어찌 이와 다르겠는가. 고금의 인물들을 성공과 실패만 가지고는 논평할 수 없는 것이다. 나는 원균이 지혜와 용기를 구비한 사람이라고 여겨 왔는데, 애석하게도 그의 운명이 시기와 어긋나서 공도 이루지 못하고 일도 실패하여 그의 역량이 밝혀지지 못하고 말았다. 전번에 영상이 남쪽에 내려갈 때 잠시 원균을 민망하게 여

기는 뜻을 가졌었는데, 영상이 기억하고 있는지 모르겠다. 오늘날 공로를 논하는 마당에 도리어 2등에 두었으니 어찌 원통하지 않겠는가. 원균은 지하에서도 눈을 감지 못할 것이다. …(중략)…

"원균은 당초에 군사가 없는 장수로서 해상의 대전에 참여하였고, 뒤에는 주사를 패전시킨 과실이 있었으니 이순신, 권율과는 같은 등급으로 할 수 없어서 낮추어 2등에 녹공했던 것인데, 방금 성상의 분부를 받들었으니 올려서 1등에 넣겠습니다."

하자, 알았다고 답하였다. …(후략)…

선무1등 공신의 작위를 주고 봉군封君하다.
『선조실록』 권 175-선조 37(1604)년 6월 25(갑진)일

공신들의 명칭을 정하여 대대적으로 봉했는데, 서울에서 의주까지 시종始終 거가車駕를 따른 사람들을 호성공신扈聖功臣으로 하여 3등급으로 나누어 차등이 있게 명칭을 내렸고, 왜적을 친 제장과 군사와 양곡을 주청한 사신들은 선무공신宣武功臣으로 하여 3등급으로 나누어 차등이 있게 명칭을 내렸고, 이몽학李夢鶴을 토벌하여 평정한 사람은 청난공신清難功臣으로 하고 3등급으로 나누어 차등 있게 명칭을 내렸다.

호성공신 1등은 이항복, 정곤수인데 충근정량갈성효절협력호성공신忠勤貞亮竭誠效節協力扈聖功臣이라 하고 …(중략)… 선무공신 1등은 이순신, 권율, 원균 세 대장인데 효충장의적의협력선무공신效忠仗義迪毅協力宣武功臣이라 하여 작을 주고 군君으로 봉하였다. …(하략)…

원균의 행적은 사라진 것이 아니라 다만 덮여 있었을 뿐이다

그 공적 빼앗아 갈 수 없는 선무 1등 공신

선무공신宣武功臣은 임진왜란 때 무공을 세웠거나 명나라에 병량주청사신兵糧奏請使臣으로 가서 성과를 거둔 문·무 관원에게 준 훈호이다. 임진왜란이 끝나자 전란 중에 각 방면에서 공을 세운 문·무 관원에 대한 공신 책봉 문제가 논의되다가, 1604년(선조 37) 호성공신, 청난공신과 더불어 선무공신도 결정되었다. 모두 18인을 3등으로 구분했는데, 1등은 이순신, 권율, 원균 3인으로 효충장의적의협력선무공신이라 하였고, 2등은 신점申點, 권응수權應銖, 김시민金時敏, 이정암, 이억기李億祺 등 5인으로 효충장의협력선무공신이라 하였으며, 3등은 정기원鄭期遠, 권협權悏, 유사원柳思瑗, 고언백高彦伯, 이광악李光岳, 조경趙敬, 권준權俊, 이순신李純信, 기효근奇孝謹, 이운룡李雲龍 등 10인으로 효충장의선무공신이라 하였다.

이들 공신에게는 모두 특전이 주어졌는데, 1등은 본인과 부모처자에게 3품계를 올려주고, 자식이 없을 경우 조카나 사위에게 2계를 올려 주며 적장자嫡長子가 이를 세습하여 그 녹을 받게 했을 뿐 아니라 또 반당伴倘 10명과 노비 13구, 하인 7명, 논밭 150결, 은화 10냥, 내구마 1필을 하사하였으며, 2등에게는 본인과 부모처자에게 2계를 올려주고 자식이 없으면 조카나 사위에게 1계를 올려주었으며 적장자가 그 녹을 세습하고 반당 6명, 노비 9구, 구사 4명, 논밭 80결, 은화 7냥, 내구마 1필을 하사하였다. 3등에게는 본인과 처자에게 각각 1계를 올리고, 자식이 없을 때는 조카나 사위의 품계를 올려주었으며 적장자가 세습하고 반당 4명과 노비 7구, 구사 2명, 논밭 60결, 은화 5냥, 내구마 1필을 하사하였다.

선무공신은 누구인가

이름	본관	봉군	시호	비고
1등				
이순신	덕수德水	덕풍부원군 德豊府院君	충무忠武	한양 건천동(현 충무로)에서 출생
권율	안동安東	영가부원군 永嘉府院君	충장忠莊	영의정 권철의 아들, 이항복의 장인, 도원수
원균	원주原州	원릉군原陵君	·	통제사
2등				
신점	평산平山	평성부원군 平城府院君	충경忠景	문신 출신, 형조판서 지충추부사
권응수	안동安東	화산군花山君	충의忠毅	권덕신權德臣의 아들
김시민	구 안동安東	상락부원군 上落府院君	충무忠武	지평 충갑忠甲의 아들
이정암	경주慶州	월천부원군 月川府院君	충목忠穆	사직령 이탄의 아들, 황해도 도순찰사
이억기	전주全州	·	의민毅愍	제독 연수의 아들, 자결함.
3등				
정기원	동래東萊	내성군萊城君	충의忠毅	문과 출신, 남원성 함락시 전사
권협	안동安東	길창군吉昌君	충정忠貞	중추부사 권상權常의 아들, 명나라에 파견, 병선과 군량을 조달, 손자 대임大任은 정선 옹주와 혼인하 여 선조의 부마가 되어 길성위吉城尉에 봉해짐.
유사원	문화文化	문흥군文興君	·	강화부 경력 유질의 아들, 도총부 부총관
고언백	제주濟州	제흥군濟興君	·	교동 향리 출신, 무과 급제, 적군 104명 참살, 임해군의 사람이라고 살해함.
이광악	광주廣州	광평군廣平君	충장忠壯	군수 이효악의 아들, 경기 방어사
조경	풍양豊壤	풍양군豊壤君	장의莊毅	병마절도사 조안국의 아들, 행주대첩의 주역
권준	안동安東	안창군安昌君	·	순천 부사, 수군 중위장 이순신 휘하, 권군의 7세손
이순신 李純信	전주全州	완천군完川君	무의武毅	양녕의 후손, 이진의 아들, 이순신 막하 중위장, 광해군 때 전라도 병마절도사
기효근	행주幸州	·	·	사과司果 대유大有의 아들 남해 현령, 투신자살함.
이운룡	재령載寧	식성군息城君	·	초임 옥포 만호, 충청 수사에서 탄핵당함.

원균元均의 가계

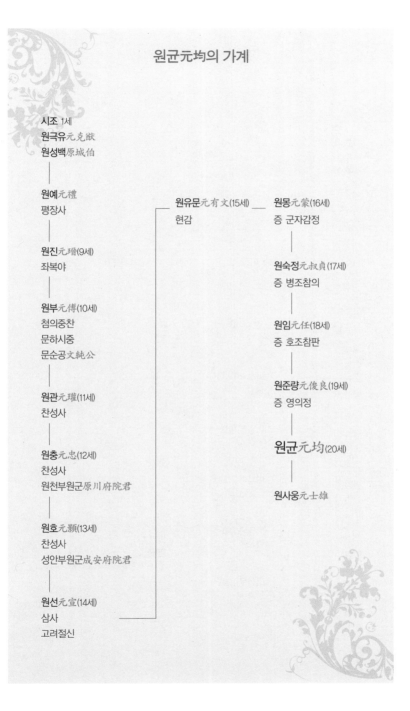

시조 1세
원극유元克猷
원성백原城伯
|
원예元禮
평장사
|
원진元瑨(9세)
좌복야
|
원부元傅(10세)
첨의중찬
문하시중
문순공文純公
|
원관元瓘(11세)
찬성사
|
원충元忠(12세)
찬성사
원천부원군原川府院君
|
원호元顥(13세)
찬성사
성안부원군成安府院君
|
원선元宣(14세)
삼사
고려절신

원유문元有文(15세)
현감

원몽元蒙(16세)
증 군자감정
|
원숙정元叔貞(17세)
증 병조참의
|
원임元任(18세)
증 호조참판
|
원준량元俊良(19세)
증 영의정
|
원균元均(20세)
|
원사웅元士雄

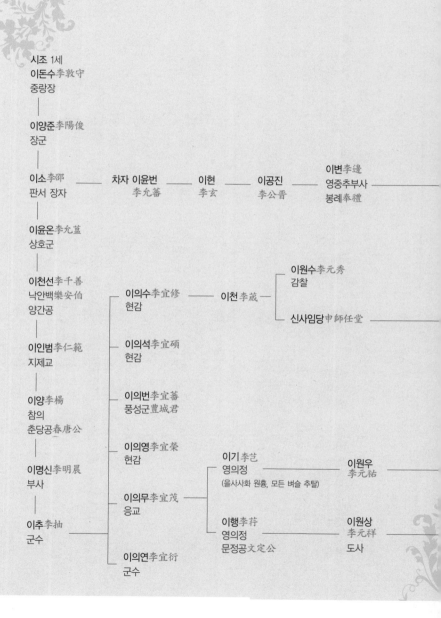

이순신李舜臣의 가계

시조 1세
이돈수李敦守
중랑장

이양준李陽俊
장군

이소李邵 ── 차자 이윤번 ── 이현 ── 이공진 ── 이변李邊
판서 장자　　李允蕃　　　李玄　　李公晋　　영중추부사
　　　　　　　　　　　　　　　　　　　　　봉례奉禮

이윤온李允蒕
상호군

이천선李千善 ── 이의수李宜修 ── 이천李蒇 ── 이원수李元秀
낙안백樂安伯　　현감　　　　　　　　　　감찰
양간공
　　　　　　　　　　　　　　　　　　　　신사임당申師任堂

이인범李仁範 ── 이의석李宜碩
지제교　　　　현감

이양李楊 ── 이의번李宜蕃
참의　　　　풍성군豊城君
춘당공春唐公

이명신李明晨 ── 이의영李宜榮 ── 이기李芑 ── 이원우
부사　　　　현감　　　　영의정　　　李元祐
　　　　　　　　　　　(을사사화 원흉, 모든 벼슬 추탈)

이추李抽 ── 이의무李宜茂
군수　　　　응교　　　── 이행李荇 ── 이원상
　　　　　　　　　　　영의정　　　李元祥
　　　　　　　　　　　문정공文定公　도사

　　　　── 이의연李宜衍
　　　　　군수

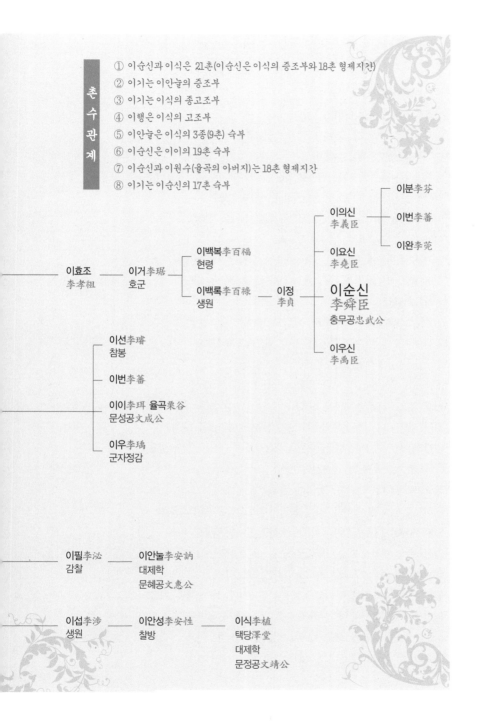

촌수관계

① 이순신과 이식은 21촌(이순신은 이식의 증조부와 18촌 형제지간)

② 이기는 이안눌의 증조부

③ 이기는 이식의 종고조부

④ 이행은 이식의 고조부

⑤ 이안눌은 이식의 3종(9촌) 숙부

⑥ 이순신은 이이의 19촌 숙부

⑦ 이순신과 이원수(율곡의 아버지)는 18촌 형제지간

⑧ 이기는 이순신의 17촌 숙부

이효조
李孝祖

이거李琚
호군

이백복李百福
현령

이백록李百祿
생원

이정
李貞

이의신
李義臣

이분李芬

이번李蕃

이완李莞

이요신
李堯臣

이순신
李舜臣
충무공忠武公

이우신
李禹臣

이선李璿
참봉

이번李蕃

이이李珥 율곡栗谷
문성공文成公

이우李瑀
군자정감

이필李泌
감찰

이안눌李安訥
대제학
문혜공文惠公

이섭李涉
생원

이안성李安性
찰방

이식李植
택당澤堂
대제학
문정공文靖公

참고문헌

『선조실록宣祖實錄』

『선조수정실록宣祖修正實錄』

『이충무공전서李忠武公全書』, 윤행임 편집, 1795

『현무공실기顯武公實記』, 1914

『임란대장군 원균 통제사』, 원인호, 1995

『임진왜란사』, 국방부 전사편찬위원회 편·발행, 1987

『임진전란사』 상·하, 이형석 임진전란사편찬위원회, 1967

『한국수군활동사』, 최석남, 명양사, 1965

『난중잡록亂中雜錄』, 조경남, 대조선고서간행회본, 1909~1911

「징비록」『서애집西厓集』, 유성룡, 성대대동문화연구원, 1958

『동사록東槎錄』, 황신, 1596

『한음문고漢陰文稿』, 이덕형 저, 조동 서, 1668

『임진왜란의 영웅 선무일등공신 원균』, 원균숭모회, 2000

『수군활동사』, 최석남, 명양사, 1965

『조선왕조 군선연구』, 김재근, 서울대한국문학연구소, 1976

『원균 정론』, 이재범, 계명사, 1983

『임진왜란사』 상·중·하, 이경석, 임진전란사간행위원회, 1974

『임진왜란사』, 국방부전사편찬위원회, 1987

『한국해전사』, 해군본부 정훈감실, 1964

『한국민족문화대백과사전』, 한국정신문화연구원, 1991

「전적지로 통해 본 칠천량 해전」, 통영시 향토사학관 관장 김일용

「일본 기록에서 본 임진란」『항도부산港都釜山』 3, 정중환, 1963

「임진왜란의 역사적 배경」『향토문화』 7, 나종우, 1982. 9.

「임진왜란과 원균」『사학연구』 35, 강영철, 1982. 12.

「임진왜란 시기 군역제의 동요와 개편」『부대사학』 13, 윤용출, 1983. 6.

「임진왜란에 있어서의 이충무공의 승첩」, 국민대『한국학논총』 3. 1981.

「임란과 원균」, 이정일, 해군사관학교박물관, 1991. 7.

『내 고향 경기도의 인물』 2집, 2005. 1.

도서출판 타오름 한국사 시리즈

문밖에서 부르는 조선의 노래 이은식 저 / 12,000원
노비, 궁여, 서얼... 엄격한 신분 사회의 굴레 속에서 외면당한
자들의 노래하는 또 다른 조선의 역사.

불륜의 한국사 이은식 저 / 13,000원
베개 밑에서 찾아낸 뜻밖의 한국사!역사 속에 감춰졌던 애정
비사들의 실체가 드러난다

불륜의 왕실사 이은식 저 / 14,000원
고려와 조선을 넘나들며 펼쳐지는 왕실 불륜사!
엄숙한 왕실의 장막 속에 가려진 욕망의 군상들이 적나라하게
그 모습을 드러낸다.

이야기 고려왕조실록 (상),(하) 한국사연구원 편저 / 上)15,500원 下)18,500
고려사의 모든 것을 한눈에 살펴볼 수 있는 최고의 역사해설서!
다양하고 풍부한 문헌 자료를 바탕으로 재미있고 쉽게 읽히는 새로운
고려 왕조의 역사가 펼쳐진다.

우리가 몰랐던 한국사 이은식 저 / 16,000원
제한된 신분의 굴레 속에서도 자신의 삶을 숙명으로 받아들이지 않고 꿈을
이루기위해 노력한 선현들의 진실된 이야기.

모정의 한국사 이은식 저 / 14,000원
위인들의 찬란한 생애 뒤에 말없이 존재했던 큰 그림자.
어머니! 진정한 영웅이었던 역사 속 어머니 들이 들려주는 시대를 뛰어넘는
교훈과 감동을 만나 본다.

읽기 쉬운 고려왕 이야기 한국사연구원 편저 / 23,000원
쉽고 재미있게 읽히는 새로운 고려왕조의 역사!
500여년 동안 34명의 왕들이 지배했던 고려 왕조의 화려하고도
찬란한 기억들.

원균 그리고 이순신 이은식 저 / 22,000원
417년 동안 짓밟혔던 원균의 억울함이 벗겨진다.
이순신의 거짓 장계에서 발단한 원균의 오명과 임진왜란을 둘러싼 오해의
역사를 드디어 밝힌다.

신라 천년사 한국사연구원 편저 / 13,000원
고구려와 백제를 멸망시킨 작은 나라 신라!
전설과도 같은 992년 신라의 역사를 혁거세 거서간의 탄생 신화부터
제 56대 마지막 왕조의 이야기까지 연대별로 풀어냈다.

풍수 한국사 이은식 저 / 14,500원
풍수와 무관한 터는 없다. 인문학과 풍수학은 빛과 그림자와 같다.
각각의 터에서 태어난 역사적 인물들에 얽힌 사건을 통해
삶의 뿌리에 닿게 될 것이다.

도서출판 타오름 한국사 시리즈

기생, 작품으로 말하다 이은식 저/ 14,500원
기생은 몸을 파는 노리개가 아니었다. 기생의 어원을 통해
그들의 역사를 돌아보고, 예술성 풍부한 기생들이 남긴 작품을
통해 인간 본연의 삶을 들여다본다.

여인, 시대를 품다 이은식 저/ 13,000원
제한된 시대 환경 속에서도 자신들의 재능과 삶의 열정을 포기하거나
방관하지 않았던 여인들. 조선의 한비야 김금원과 조선의 힐러리 클린턴
동정월을 비롯한 여인들이 우리 삶을 북돋아 줄 것이다.

미친 나비 날아가다 이은식 저/ 13,000원
정의를 꿈꾼 혁명가 홍경래와 방랑시인 김삿갓 탄생기.
시대마다 반복되는 위정자들의 부패, 그 결과로 폭발하는 민중의 울분.
역사 속 수많은 인간 군상들이 현재 우리를 되돌아 보게 한다.

지명이 품은 한국사-1,2,3,4,5,6 이은식 저/ 19,800원
지명의 정의와 변천 과정, 지명의 소재 등 지명의 기본을 확실히 정리하고, 1천여 년 역사의 현장을
도처에 남긴 독특한 고유 지명을 알아보자.

핏빛 조선 4대 사화 첫 번째 무오사화 한국사연구원 편저/ 19,800원
사림파와 훈구파의 대립은 부조리한 연산군 통치와 맞물리면서 수많은
희생자를 만들게 된다. 사회, 경제적 변동기의 상세한 일화를 수록함 으로써
혼란의 시대를 구체적으로 그려냈다.

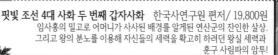

핏빛 조선 4대 사화 두 번째 갑자사화 한국사연구원 편저/ 19,800원
임사홍의 밀고로 어머니가 사사된 배경을 알게된 연산군의 잔인한 살상.
그리고 왕의 분노를 이용해 자신들의 세력을 확고히 하려던 왕실 세력과
훈구 사림파의 암투!

핏빛 조선 4대 사화 세 번째 기묘사화 한국사연구원 편저/ 17,000원
조광조를 필두로 한 사림파가 급진적 왕도 정치를 추구하면서 중종과
쇠외받던 훈구파는 반발하게되고, 또 한 번의 개혁은 멀어져 간다.

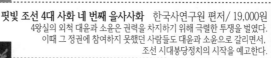

핏빛 조선 4대 사화 네 번째 을사사화 한국사연구원 편저/ 19,000원
4왕실의 외척 대윤과 소윤은 권력을 차지하기 위해 극렬한 투쟁을 벌였다.
이때 그 정권에 참여하지 못했던 사람들도 대윤과 소윤으로 갈리면서,
조선 시대붕당정치의 시작을 예고한다.

계유년의 역신들 한국사연구원 편저/ 23,000원
세조의 왕위 찬탈 배경과 숙청되는 단종, 왕권의 정통성을 보전하려던 사육신과
생육신 사건부터 김문기가 정사의 사육신인 이유를 분명히 밝힌 역사서!

도서출판 타오름 한국사 시리즈

한국사의 희망 부모와 청소년 이야기 이은식 저 / 19,800원

우리는 인간됨의 씨앗을 줄기차게 뿌려야 합니다.
문제 청소년 뒤에는 반드시 문제의 가정과 부모가 있다는 사실을
우리 모두 자각해야 할 것이다. 따라서 전인적 교육의 필요성은
매우 시급하다. 전인적 교육의 장으로 가정만한 곳은 없다고 본다.
누가 이 세상에서 제일 어려운 것이 무어냐고 묻는다면 본인은 단연코
자녀 교육이라 답하고 싶다.

피바람 인수대비 상.하 이은식 저 / 각 권 19,800원

세상의 모든 원리는 질서와 양보와 용서를 요구하고있다. 오직 자기 중심으로 되어주길
바라는 것은 결코 그 열매가달지 못하듯, 정해진 선을 넘나드는 사람은 참인격자라
평가하지 않는다. 장독안에든 쥐를 잡기위해 그독을 깨었다면 무엇이
남았겠는가 한사람의 지나친 욕망으로 인하여 피바람의 역사는
기록되고 있다. 이는 바람직한 역사도 유산도 될수없다.

불신라왕조실록-1,2,3,4권 한국인물사연구원편저 / 각 권 19,800

신라사의 모든 것을 한눈에 살펴볼 수 있는 최고의 역사 해설서!
다양하고 풍부한 문헌 자료를 바탕으로 재미있고 쉽게 읽히는
신라 왕조의 역사가 펼쳐진다.

역사용어해설사전 한국인물사연구원편저 / 33,000

한국사를 이해하려는 모든 사람들을 위한 지침서!
난해한 용어와 낱말을 이해하기 쉬운 내용으로 풀이했다.
<자字 일람표 / 호號 일람표 / 시호諡號 일람표>등 찾기 어려운 자료가 수록되어있다.

발간중 | 청백리실록 37권

청백리실록1
고구려 / 백제
을파소·성충·흥수·계백

한국인물사연구원 편저
도서출판 한이름

가격 | 각권 25,000원

진정한 청백리 淸白吏란

청백리란 청렴한 관리라는 뜻이다. 조선왕조는 새 왕조 개창 후 유교의 민본정치를 표방하고 나섰다. 백성을 위한 정치를 한다는 뜻에서 청렴하고 깨끗한 정치를 하고자 했던 것이다. 고려의 몰락 원인은 원의 간섭 후에 권문세가의 부패한 정치에 두고 있다. 그러므로 새 왕조 개창 후에는 관리의 임명에 가장 큰 역점을 두고 있었다. 청백리 제도가 역사적으로 중요시되었다. 그러나 제도적으로 처음부터 법제화 한 것은 아니었던 듯 하다. 세종 때에는 도덕적 기강이 바로 잡혀 청백리 재상이 많이 배출되었다. 동대문 밖의 비새는 초가에서 살았다는 정승 유관柳寬, 고향에 내려갈 때 검은 소를 타고 다녔다는 맹사성, 평생을 근검절약하며 가난하게 살면서도 부끄러워하지 않고 많은 일화를 남겨 오래도록 세인의 칭송을 받았던 황희 정승 등이다. 이들이 언제부터 청백리라는 이름으로 불리고 청백리가 제도화되기까지는 어떤 과정을 밟았는가를 알아보고자 한다. 사람들의 청백한 심성은 인류 역사가 시작됨과 함께 존재했다. 고구려 백제 신라 고려 조선조를 망라하여 청백한 관리가 악정관리보다 더 많았기에 오늘날까지 우리의 역사는 존재하였다. 각종 문헌을 참고 열람하여 그들의 행적을 가감없이 밝혀놓은 책 〈청백리 실록〉
내용 인물은 336위로 37권으로 엮어진 책을 세상에 밝힌다.

고구려 · 백제 · 신라 · 고려 · 조선조 청백리 상 336위
高句麗 · 百濟 · 新羅 · 高麗 · 朝鮮朝 淸白吏 像 336位

고구려 을파소 백제 성충 흥수 계백 신라 박문량 석강수 녹진 고려 강감찬 정문 위계정 김부일 최홍사 유록숭 정항 최척경 양원준 유응규 함유일 전원균 이지명 이공로 김지대 권수평 손변 허공 설공검 주열 윤해 최수황 권단 전신 윤택 유석 왕해 김지석 배정지 박효수 최해 홍균 최석 김연수 정운경 이공수 안보 윤가관 최영 박의중 정몽주 조선 안성 서견 우현보 심덕부 유구 길재 경의 최유경 이지직 이원 김약항 박서생 이백지 최사의 금유 하경복 신유정 정척 맹사성 홍계방 허조 최만리 유겸 박팽년 유염 황희 이석근 이정보 김장 유관 민불탐 이지 옥고 노숙동 기건 정문형 곽안방 박강 김종순 이언 한계희 성삼문 유응부 이맹전 황효원 정성근 허종 허침 이훈 양관 이신효 임정 박열 이현보 박처륜 이순 성현 윤석보 김겸광 조지서 이약동 구치관 안팽명 민휘 류헌 정매신 김무 김전 이화 류빈 손중돈 김연수 이언적 신공제 조사수 조치우 강숙돌 김종직 이숭원 표빈 박상 김정 김양진 최명창 오세한 이선장 정갑손 류희철 조원기 윤사익 유찬 전팽령 권빈 송흠 정창손 김혼 양지손 이철균 한형윤 박한주 유언겸 정붕 조광조 어영준 상진 임훈 원유남 정연 안현 임보신 이몽필 윤춘년 김팽령 김우 김언겸 김몽좌 이탁 정이주 이이 윤부 박수량 홍섬 홍담 류혼 강윤권 이중경 변훈남 이준경 이세장 김순 이명 성세장 박영준 오상 안종전 박민헌 주세붕 정종영 임호신 이영 윤현 우세겸 신잠 김확 이증영 김개 이황 김약묵 송익경 송찬 노진 신사형 안잠 김취문 이인충 심수경 이원익 백인걸 안자유 이광정 허엽 허욱 이기설 허세린 허잠 류성룡 이제신 이후백 이기 이유중 오억령 이호민 장현광 정기룡 곽제우 이덕형 나급 이행원 박우 송영구 변양걸 이항복 최동원 류훈 정곤수 심희수 최여림 김행 김성일 김충선 이우직 이직언 장필무 김수 성영 김장생 조언수 김경서 남이흥 김상헌 김덕함 이시백 김신국 김시양 이명준 홍명하 정충신 정언황 민여임 성하종 신경진 임광 목장흠 이안눌 최진립 구곤원 민성휘 조익 권대재 이해 양척 이민서 이상진 류영경 성이성 홍우량 강세구 윤지인 조경 박신규 이후정 강열 윤추 이제 강백년 최관 조속 이태영 강유후 정도복 이형상 오도일 이종성 조석윤 이지은 홍무 이세화 최경창 임숙영 유하익 이희건 신임 류상운 김두남 송정규 이하원 강석범 오광운 정옥 정간 이명준 허정 정만복 이겸빈 이병태 최유현 이태중 한지 유용 윤득재 고유 김종수 박문수 한덕필 이태중 이의필 이단석 이방좌 정만석 황정 채제공 남이형 서기순 한익상 심의신 박규수 이시영 변영태